U0489529

从呈现到参与

数字媒介环境下公共生活的话语变迁

From Presentation to Participation

Discursive Change of Public Life in the Digital Media Environment

徐桂权 著

清华大学出版社
北京

内容简介

21世纪以来，新兴的数字媒介在世界范围的公共传播活动中产生了广泛的影响。在数字媒介环境下促进政府和公众的积极沟通，乃至国家与社会的良善治理，已成为我国公共传播研究的重要课题。与过去以媒介为中心的"传媒研究"视角不同，"媒介化研究"以结构化的视野统摄"政府—媒介—公众"之间各种新型的互动模式与实践逻辑，为我国国家治理语境中的媒介与公共生活关系的研究开辟了新的思路。

本书从国际传播学界前沿的"媒介化研究"视角出发，聚焦数字化环境下公共生活媒介化的发展趋势、话语形态和行动路径等理论与实践问题，尤其对21世纪以来中国语境中的公共生活媒介化的话语实践进行了深入探讨，体现了中国特色的公共传播的理论创新与实践探索。

图书在版编目（CIP）数据

从呈现到参与：数字媒介环境下公共生活的话语变迁 / 徐桂权著. -- 北京：清华大学出版社，2025. 5. -- ISBN 978-7-302-69087-0

Ⅰ. G206.2；D669

中国国家版本馆CIP数据核字第2025UA0330号

责任编辑：商成果
封面设计：傅瑞学
责任校对：欧　洋
责任印制：宋　林

出版发行：清华大学出版社
　　网　　址：https://www.tup.com.cn，https://www.wqxuetang.com
　　地　　址：北京清华大学学研大厦A座　　**邮　　编**：100084
　　社 总 机：010-83470000　　**邮　　购**：010-62786544
　　投稿与读者服务：010-62776969，c-service@tup.tsinghua.edu.cn
　　质量反馈：010-62772015，zhiliang@tup.tsinghua.edu.cn
印 装 者：三河市春园印刷有限公司
经　　销：全国新华书店
开　　本：165mm×238mm　　**印张**：16.75　　**插　页**：1　　**字数**：303千字
版　　次：2025年5月第1版　　**印次**：2025年5月第1次印刷
定　　价：78.00元

产品编号：104747-01

出版说明

后期资助项目是国家社科基金设立的一类重要项目，旨在鼓励广大社科研究者潜心治学，支持基础研究多出优秀成果。它是经过严格评审，从接近完成的科研成果中遴选立项的。为扩大后期资助项目的影响，更好地推动学术发展，促进成果转化，全国哲学社会科学工作办公室按照“统一设计、统一标识、统一版式、形成系列”的总体要求，组织出版国家社科基金后期资助项目成果。

全国哲学社会科学工作办公室

序

媒介话语研究的本土化探索

前不久，一向低调的桂权兄给我发来一部厚重的书稿，就是眼前这部《从呈现到参与：数字媒介环境下公共生活的话语变迁》。我与桂权相识已经二十年有余。早在学生时代，他就对传播与当代公共生活的关系有浓厚的兴趣。从公共视角理解当代社会的媒介化话语实践，是他多年来矢志不渝的学术志趣。他在布鲁塞尔自由大学和中国传媒大学攻读双博士学位时的研究课题就是当代中国受众研究的话语变迁。[①] 可以说，眼前这本崭新的著作是他早前学术兴趣在新的理论和时代语境下的延伸和拓展：从相对传统的关于受众研究的学术文本研究，转向了更富有动态实践特征的公共参与的经验分析，从对学科和学术知识生产话语变迁的观念史考察，转向涉及更多社会维度的媒介话语的政治学研究。

话语（discourse）以及与此相关的符号（sign）、表征（representation）等概念是传播研究的核心范畴。从本质上说，传播就是通过被共享的表征手段进行意指实践从而创造出共有意义世界，进而构建各种社会关系和制度规范的社会互动过程。正是在这个借助各种表达手段进行的媒介化互动话语实践过程中，共同体和公共生活才成为可能。换言之，以话语实践为主要构成要素的人类传播活动是社会得以存在的基础性条件。用杜威的话来说，“社会，不只是通过传递、交流而得以持续存在；说它存在于传递、交流之中，也不为过……人们基于共同的事务而生活在一个共同体中，而交流则是他们拥有这些共同事务的方式”[②]。在从政治哲学的视角去谈论“公共领域”时，哈贝马斯认为这是一个舆论得以形成的空间，通过俱乐部沙龙以及文学出版物、新闻报刊等媒介网络建构起来的话语的生产、流通和交换活动是这个空间的核心要素。[③] 因此，传播是社会的黏合剂，尤其对分工体系日趋复杂的现代社会而言，通过公共传播发展出一套能把利益

---

① 徐桂权：《从群众到公众：中国受众研究的话语变迁》，北京：人民日报出版社，2016年。

② 约翰·杜威：《杜威全集·中期著作(1899—1924)·第九卷(1916)》，俞吾金、孔慧译，上海：华东师范大学出版社，2012年，第6-7页。

③ 尤尔根·哈贝马斯：《公共领域》，载汪晖译，载汪晖、陈燕谷主编：《文化与公共性》，北京：生活·读书·新知三联书店，1998年，第125页。

和信仰悬殊的人联合在一起的道德文化机制，相互关切和彼此依存感是十分重要的。从这个意义上说，对日益媒介化的话语实践进行深入观察和分析，并由此把握当代公共生活中公众参与舆论和政治实践的媒介化维度，无疑是传播研究责无旁贷的使命之一。

当然，话语分析并不是传播研究的专利。恰恰相反，当代话语理论及其多元方法路径的发展是哲学、语言学、符号学、政治学、文化研究等学科和思想资源共同推动的产物。自索绪尔语言学提出以来，从分析哲学、现象学到存在主义的20世纪西方哲学，出现了从以认识论为核心的意识哲学向语言哲学转变的趋势，即所谓"语言学转向"。其核心要点是颠覆了理性意识主体先验的、不证自明的神圣性，对其语言性、符号性本质予以特别重视，语言与存在的关系成为哈贝马斯所说的后形而上学思想的核心命题。[①] 随着政治学、社会学、人类学等社会科学视角与语言学思想的碰撞交汇，20世纪80年代以来，话语理论在历经了从结构主义到后结构主义的思想洗礼后日臻成熟，逐渐脱颖而出，对包括传播研究在内的人文社科各领域产生了广泛影响。

相对于静态的语言/文本，话语理论更多地强调语用学或社会语言学视角下的言语表达，具有鲜明的社会科学特点，即强调人类通过语言或其他表达形式来进行社会实践或完成特定社会活动的过程。换言之，话语并不是单纯的语言结构，而是这种结构在实际社会行动中的运用和发展。因此，话语分析至少涉及语言/符号/文本、人类的思维过程和交流互动、表达的媒介渠道、传播对象，以及语境，即话语实践的全部要素所处的特定社会历史条件。尽管广义上的话语分析包含描述性（比如对话分析、叙事和修辞分析等）和批判性（比如批判话语分析）两种路径，但实际上真正意义上的话语分析多少会带有一些社会批判的色彩，这是因为语言以及人们对语言的使用过程本身就不可能是纯粹客观中立的，而是与现实社会历史过程中复杂的权力关系有着紧密的联系。[②] 因此，话语不仅涉及文本，同样涉及互动和语境，即那些既决定但同时又通过话语实践建构起来的特定的社会条件。[③] 这种批判视角下的话语分析的目标是要表明语言使用与传播的认知、社会、历史、文化和政治语境如何对文本或对话的内容、意义、结构或策略产生影响。反之亦然，话语本身如何影响并成为这些语境结构的一

---

① 尤尔根·哈贝马斯：《后形而上学思想》，曹卫东、付德根译，南京：译林出版社，2012年。

② Gee, J. P., *An Introduction to Discourse Analysis: Theory and method*. London and New York: Routledge, 2011, p. 6.

③ Fairclough, N., *Language and Power*. London: Longman, 1989, pp. 22-25.

个有机组成部分。[①] 这表明，语言的意义不是自明的，而是取决于谁在何种条件下，通过什么方式，对谁，进行了什么样的表达。话语理论的视角由此把我们引向了语言和文化世界的意义斗争问题。用布尔迪厄的话来说，"词语制造事实，而社会世界是争夺词语的斗争的所在地"[②]。这实际上就是一个通过媒介化的话语实践参与公共传播的过程，其核心问题是人们如何通过媒介手段和符码体系进行形式多样的表意实践、互动交流和社会博弈，从而建构出一个有意义的共有的社会世界。这背后进一步涉及公共传播的对话伦理问题，即"公共话语应当如何表达才能有利于一个共同体或国家找到问题的解决之道"[③]，才能让公共生活趋近于一种更加良善的人类生活形态？

正是在这里，我们触及了《从呈现到参与：数字媒介环境下公共生活的话语变迁》一书的核心关切：公众参与的媒介化话语实践与以大众政治参与为主要表现形式的公共生活之间的关系。正如前文所言，任何对公共生活的探讨都绕不开媒介以及围绕媒介所形成的公共意见表达或舆论空间。这是20世纪以来政治传播研究的一个"老话题"。但诚如作者自己所言，围绕这样一个"老话题"，这本著作至少在多个维度上推进了既有研究：一是在数字媒介的发展和普及所带来的新的技术文化语境下对这一"老话题"进行重新审视；二是从媒介化(mediatization)，尤其是"政治的媒介化"这一相对较新的理论视角来思考媒介技术、制度与文化之间的复杂关系；三是在实证分析方面把眼光从欧美经验转向中国本土的媒介化话语实践，进而关注中国国家治理语境中的公共生活媒介化的经验研究。[④]

在我看来，除了作者自己所说的这些"新意"之外，无论是相对于桂权本人自己过去的研究，还是相对于传统意义上较为偏向于文本分析的媒介话语研究[⑤]，本书还在以下两个方面展现了学术创新的勇气。一方面，在理论和方法上，作者试图把文本分析、话语分析、制度分析、宏观历史情势

---

① van Dijk, T. A., *Racism and the Press*. London and New York: Routledge, 1991, p. 45.

② 皮埃尔·布尔迪厄:《文化资本与社会炼金术——布尔迪厄访谈录》,包亚明译,上海:上海人民出版社,1997年,第136页。

③ 克利福德·G. 克里斯蒂安斯、西奥多·L. 格拉瑟、丹尼斯·麦奎尔,等:《传媒规范理论》,黄典林、陈世华译,北京:中国人民大学出版社,2023年,第77页。

④ 参见本书导论。

⑤ 比如,艾伦·贝尔等编著的文集《媒介话语的进路》据称集纳了当时最权威的媒介话语研究专家的成果,试图"从语言的文本分析走向深度的社会解释"(本书第87页),但相对于对媒体文本意识形态、叙事结构、对话模式、版式风格、视觉语言等要素分析,对话语生产和消费的关注严重不足,对更为复杂的宏观社会历史进程中话语实践的研究则几乎完全缺失。

分析等不同的研究思路融为一体，并在特定的案例经验研究中对其加以检验和运用，拓展了传统媒介话语分析的理论视野。与此同时，跳出西方中心主义视角，回归中国本土语境下的政治和媒介逻辑，探讨西方理论与中国经验产生有机接合(articulation)的可能性，从而强化本土传播学术研究的自主意识。另一方面，在现实关怀上，本书试图突破单纯的学术研究，尤其是西方语境下批判话语分析传统的那种破而不立的做法，转而从一种更具建设性的视角来探讨在公共生活日益媒介化的条件下，国家治理模式应该如何顺应这种变化。用作者的话来说，"欧美媒介化政治研究的主要观点在于批判市场化、专业化、技术化的媒介逻辑对民主政治的'殖民'，使政治机构不得不适应媒介逻辑；而在中国，国家因人民群众的高度认同而成为政治生活的主导力量，公共生活媒介化的意义就在于，政府机构可积极运用意识形态的领导权，通过与媒介机构的良性互动，使媒介机构及其逻辑和话语更加协同地服务于国家治理现代化建设，实现国家与社会的'善治'"①。

当然，或许是因为在不同时期发表的论文成果基础上修改而成的缘故，本书的内容在整体逻辑的协调性方面还存在一些改进的空间。此外，相关案例的研究依然是以媒体文本为主，对公众进行话语生产和阐释的人类学式观察还有待未来的研究进行突破。但瑕不掩瑜，桂权完成的这部著作在理论与经验的对话方面进行的有益探索，无疑会对当代中国传播研究，尤其是政治传播研究起到很好的引领效应。

黄典林

(中国传媒大学传播研究院教授、博士生导师)

2024 年 8 月 21 日于北京

① 本书第 255 页。

目　录

导论：媒介化视域下的传媒与公共生活

这本书探讨的主题是媒介与当代公共生活的关系。这是媒介研究和政治传播研究的一个核心议题，已经产生了大量研究成果。

那么，为什么还要再写一本新书？至少有三个方面的考量。首先，尽管关于媒介与公共生活的理念与理论经过多年的探讨，已经发展得比较成熟，但在数字媒介环境下公共生活既面临着新传播技术的挑战，同时也面临着社会思潮变迁的冲击。在这种新的技术与文化语境下，重新检视关于媒介与公共生活的既有观念，并探讨其在数字时代的发展趋向，是有意义的。

其次，本书拟采用一种新的视角，即媒介化（mediatization）研究的视角，来探讨媒介与公共生活之间的关系。进入21世纪，媒介化研究吸引越来越多传播学者的关注，其重要的特征之一在于能够比较充分地把握媒介化社会中媒介技术、制度与文化之间的复杂互动关系。[①] 时至今日，媒介化研究已从一般化的概念与理论探讨发展到具体领域的深入研究。其中，"政治的媒介化"是与本研究最相关的一个子领域，尤其为本研究提供了重要的洞见。

最后，本书涉及欧美国家和地区公共生活媒介化的理论与案例讨论，但更关注中国国家治理语境中的公共生活媒介化的经验研究。这将牵涉若干重要问题的讨论，例如：中国传媒具有怎样的公共性？在数字传播环境下，各类形态的媒介在国家治理体制下扮演什么样的角色，展开怎样的话语实践？中国公众如何通过媒介参与社会治理与公共生活？等等。本书不能保证完全回答这些问题，但是将基于21世纪前二十年的中国媒介与传播的案例研究，尝试给予一定的分析。

---

① 近年来，随着数字媒介的发展，关于媒介的理论研究吸引越来越多学者的兴趣和探索，不但媒介环境学派重新获得重视，而且涌现出媒介学、媒介考古学、媒介技术哲学等新兴的理论思路，也包括媒介化研究的兴起。与前述理论相比，媒介化研究更偏向于中层理论的分析，在具体对象上更具深入分析的可能性。参见徐桂权、雷丽竹：《理解"泛媒介"时代：媒介环境学、媒介学与媒介化研究的三重视角》，《现代传播》2019年第4期，第55-60页。

何谓公共生活？

在导论中，我们首先需要解释本书标题的关键词：什么是“公共”“公共生活”“媒介化”，以及“公共生活的媒介化”？

“公共/公众”(public)一词在西方文化中具有漫长的历史。拉丁文的形容词 *publicus* 指一群公民或臣民的集合，以及街道、广场、剧场等场所，并与私人和家庭领域形成对比。它的名词 *publicum* 尤其具有政治含义，意指国家的领域、财产和收入等。这种与国家相关的 public 的观念在现代西方世界得到进一步发展，并确定了其在政治科学里的含义：与市民或国家的事务具有关联的一群个体的集合。

在现代社会，“公共/公众”(public)还有另一种含义，即把书刊的读者、音乐会的听众、展览的观众理解为阅读公众、音乐公众、戏剧公众等。这种用法出现于 17 世纪的欧洲，并在 18 世纪变得更为普遍。[①] 这个意义上的“公共/公众”在尤尔根·哈贝马斯的经典著作《公共领域的结构转型》中得到重要的阐释[②]，在一篇题为《公共领域》的短文中，他解释道：

> “所谓公共领域，我们首先意指我们的社会生活中的一个领域，某种接近于公众舆论的东西能够在其中形成。向所有公民开放这一点得到了保障。在每一次私人聚会、形成公共团体的谈话中都有一部分公共领域生成……在一个大型公共团体中，这种交流需要特殊的手段来传递信息并影响信息接收者。今天，报纸、杂志、广播和电视就是公共领域的媒介。当公共讨论涉及与国务活动相关的对象时，我们称之为政治的公共领域，以相对于文学的公共领域。”[③]

按照哈贝马斯的理论，大众传媒无疑应当是公共领域的一部分，问题在于其实现的程度如何，以及实现的方式如何。自从“公共领域”的概念被引入媒介与传播研究后，这方面的探讨已经形成了丰富的阐释和辩论，充

---

① Melton, J., *The Rise of the Public in Enlightenment Europe*. New York: Cambridge University Press, 2001, p. 1

② 尤尔根·哈贝马斯：《公共领域的结构转型》，曹卫东等译，北京：学林出版社，1999 年。

③ 尤尔根·哈贝马斯：《公共领域》，载陈燕谷主编：《文化与公共性》，北京：生活·读书·新知三联书店，2005 年，第 125 页。

分显示了这一概念对于媒介研究的广泛影响。[①]

本书将在政治科学和公共领域理论的两重意义上使用"公共/公众"的含义，即包括与国家政治具有相关性的公民的集合，以及介入公共领域活动的读者/听众/观众。进一步地，我们可以沿着哈贝马斯后来在《交往行为理论》一书中发展的"系统"与"生活世界"的概念区分来定义"公共生活"。[②] 哈贝马斯将整个社会分为两大领域：由家庭和社会的日常互动构成的社会领域，他称之为"生活世界"，以及我们在工作时所处的、具有机构权威的职业与行政领域，他称之为"系统"。结合"系统/生活世界"的区分，以及"公共/私人"的区分，可以将整个社会划分为四个子领域(见表1)。

表1　广义"社会"的四个领域

领　域	公　共	私　人
系统	国家领域	经济领域
生活世界	公共领域	个人领域

在表1中，公共生活很大程度上坐落于公共领域。但是，由于系统与生活世界是彼此互动的，人们在公共领域中的活动也与国家和经济领域相关。公众在公共领域中谈论的部分议题来自国家和经济领域，当国家与经济试图"殖民化"公共领域时，公众则必须维护自身的共同利益。

沿着这个思路，美国社会学家托马斯·雅诺斯基在《公民与文明社会》一书中也将社会区分为国家领域、公共领域、市场领域和私人领域，并认为四个领域相互重叠，彼此互动。不过，他所指的公共领域要比哈贝马斯的定义更广，包含了志愿社团、自助团体、媒体、教育、医疗、宗教等"第三部门"的社会组织。而他所定义的"**文明社会**"就是**国家领域、市场领域和公共领域之间一种有活力的和相互作出反应的公开对话领域**。[③] 在他看来，如果没有这些领域发挥作用，市民社会就不能存在。

本书所理解的"公共生活"，同时受到哈贝马斯"公共领域"的概念以及雅诺斯基"文明社会"的启发。简而言之，**公共生活，就是与国家、经济和市民事务具有关联性的公民群体在公共领域，乃至更广义的文明社会中所进行的交往行为**。

① Lunt, P. & Livingstone, S., "Media studies' fascination with the concept of the public sphere: Critical reflections and emerging debates", *Media, Culture and Society*, 2013, vol. 35(1), pp. 87-96.

② 尤尔根·哈贝马斯：《交往行为理论》，曹卫东译，上海：上海人民出版社，2004年。

③ 托马斯·雅诺斯基：《公民与文明社会》，柯雄译，沈阳：辽宁教育出版社，2002年，第17页。

从“媒介”到“媒介化”

那么，媒介与公共生活的关联如何？

在上述四个领域的模型中，媒介可以坐落在国家、市场和公共领域。换言之，它们可能是国有媒体、党营媒体、商业媒体、公共媒体或公民媒体，等等。这取决于它们的所有权与运行方式。这已经是媒介体制研究中的一个恒久的话题，即从相对稳定的、结构化的视角进行考察。[①]

本书则试图转换思路，采取媒介化研究的视角，对媒介与公共生活的关系进行动态考察。发端于欧洲传播学界的“媒介化研究”是过去十多年间备受瞩目的一种研究路径。与传统的媒介效果研究和媒介环境学的路径相比，**媒介化研究侧重从长时段的视野关注媒介化社会中媒介技术、社会制度与文化之间的复杂互动关系**。尽管学者们对“媒介化”的定义不尽一致，但他们都认同如下观点：**现代社会中的日常实践和社会关系日益由媒介技术和媒介组织所形塑，由此，人类社会正越来越进入一个媒介高度渗透的“媒介化社会”**。[②] 与现代化、全球化、个体化等概念一样，“媒介化”是一个社会发展的“元过程”，它既包含日常生活、身份认同、社会关系的变化，也包含经济、民主以及社会文化的变化。[③] 同时，“媒介化”不仅是一个宏大的理论概念，也需要与特定社会领域的实证研究相结合。

那么，在现有的“媒介”（medium / media）概念之外，为什么我们还需要“媒介化”的概念。一个基本原因在于“**媒介化”是一个历史的、动态的过程**，而非一个静止的概念。过去二十多年媒介化研究的兴起，很大程度上是由于数字传播技术的发展造成媒介环境的快速变化，而旧的概念已不足以充分把握这种急剧且复杂的变化过程。正如英国学者索尼娅・利文斯通所言，社会和个人生活的“一切都已被中介化”了，她建议传播研究者采用“中介化”（mediation）和“媒介化”（mediatization）的概念来洞察新媒介环境的变化。[④] 与上述四个社会领域的模型相对应，**如今的媒介已不再仅**

---

① 例如，詹姆斯・卡伦、韩朴明珍：《去西方化媒介研究》，卢家银等译，北京：清华大学出版社，2011年。

② 例见，施蒂格・夏瓦：《文化与社会的媒介化》，刘君等译，上海：复旦大学出版社，2018年；Couldry，N. & Hepp，A.，*The Mediated Construction of Reality*. Cambridge：Polity Press，2016.

③ Krotz，F.，“Mediatization：A concept with which to grasp media and. societal change”，in Lundby，K.（Ed.），*Mediatization：Concept，Changes，Consequences*. New York：Peter Lang，2009，pp. 21-40.

④ Livingstone，S.，“On the Mediation of Everything－ICA Presidential Address 2008”，*Journal of Communication*，2009，vol. 59(1)，pp. 1-18.

仅适用于一个具体的社会领域，相反，它们的影响力已经溢出、渗透整个社会的所有领域。

与此同时，媒介化的过程无疑也在深刻地重塑着社会的政治领域和公共生活。特别是随着新传播技术的快速发展，数字媒介在公共生活中的影响日益引人注目。在传统媒介时代，新闻媒体在告知公民有关公共利益的信息上发挥着重要的作用，而在今天，新兴的数字媒体因其广泛的渗透力而进一步提高了公众参与的水平，进而从根本上改变了媒介政治的形构以及公民参与公共生活的方式。在这样急剧变革的时代，我们尤其需要更新理论视野，采取多元化的、动态的理论工具，来审视媒介、文化与社会的变迁。

如何考察公共生活的媒介化？

从媒介化研究的视角，如何理解这种公共生活的变迁？在现有的媒介化研究中，与上述话题最相关的领域就是"政治的媒介化"(mediatization of politics)或"媒介化政治"(mediatized politics)的研究。该议题正是媒介化研究最早涉及的话题之一，如今已发展为有丰富研究成果的研究领域。[①] 简而言之，政治的媒介化研究聚焦于媒介化社会中媒介逻辑与政治逻辑之间互动关系的考察，而媒介逻辑与政治逻辑的具体构成都需要在具体语境中进行分析。

就政治逻辑而言，斯托贝克和埃森认为，政治逻辑通常包括三个要素，即政体(polity)、政策(policy)和政治(politics)[②](见表2)。

表2 政治逻辑的三个要素

要素一	要素二	要素三
政体	政策	政治
政治运作的制度与形式化框架	作为政治产出的政策与决议	公开展示的政治权力运作

① Esser, F. & Strömbäck, J. (Eds.), *Mediatization of Politics: Understanding the Transformation on Western Democracies*. Basingstoke: Palgrave Macmillan, 2014; Strömbäck, J. & Esser, F. (Eds.), *Making Sense of Mediatized Politics: Theoretical and Empirical Perspectives*. London: Routledge, 2015.

② Strömbäck, J. & Esser, F., "Mediatization of politics: Towards a theoretical framework", in Esser, F. & Strömbäck, J. (Eds.), *Mediatization of Politics: Understanding the Transformation on Western Democracies*. Basingstoke: Palgrave Macmillan, 2014, p. 16.

在以上三个构成要素中，"政体"和"政策"相对容易理解，这里需要重点讨论"政治"的概念。斯托贝克和埃森对政治的定义如下：

> "政治指候选人、政党或政治纲领活动支持的过程。这些过程可以发生在选举前，其短期目标是使竞选获得进展并增加投票；或发生在选举之间，其目标可能是提高民意支持率，或在问题定义与架构、议程设置、政策形成与政治协商的不同过程中增加民众的支持。与经常发生在幕后且关注实质内容的'政策'不同，'政治'通常是公开的，并聚焦于获得公众支持与关注度的战略和战术、政治符号、形象建构与品牌化，以及政治展演。"[①]

基于以上描述，这里的"政治"概念不仅指国家领域政治家和政党的权力运作，也包括更宽广的市民社会中的舆论、公共的再现与行动。对于后一方面，我们还可以借用政治理论家尚塔尔·墨菲关于"政治性"的观念，来丰富我们对于公共生活的理解。[②] 她就此写道：

> "所谓'政治性'(the political)，我指的是人类关系中内在的斗争的维度，这种斗争可采取许多形式、以社会关系的不同形式来进行。另一方面，'政治'(politics)指追求某种确定的秩序和人类组织所进行实践、话语和制度的集合，这种追求总是可能包含着冲突性，因为它们会受到'政治性'维度的影响。"[③]

换言之，按照墨菲的观点，"政治性"不能被局限在某种特定的制度，或某个特定的领域或社会层次中。它必须被视为内含于一切人类社会的一个维度，并决定了我们的本体性境况。[④] 在这个意义上，墨菲拓展了"政

---

① Strömbäck, J. & Esser, F., "Mediatization of politics: Towards a theoretical framework", in Esser, F. & Strömbäck, J. (Eds.), *Mediatization of Politics: Understanding the Transformation on Western Democracies*. Basingstoke: Palgrave Macmillan, 2014, p. 15.

② 尚塔尔·墨菲：《论政治的本性》，周凡译，南京：江苏人民出版社，2016 年。

③ Mouffe, C., *On the Political*. London: Routledge, 2005, p. 8.

④ Mouffe, C., *The Return of the Political*. London: Verso, 1997, p. 3.

治”的含义：从传统的制度化的政治，到更广阔的文明社会中的日常政治。[①] 她对于“政治性”一词的使用，与社会学家乌尔里希·贝克的“亚政治”概念[②]和安东尼·吉登斯的“生活政治”概念[③]，以及文化研究中所使用的政治概念[④]，是非常接近的。

本书一方面将沿用斯托贝克和埃森对“政治逻辑”的定义及关于“政体、政策、政治”的区分，另一方面将以墨菲的“政治”与“政治性”的概念来丰富“政治”的含义。因此，**“公共生活的媒介化”**就可以被理解为**整个文明社会中发生的媒介逻辑与政治逻辑之间的互动关系**。这个定义要比现有的主要发生在国家领域中的“政治的媒介化”一词的意涵更广。在接下来的章节中，我们还会对媒介逻辑和政治逻辑的定义做进一步的讨论，并且将对媒介逻辑、政治逻辑与媒介话语、政治话语（作为前者的意义结构）及其制度语境的关系进行探讨（其简要关系如图 1 所示）。参考政治学研究的相关概念，我们将本书的路径称为一种“话语制度主义”的进路（详见第一章的讨论）。[⑤]

同时，本书也将着重探讨公民参与在公共生活的媒介化过程中所扮演的角色。在现有的政治传播研究中，新闻媒体与政治行动者之间的互动一

---

① 墨菲对于“politics”和“the political”的区分也受到法语中“阴性政治”（La politique）和“阳性政治”（Le politique）区分的启发。从传统来说，法语中的政治就是“阴性政治”，但自 20 世纪 70 年代以来，越来越多的政治理论家倡议以“阳性政治”来取代“阴性政治”。其词性变化的含义在于：“阴性政治”是狭义上的政治，专指和权力斗争直接相关的政治活动与政治制度，如议会、选举、政党、司法与战争行为等。“阳性政治”则不仅包括狭义上的政治，还包括和政治有关的所有对象，如货币、住房、环境保护、食品安全、社会保障、文化活动、新闻媒体以及新兴的网络世界等。这种词性的变化，也体现了当代政治理论和政治史对于“政治”概念认识的发展。参见吕一民、乐启良：《政治的回归——当代法国政治史的复兴探析》，《浙江学刊》2011 年第 4 期，第 123-130 页。

② Beck, U., *The Reinvention of Politics: Rethinking Modernity in the Global Social Order*. Cambridge: Polity, 1997.

③ Giddens, A., *Modernity and Self Identity*. Cambridge: Polity, 1991.

④ Hall, S. (Ed.), *Representation: Cultural Representations and Signifying Practices*. London: Sage, 1997, p. 257.

⑤ 制度研究一直是政治科学研究的一个重要传统，但一度被行为主义研究所取代。20 世纪 90 年代以来，“制度”再次成为社会科学研究的焦点，以“制度”为核心概念来解释政治、经济、社会现象的学术流派被统称为新制度主义，包括理性选择制度主义、社会学制度主义、历史制度主义等。而话语制度主义是新制度主义的新兴流派，强调以动态的方式看待观念和话语在制度变迁中的作用。话语制度主义研究的代表人物是美国波士顿大学的政治学教授维维恩·A. 施密特（Vivien A. Schmidt），参见维维恩·A. 施密特：《话语制度主义：观念与话语的解释力》，马雪松、田玉麒译，《国外理论动态》2015 年第 7 期，第 10-19 页。本书中的“话语制度主义”概念受到施密特教授论述的启发，在理论方向上赞同她的观点，但并不完全使用她的分析框架。

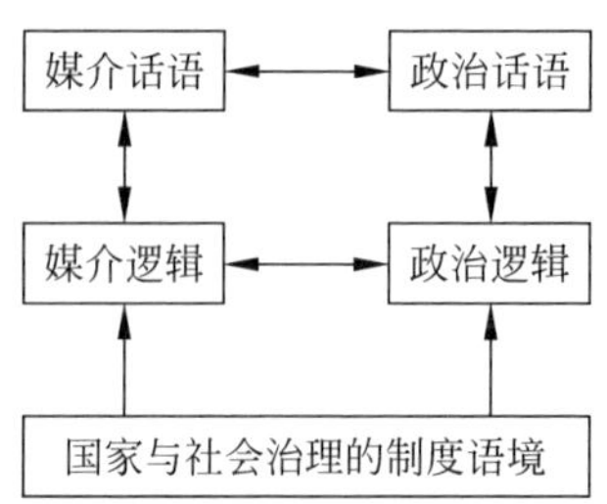

图1 本书的话语—制度分析框架

直是研究的主要对象。[①] 但在当代政治中，媒介化的公民参与在公共生活中发挥越来越重要的作用，并成为媒介与传播研究的重要主题。[②] 伴随着公众对于数字媒体的广泛使用，公民参与对政治和公共生活的影响还将进一步扩大。因此，本研究试图将公民受众(citizen audiences)的参与性传播作为数字媒介环境下政治传播扩展网络的重要组成部分来进行考察。

而在中国语境中，如何将媒介和公民参与的视角引入国家治理也是当下政治传播的议题。正如李良荣教授所言："'推进国家治理体系和治理能力的现代化'就是要协调政府与市场、政府与社会之间的关系，这为传媒实现公共性提供了制度保障和实践场域。传媒作为多元治理主体中的一元参与社会治理，协调一元政治话语和多元利益诉求之间的矛盾。这就要求传媒承担起新的社会角色，即主体性。由此，传媒在国家治理体系中将扮演'双重角色'，即作为党和政府喉舌的组织属性和代表社会多元利益的主体性。"[③]为此，有研究者尝试将参与传播等视角引入国家治理研究："现阶段中国传媒最主要的实践，就是在社会变迁的背景下参与国家治理，通过媒体的报道来建构不同利益群体的协商机制，让各个阶层都能以公共利益为目标，进行平等、公开的信息交流、意见竞争以及协商对话。"[④]这些宏观思路也为本研究提供了重要的启发。

---

① McNair, B., *An Introduction to Political Communication*. 5th edition. London: Routledge, 2011.

② Carpentier, N., *Media and Participation: A Site of Ideological-democratic Struggle*. Bristol: Intellect, 2011; Dahlgren, P., *Media and Political Engagement: Citizens, Communication, and Democracy*. New York: Cambridge University Press, 2009; Livingstone, S., "The Participation Paradigm in Audience Research", *Communication Review*, 2013, vol. 16 (1-2), pp. 21-30.

③ 李良荣、方师师：《主体性：国家治理体系中的传媒新角色》，《现代传播》2014年第9期，第32-37页。

④ 张晋升、公丕钰：《沟通与善治：参与传播视野下国家治理的广东经验》，广州：南方日报出版社，2019年。

本书的范围与结构

本书并不打算对公共生活媒介化的历史与理论展开全面的图绘，这方面的工作可参见约翰·尼禄的著作《媒介与公共生活：一种历史》(*The Medie and Public Life*)[①]，或戴维·莱夫的《新闻业与公众》(*Journalism and the Public*)[②]。本书主要聚焦于以下三组问题。

首先，数字媒介给政治、公共生活和新闻业将带来怎样的机遇或挑战？如何在理论层面阐释公共生活的媒介化过程？

其次，鉴于媒介化研究的经验研究方法论尚未得到充分的发展，那么，是否可能将批判话语研究的方法与媒介化研究相结合？具体如何展开？

最后，尽管媒介化政治的研究主要是在欧美发展起来的，我们是否可以将这个视角带入中国语境？中国的公共生活媒介化的主要特征是什么？

围绕上述问题，本书的内容包括两个部分。

第一部分是**公共生活媒介化的理论阐释与研究路径**，包括第一章至第三章。第一章将回顾“媒介化”与“媒介化政治”的研究文献，包括制度主义与建构主义两种路径，主张将这两种路径结合起来，构成一个“话语制度主义”的分析框架。在这个框架下，各类数字媒介并不必然接合(articulation)某种话语，因为这个接合的过程还依赖于话语与其所处的具体制度语境之间的关联。参考斯图亚特·霍尔的论述[③]，我们也可以把这种立场称为“没有保证的话语制度主义”。后面章节还将以美国语境中的自由民主话语与民粹主义话语的斗争作为案例，来检视话语制度分析的解释力。

第二章将从媒介化政治理论转向传播研究中的受众理论来理解传媒与公共生活的关系。笔者主张一种社会关系视野下的受众观念，将受众的身份理解为公众、社群和消费者等，从多元的理论脉络来理解数字媒介环境下的积极受众；还将探讨数字媒介环境下受众研究的新趋势，重点检视欧洲传播学者正在构建的受众研究“参与范式”。这是一个尚在进行中的学术方向，并且与公共生活的媒介化研究密切相关。

第三章是本书探究公共生活媒介化的方法论路径，即批判话语研究的方法论及其在媒介研究中的应用。首先通过对《媒介话语的进路》一书的评述，来探讨媒介话语研究的基本特征，再通过对三家SSCI期刊2016—

---

① Nerone, J., *The Media and Public Life: A History*. Cambridge: Polity Press, 2015.

② Ryfe, D., *Journalism and the Public*. Cambridge: Polity Press, 2017.

③ Hall, S., "The Problem of Ideology-Marxism without Guarantees", *Journal of Communication Inquiry*, 1986, vol. 10 (2), pp. 28-44.

2020年刊载的媒介话语研究论文的扎根理论编码分析，来检视数字时代媒介话语研究的特征与发展趋势。这方面的探讨，将为衔接媒介化理论以及具体的话语研究提供方法论的支持。

第二部分是**中国语境中公共生活媒介化的经验研究**，包括第四章至第九章。特别关注二十多年来我国传媒在公共生活中的角色从过去主导的“报道者”到社会多元主体之间的“中介者”的变迁，以及相应的从“呈现”（presentation）到“参与”（participation）的媒介话语形态的变化。

第四章首先描绘了21世纪前二十年新闻媒介话语变迁的总体脉络，并对中国语境中“媒介逻辑”的独特内涵进行了阐释。按照这个脉络，在21世纪的前九年，传统新闻媒介仍然处于鼎盛时期，并在公共生活中扮演积极的内容呈现与表达的作用。第五章和第六章分别基于2005—2007年间医疗改革报道和2008年时评话语的案例研究，探讨国家与社会治理的公共议题在传统媒介上的呈现形式以及公众的媒介化表达方式。在这个时期，新闻媒体已开始数字化转型的进程，但其角色定位仍是主导的事实信息的报道者。

最近十余年来，经过国家推动的媒介融合过程，在新型的数字媒介环境下，传媒日趋转型为国家治理和公众参与的平台，成为主流意识形态话语建构、公共政策话语接合及社会情感沟通的中介者。在这个背景下，第七章至第九章用三个案例来展开“媒介化认同”“媒介化治理”和“媒介化情感”三个主题的探讨，进而从这三个侧面来反映“媒介化参与”的趋势。第七章以2017年上映的红色青春电影《建军大业》为经典的意识形态文本网络传播案例来探讨数字媒介环境下主流意识形态领导权的认同建构。第八章基于2019—2020年的一个环境传播的案例（垃圾分类处理议题）来探讨数字媒介环境下公共政策话语如何与媒体话语接合，以及各类媒介和公众通过怎样的话语实践而参与到公共治理当中。第九章基于2012—2022年《人民日报》微博的灾难报道传播案例，来探讨新闻媒体和公众如何在数字媒介环境中展开情感话语的建构与互动，进而促成公共危机的情感治理。

本书最后总结了中国国家治理语境中公共生活媒介化的主要特征：欧美媒介化政治研究的主要观点在于批判市场化、专业化、技术化的媒介逻辑对民主政治的“殖民”，使政治机构不得不适应媒介逻辑；而中国语境中的公共生活媒介化则存在着国家、市场、社会与技术之间的共生关系，而非单向度的作用。在中国语境中，政府机构可以积极运用意识形态领导权，通过与媒介机构的良性互动，使媒介机构及其逻辑和话语更加协同地服务于国家治理现代化的建设，实现国家与社会的良善治理（good governance）。

第一部分
公共生活媒介化的理论阐释与研究路径

第一章
媒介化政治：迈向话语制度主义的进路

本书探讨的主题是“公共生活的媒介化”，在西方的传播学研究中，这个主题基本对应于“政治的媒介化”（mediatization of politics）或“媒介化政治”（mediatized politics）[①]的研究领域。因此，本章首先对国际传播学界现有的关于“媒介化政治”的研究文献进行回顾与梳理，并提出本书主要的分析框架，然后再分别讨论当下西方语境和中国语境中媒介化政治的主要议题与可能的研究思路。

本章分为三节。第一节首先对“媒介化研究”的基本路径和观点进行梳理，从而为政治的媒介化研究提供知识背景。第二节将在对传统的媒体政治研究与媒介化政治研究进行比较的基础上，突出后者的动态和整合视角；然后，沿着媒介化政治研究的两种路径，提出媒介化政治的话语制度主义的分析框架。第三节主要讨论美国媒介化政治语境中面临的意识形态话语挑战，即民粹主义话语与自由民主话语的冲突，以此来检视话语—制度分析框架的解释力。

第一节　传播研究的“媒介化转向”[②]

20世纪80年代以来，媒介现实的巨大变化为传播研究带来挑战。传统意义上的传播研究聚焦于特定的传播过程。该过程由“媒介”“文本”“受众”三者组成，学者们致力于考察三者间的互动关系，至于该过程对社会文化的宏观影响则设问不多。而今，数字媒介渗透至社会的每一个角落，“新技术效果无所不在”[③]，单纯聚焦于“媒介”“文本”“受众”三者已无力回应

---

① 在本书中，“政治的媒介化”或“媒介化政治”基本可以互换，但二者在构词上存在细微的区别：前者的重点是“媒介化”，突出媒介化对政治的作用；后者的重点是“政治”，强调被媒介化影响之后的政治状态。

② 本节修订自本书合作者王琛元的论文，经原作者同意授权刊载，并略微删改。王琛元：《欧洲传播研究的“媒介化”转向：概念、路径与启示》，《新闻与传播研究》2018年第5期，第5-26页。

③ 曼纽尔·卡斯特：《网络社会的崛起》，夏铸九译，北京：社会科学文献出版社，2006年，第64页。

现实。“媒介”这个概念已经“内爆”[①]；媒介一方面成为个体的日常生活脉络，另一方面镶嵌进其他社会制度的日常运行中。索尼娅·利文斯通认为，“我们必须实现研究方式的转化：曾几何时我们认为大众媒介独立且颇具影响，可以对其与其他社会制度的关系展开分析，而今，一切都被中介(mediated)了。所有重要的社会制度都被该中介所转化与重组”。[②]

在此背景下，“媒介化”逐渐成为欧洲传播学者的学术选择。从历史的角度讲，“媒介化”大致经历了从“标签”到“敏感性概念”再到“理论范式”三个阶段的发展历程。2000年以前，学者们如肯特·埃斯普(Kent Asp)将“媒介化”视为标签，用以描述媒介在当代社会中与日俱增的影响力。

2010年前后，以弗里德里希·克罗茨(Friedrich Krotz)、施蒂格·夏瓦(Stig Hjarvard)、安德烈亚斯·赫普(Andreas Hepp)为代表的一批学者，通过对相关概念的厘清，试图将“媒介化”建构为“敏感性概念”[③]。近年来，夏瓦、赫普等学者进一步从理论传统、概念操作化等方面发展“媒介化”，作为一个“理论范式”的“媒介化”逐渐成熟，一系列围绕“媒介化”的论文集陆续发表。[④]

2000年以来“媒介化”构成了欧洲传播研究的关键词，不同文化背景与学术背景的学者纷纷涌入，各种传统与视角交叉碰撞；夏瓦、赫普等学者对“媒介化”的阐释又处于不断的发展之中。这些原因既造成该研究领域成果丰硕，又在一定程度上造成该领域的破碎。本节拟对欧洲传播研究的“媒介化”转向作出初步梳理。首先对“媒介化”和“中介化”两个概念进行厘清；其次集中论述克罗茨从“元过程”出发对于“媒介”的再定义，进而介绍目前该领域中发展相对成熟的两个理论视角——“社会建构视角”和“制度视角”；最后讨论“媒介化”的理论意义及其对我国传播研究的启示价值。

---

① Couldry, N., “Does ‘the Media’ Have a Future?”, *European Journal of Communication*, 2009, vol. 24(4), pp. 437-449.

② Livingstone, S., “On the mediation of everything — ICA presidential address 2008”, *Journal of Communication*, 2009, vol. 59 (1), pp. 1-18.

③ 赫伯特·布鲁默曾将社会学概念区分为“限定型概念”(definitive concept)和“敏感性概念”(sensitizing concept)。限定型概念可以借助清晰的边界对现象进行区分与定位，而敏感性概念则为“使用者提供了处理某一经验案例的参照与指导”。参见：Jensen, K. B., “Definitive and Sensitizing Conceptualizations of Mediatization”, *Communication Theory*, 2013, vol. 23(3), pp. 203-222.

④ 例如，Lundby, K. (Eds.), *Mediatization: Concept, Changes, Consequences*. New York: Peter Lang Publishing, Inc, 2009; Lundby, K. (Eds.), *Mediatization of Communication*. Berlin: De Gruyter Mouton, 2014; Hepp, A. & Krotz, F. (Eds.), *Mediatized Worlds: Culture and Society in A Media Age*. New York: Palgrave Macmillan, 2014.

一、概念厘清

“媒介化”致力于超越具体的传播过程考察媒介对社会文化的影响，该主题在20世纪的人文社会科学发展史中不乏回响，但直到20世纪末，“媒介化”才正式成为学者们研究的关键词。从后见之明的角度上讲，2000年前后的学者们更多以“标签”的方式使用“媒介化”这个概念。维里维诺伦认为，“媒介化并非一个严格的分析性概念，而是一个模糊的术语，用以描绘大众媒介以及由其他技术中介而形成的传播不断增强的社会文化影响力”。[①] 至于该术语的理论内涵，学者们似乎无暇顾及，突出表现就是术语的多样化，其中“媒介化”（mediatization）和“中介化”（mediation）获得最多关注。[②]

21世纪初以来，学者们致力于将“媒介化”发展为清晰的概念工具，如温弗里德·舒尔茨认为，“媒介化”与传播媒介所引发的社会变迁有关，这种变迁包括“延伸”（extension）、“替换”（substitution）、“融合”（amalgamation）和“适应”（accommodation）。[③] “延伸”指“媒介技术拓展人类的传播能力，使其打破自然的限制”；“替换”指“媒介部分地或者全部地替换社会行为以及社会机构，从而改变社会行为与机构的性质”，例如网上银行代替传统银行；“融合”指“媒介行为不仅延伸或者（部分地）替换非媒介行为，媒介行为更与非媒介行为之间彼此融合”，例如我们一边听广播（媒介行为），一边开车（非媒介行为）；“适应”指“传播媒介的存在所引发的社会变化”，例如媒介行业成为一个重要的产业，广告业对经济活动的促进作用等。夏瓦认为，“‘媒介化’不应当仅仅在标签的意义上被使用，用以描绘那些受到媒介影响的现象。‘媒介化’不仅需要被发展得更为清晰与全面，它还应当成为有价值的分析工具，可以在经验上展开”。[④] 在他看来，“媒介化”是一个文化和社会制度（如政治、宗教等）的主要组成部分与媒介

---

① Valiverronen, E., “From Mediation to Mediatization: The New Politics of Communication, Science and Biotechnology”, in Kivikuru, U. & Savolainen, T. (Eds.), *The Politics of Public Issues*. Helsinki: Helsinki University Press, 2001, pp. 157-177.

② 瑞典传播学者埃斯普（Kent Asp）使用的是“medialization”，英国社会学家约翰·汤普森（John Thompson）使用的是“mediazation”，更多的学者使用“mediatization”（如夏瓦）或者“mediation”[如罗杰·西尔维斯通（Roger Sliverstone）]。

③ Schulz, W., “Reconstructing Mediatization as An Analytical Concept”, *European Journal of Communication*, 2004, vol. 19(1), pp. 87-101.

④ Hjarvard, S., “The Mediatization of Society—A Theory of the Media as Agents of Social and Cultural Change”, *Nordicom Review*, 2008, vol. 29(2), pp. 105-134.

逻辑相匹配的过程。埃里克·罗森布勒将“媒介化”定义为一个过程，“在该过程中，许多社会空间的活动受到媒介的影响，它们必须借助媒介才得以实现，从而受到媒介逻辑的影响”。[①] 总的来说，学者们倾向于将“媒介化”定义为一个线性的历史过程，在该过程中其他社会领域（如政治、宗教）日益受到媒介的影响而发生变化。

与上述北欧学者不同，拉美学者马丁-巴伯罗和英国学者罗杰·西尔维斯通也对“媒介化”现象展开讨论，不过由于语言文化的差异[②]，他们所使用的术语是“中介化”（mediation），且关注焦点存在一些差异。如果说舒尔茨、夏瓦等人强调媒介在历史演变中对社会文化的线性影响，那么马丁-巴伯罗和西尔维斯通则强调媒介与社会文化在历史时空中的互动关系。

马丁-巴伯罗认为拉美的媒介研究者往往热衷于分析媒介组织的经济结构或媒介内容所隐藏的意识形态，很少关注媒介在社会场域中的“中介”作用。这导致媒介研究往往在两极之间震荡，一个极端认为媒介在拉丁美洲现代化过程中作用巨大，另一个极端将媒介视为权力阶层的道具。为突破该局限，他强调以“中介”取代“媒介”，“传播是众多相互对抗与融合的力量的交汇点，所以考察的重点就应当由媒介转移至中介。所谓中介，即传播实践和社会运动的接合，以及传播与多元文化乃至社会不同发展阶段的接合”。[③] 借助“中介”这个术语，马丁-巴伯罗将研究焦点由孤立的传播片段转移至传播的动态社会过程。

西尔维斯通对“中介”的阐发则深则受社会学家约翰·汤普森的影响。在《媒介与现代性》一书中，汤普森强调媒介作为“中介者”对于传授双方关系的改变，“只有我们抛弃这样的成见——传播媒介传递信息与象征内容给个体而个体之间关系保持不变——我们才有可能理解传播网络对于社会的影响”。[④] 西尔维斯通将“中介化”定义为“一个意义的生产与再生产过程，媒介文本的生产者、受众，以不连续、非对称的方式参

---

① Rothenbuhler, E. W., “Continuities: Communicative Form and Institution”, in Lundby, K. (Eds.), *Mediatization: Concept, Changes, Consequences*. New York: Peter Lang Publishing Inc, 2009, pp. 277-292.

② 在英语文化背景中，并不存在“mediatization”这个词，所以索尼娅·利文斯通认为“mediatization”是一个奇怪的（awkward）词汇。Livingstone, S., “On the Mediation of Everything—ICA Presidential Address 2008”, *Journal of Communication*, 2009, vol. 59(1), pp. 1-18.

③ Martin-Barbero, J., *Communication, Culture, and Hegemony: From the Media to Mediatization*. London: Sage, 1993, p. 187.

④ Thompson, J. B., *The Media and Modernity: A Social Theory of the Media*. New York: Cambridge University Press, 1995, p. 4.

与到该过程中”。[①] 西尔维斯通认为，“中介化帮助我们理解传播如何改变其所根植的社会文化环境以及如何改变参与者（个体或者机构）之间的关联”。[②]

简而言之，马丁-巴伯罗和西尔维斯通借助“中介化”将传播建构为一个动态的、语境化的过程。在该过程中，媒介与社会文化间存在复杂的互动关系。该过程的实现既依托媒介技术，也依托具体的社会场景。

2010 年前后，不同学者开始就“媒介化”和“中介化”二者是否可以通约展开争论。夏瓦认为，“‘中介’描述的是特定的社会语境中借助媒介得以实现的传播，‘媒介化’指的是社会文化制度以及人类互动模式受媒介影响而发生的历史性变化”。[③] 尼克·库尔德利认为，“‘媒介化’描绘了众多相互独立的社会和文化空间逐渐与媒介形式相匹配的过程，但其无法像‘中介’一样捕捉传播的复杂性”。[④] 其他学者则认为“媒介化”和“中介化”并非对立，如埃里克·罗森布勒认为，中介化（mediation）、媒介逻辑（media logic）、媒介形式（media forms）、媒介化（mediazation、medialization、mediatization），虽然这些术语存在诸多细节差异，但它们都被用来考察一系列相关问题。[⑤] 随着讨论的深入，“中介化”和“媒介化”两个术语的含义逐渐清晰。“中介化”一词含义丰富，有广义与狭义之分，更有西尔维斯通对于“中介化”的特别使用。广义上的“中介化”所指对象不仅包括传播，还包括货币流通、政治仲裁等，如肯特·鲁贝就认为：“‘中介化’是一个过于宽泛的术语，既可以指解决冲突，也可以指现代媒介所带来的变化。”[⑥]狭义上的“中介化”指人类传播活动，如阿西夫·阿伽认为：“‘中介化’在社会中无处不在，只要一个人借助符号在传播中与他人建立关系，社会生活

---

① Silverstone，R.，*Why Study the Media?*. London：Sage，1999，p. 13.

② Silverstone，R.，“The Sociology of Mediation and Communication”，in Calhoun，C.，Rojek，C. & Turner，B.（Eds.），*The Sage Handbook of Sociology*. London：Sage，2005，pp. 188-207.

③ Hjarvard，S.，“The Mediatization of Society —A Theory of the Media as Agents of Social and Cultural Change”，*Nordicom Review*，2008，vol. 29(2)，pp. 105-134.

④ Couldry，N.，“Mediatization or Mediation? Alternative Understanding of the Emergent Space of Digital Storytelling”，*New Media & Society*，2008，vol. 10(3)，2008，pp. 373-391.

⑤ Rothenbuhler，E. W.，“Continuities：Communicative Form and Institution”，in Lundby，K.（Eds.），*Mediatization：Concept，Changes，Consequences*. New York：Peter Lang Publishing Inc，2009，pp. 277-292.

⑥ Lundby，K.，“Introduction：‘Mediagtization’ as Key”，in Lundby，K.（Eds.），*Mediatization：Concept，Changes，Consequences*. New York：Peter Lang Publishing Inc.，2009，pp. 3-4.

就具备了'中介化'的色彩。"[①]西尔维斯通对"中介化"一词的使用更具特色，他将"中介化"视为一个转换过程，强调在该过程中媒介对社会文化所产生的结构性影响。正是在此意义上，西尔维斯通所说的"中介化"和夏瓦、舒尔茨所说的"媒介化"殊途同归。[②]

在厘清概念的基础上，学者们逐渐形成共识，即"媒介化"和"中介化"二者互补而非对立。所有"媒介化"现象都建立在"中介化"现象之上，正是具体历史时空中的"中介化"现象在历史中的积累产生了"媒介化"现象。利文斯通和鲁特认为，"将以'中介化'为主题的研究置于具体的历史背景中就是'媒介化'研究"。[③] 学者们进一步主张以"媒介化"统摄二者的研究内容，特别是将西尔维斯通的"中介化"视角纳入"媒介化"的学术视野。之所以用"媒介化"包含"中介化"，原因在于"中介化"一词的含义过于广泛，无法突出传播研究的学科视角。在利文斯通和彼得·鲁特看来，"中介化"研究所包含的范围非常广泛，包含了所有人类互动被'中介化'的方式——文化形式与人类实践、工具与机器、各种形式的语言、交换的多样形态，当然还包括人类的传播媒介。显然，只有被媒介所"中介化"的人类互动才是传播研究的焦点所在。并不是所有的"中介化"现象都是传播研究的对象，但所有的"媒介化"现象都必然是传播研究的对象。深受西尔维斯通影响的库尔德利也逐渐转变立场，同意以"媒介化"统摄含义过于宽泛"中介化"，强调"媒介是当代社会所有过程中都无法被简化的维度"。[④]

在上述讨论的基础上，赫普和克罗茨认为"媒介化"是用来"批判性地分析媒介与传播的变迁和文化与社会的变迁之间相互关系的概念"。[⑤] 此定义"获得了最多学者的赞同，并包含了最广泛的学术立场"。[⑥]

---

① Agha, A., "Meet Mediatization", *Language & Communication*, 2011, vol. 31(3), pp. 163-170.

② Silverstone, R., "The Sociology of Mediation and Communication", in Calhoun, C., Rojek, C. & Turner, B. (Eds.), *The Sage Handbook of Sociology*. London: Sage, 2005, pp. 188-207.

③ Livingstone, S. & Lunt, P., "Mediatization: An Emerging Paradigm for Media and Communication Research?", in Lundby, K. (Eds.), *Mediatization of Communication*. Berlin: De Gruyter Mouton, 2014, pp. 703-723.

④ Couldry, N., *Media Society World: Social Theory and Digital Media Practice*. Cambridge: Polity, 2012, p. 137.

⑤ Hepp, A. & Krotz, F., "Mediatized World—Understanding Everyday Mediatization", in Hepp, A. & Krotz, F. (Eds.), *Mediatized Worlds: Culture and Society in A Media Age*. New York: Palgrave Macmillan, 2014, pp. 1-14.

⑥ Krotz, F., "Mediatization as a Mover in Modernity: Social and Cultural Change in the Context of Media Change", in Lundby, K. (Eds.), *Mediatization of Communication*. Berlin: De Gruyter Mouton, 2014, pp. 131-161.

二、路径分野

2000 年以来“媒介化”逐渐获得西方学术界的关注，玛迪安诺认为“媒介化研究是传播领域近年来最激动人心的发展，代表了学术界试图捕捉媒介社会影响的努力”。[①] 各种专业背景的学者涌入“媒介化”研究，各式研究成果异彩纷呈，一些学者（如克罗茨）试图对相关研究成果进行整合；另外一些学者（如赫普、夏瓦）试图将其发展为清晰的理论路径。

作为整合型研究的代表人物，克罗茨将“媒介化”定义为“元过程”（meta-process）并且将媒介定义为“传播形塑者”[②]，在一定程度上实现了对相关研究成果的整合，也为未来的进一步研究提供了指南。“元过程”与媒介研究中的“过程”不同。以“创新扩散”为例，在该过程中，发明本身并不发生变化，而“元过程”是“长期的、关于过程的过程，该过程和日常生活以及身份认同在长时间段内的变化有关，也和宏观的社会文化变化有关。在不同文化、不同社会、不同历史阶段，该过程呈现出不同的样貌”。媒介化不仅是一个新媒体涌现以及个人媒介环境日益复杂的过程，也不仅是一个越来越多的媒介被应用于传播中的过程。“媒介化”作为一个“元过程”，既包含日常生活、身份认同、社会关系的变化，也包含经济、民主、休闲以及社会文化的变化。克罗茨认为，当代社会的“媒介化”和“全球化”“个体化”“商业化”等概念一样，是基本的社会事实。社会学、政治科学、心理学、社会学、人类学等学科的学者都会关注“媒介化”现象。作为一个概念，“媒介化”可以被作为一个参照点，对不同学科的相关研究成果进行整合，将其纳入共同的理论视野。

此外，受到费迪南・德・索绪尔和雷蒙德・威廉斯的启发，克罗茨将媒介定义为“传播塑造者”（media as modifiers of communication），具备两重维度、四种内涵（如图 1-1）。从情景的角度看，媒介既可以指一种舞台设置（apparatus of staging），通过对传播的框架作用影响人们对现实的建构；也可以指一种经验空间（space of experience），这一空间对“身份建构、日常生活、现实与民主至关重要”。从结构的角度看，媒介既可以指一种特定

① Madianou，M.，“Polymedia Communication and Mediated Migration：an Ethnographic Approach”，in Lundby，K.（Eds.），*Mediatization of Communication*. Berlin：De Gruyter Mouton，2014，pp. 323-348.

② Krotz，F.，“Mediatization as a Mover in Modernity：Social and Cultural Change in the Context of Media Change”，in Lundby，K.（Eds.），*Mediatization of Communication*. Berlin：De Gruyter Mouton，2014，pp. 131-161.

的技术，与特定主体间形成复杂的关系，例如手机“既是身份认同的一部分、身体的延伸、导航的工具，又储藏着社交关系与个体记忆，更会影响个体的未来”；也可以指围绕该技术所形成的制度安排，即社会制度与规范。

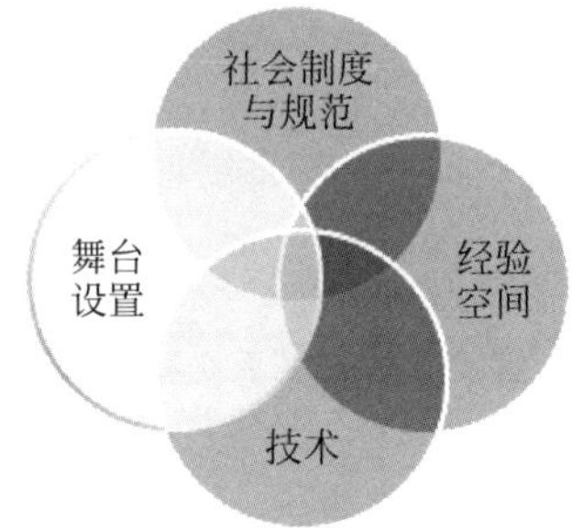

图 1-1　媒介的四种内涵：纵向的结构特征与横向的情景特征[①]

另外一些学者从相应的研究问题出发，对现有的成果进行梳理：库尔德利和赫普区分了媒介化研究的“制度传统”和“社会建构传统”[②]；戈兰·柏林将其划分为“技术视角”“制度视角”与“媒介世界视角”[③]；鲁贝则命名为“物质视角”“制度视角”与“文化视角”。[④] 细察不同学者的分类方式可以发现，尽管具体划分有异，但不同学者间存在很大交集，例如鲁贝的“文化视角”、柏林的“媒介世界视角”就与库尔德利和赫普的“社会建构传统”重叠，而几乎每一位学者都会涉及“制度视角”。其中，鲁贝、柏林通对“媒介化研究”三种视角的划分主要以研究内容的特征为标准，而库尔德利和赫普对“媒介化研究”两种视角的划分主要围绕其相应的理论传统。

本书认为，“媒介化”可被视为一个考察媒介、传播与社会文化间互动关系的研究范畴[⑤]，克罗茨对于媒介的再定义说明了该研究范畴的研究范

---

① Krotz F. & Hepp, A. ,“A Concretization of Mediatization: How Mediatization Works and Why ‘Mediatized Worlds’ are a Help Concept for Empirical Mediatization Research”, *Empedocles-European Journal for Philosophy of Communication*, 2013, vol. 3(2), pp. 119-134.

② Couldry, N. & Hepp, A. ,“Conceptualizing Mediatization: Contexts, Traditions, Arguments”, *Communication Theory*, 2013, vol. 23 (3), pp. 191-202.

③ Bolin, G. ,“Institution, Technology, World: Relationships Between the Media, Culture, and Society”, in Lundby, K. (Eds.), *Mediatization of Communication*. Berlin: De Gruyter Mouton, 2014, pp. 175-198.

④ Lundby, K. ,“Intrtoductoion”, in Lundby, K. (Eds.), *Mediatization of Communication*. Berlin: De Gruyter Mouton, 2014, pp. 3-38.

⑤ 此处参考了陈向明的观点：“所谓研究的范畴指的就是研究的现象，它比研究的问题更加宽泛一些。研究的问题是从研究的范畴内提取出来的一个比较集中、具体、需要回答的疑问，而研究的范畴是研究者意欲探讨的一个现象领域。”参见陈向明：《质的研究方法与社会科学研究》，北京：教育科学出版社，2015 年，第 48 页。

围。不同学者从各自理论背景出发进入该研究范畴。该研究范畴目前形成了两个相对成熟的研究问题的分析视角——制度视角和社会建构视角。前者主要以“结构化”理论和新制度主义为理论传统，考察媒介制度对其他社会文化制度的影响，强调历时性，以施蒂格·夏瓦的研究为代表；后者以符号互动论和社会建构主义为理论传统，考察具体历史时空中受到媒介影响的人类传播过程，强调共时性，以安德烈亚斯·赫普的研究为代表（见表 1-1）。

表 1-1 媒介化研究的两个视角及其特征

类　别	制度视角	社会建构视角
媒介定义	媒介机构	舞台设置与经验空间
研究对象	考察作为机构的媒介对于其他社会机构（政治、宗教、体育等）的影响	考察作为传播工具的媒介对具体传播过程的语境性影响，如身份认同、社会关系等
时间范围	高度现代性/媒介饱和时代	人类历史的基本实践
理论传统	结构化理论新制度主义	符号互动论社会建构主义

（一）制度视角

制度视角发端于西方学者对于“政治媒介化”现象的关注，而他们的研究大都离不开“媒介逻辑”的概念。此概念可上溯到美国学者大卫·阿什德和罗伯特·斯诺的“媒介逻辑”思想。1979 年阿什德和斯诺出版《媒介逻辑》（*Media Logic*）一书，两位作者对经验主义传播学感到不满，认为其将“媒介在我们生活中的角色过分简化为几个有关媒介影响的变量”[①]，却对媒介对整个文化生活的影响不作考察。阿什德和斯诺强调，要想理解媒介在我们生活中的角色，就必须理解作为一种传播方式的媒介究竟如何改变我们认识社会的方式。为此，两位作者引入“媒介逻辑”。“媒介逻辑包含一种传播的形式。该形式包括所使用的媒介的种类（如视觉、音频等）和每一种媒介所独有的格式（formats），如如何组织材料、如何展示风格、如何设置重点等。格式被用来作为展示以及理解现象的框架……一个成功的传播行为，传受双方必须共享一致的格式。”[②]媒介逻辑所考察的并非媒介传播了什么内容，而是媒介以什么形式传播这些内容，又因为一组传播关系成立的前提是传受双方对于共同传播形式的共享，所以该传播形式得以扩散至整个社会。

---

① Altheide, D. L. & Snow, R. P., *Media Logic*. Beverly Hills: Sage, 1979, p. 7.

② Altheide, D. L. & Snow, R. P., *Media Logic*. Beverly Hills: Sage, 1979, pp. 9-10.

在制度视角的发展过程中，丹麦学者夏瓦起到了重要作用，他一方面进行了大量的关于媒介化的案例研究，另一方面引入吉登斯的"结构化理论"，丰富了制度视角的理论内涵。[①] 吉登斯的"结构化理论"将"结构"定义为"循环反复卷入社会系统再生产中的各种规则和资源"。[②] "制度"代表着现代社会中稳定且可预测的元素，为人类在既定时空中的传播与行动提供框架。"制度"同样包含"规则"和"资源"，并具有最大的时空延伸程度，"是社会生活中较持久的特性"。"规则"是指"社会实践的设定和复制中的技术或总的流程"，这些技术和流程可以是非正式的（如社会规范），也可以是正式的（如法律）。"资源"为社会实践提供基本的结构，包括配置型资源和权威性资源。受到吉登斯的启发，夏瓦致力于将"媒介化"发展为一个中层理论，强调对文化与社会进行中观层次的分析，超越微观层次的人际互动，也与宏大的社会理论不同。在他看来，"媒介化"是一个发生于高度现代性语境中的过程，该过程由两个侧面构成，即媒介在其他社会领域得以制度化的同时，媒介自身也获得了社会制度的身份；而"媒介逻辑"指"不同媒介所具有的不同特征以及运作方法，这些特征与模式会影响其他社会制度，因为后者需要依赖被媒介所控制和提供的资源"。[③]

作为现代性的重要组成部分，夏瓦认为，西方大众媒介从19世纪末至今共经历三个阶段。在现代性早期，大众媒介尚未构成社会制度，只服务于其他社会制度，例如政党报刊，此阶段的媒介运作由特定利益所驱动。20世纪20年代随着广播技术的出现，使得大众媒介可以面向更为一般的大众，此时媒介逐渐成为文化制度，其宗旨在于扮演公共论坛的角色，公共利益驱动此阶段的大众媒介。20世纪80年代以来随着通信卫星、有线电视技术的发展以及电信行业的去管制化，商业化导向使得大众媒介更加重视对受众的服务，媒介制度逐渐成形，其主导逻辑在于媒介专业主义。[④]

归纳地讲，制度视角的研究具备如下特点：其一，其研究对象往往是两个社会制度之间的关联，其中一个是媒介制度，另外一个是政治、宗教等其他社会制度；其二，历史过程性，关注焦点在于两个社会制度在相应历史时段内的相互关系，在该过程中其他社会制度逐渐受到媒介逻辑的影

---

① Hjarvard, S., *The Mediatization of Culture and Society*. London: Routledge, 2013.

② 安东尼·吉登斯：《社会的构成》，李康、李猛译，北京：中国人民大学出版社，2016年。

③ Hjarvard, S., "Mediatization and Cultural and Social Change: An Institutional. Perspective", in Lundby, K. (Eds.), *Mediatization of Communication*. Berlin: De Gruyter Mouton, 2014, pp. 199-226.

④ Hjarvard, S., *The Mediatization of Culture and Society*. London: Routledge, 2013.

响；其三，主要以吉登斯的结构化理论作为理论基础。

近年来，夏瓦试图进一步将“制度逻辑”引入制度视角。[①] 从“制度逻辑”的角度出发，可以将媒介化现象视为制度间过程（inter-institutional process），考察重点在于媒介制度逻辑如何与其他制度逻辑彼此相互作用。从这一角度出发，媒介化现象可以被看作从一个制度政体（institutional regimes）到另一个制度政体间的转换。

（二）社会建构视角

随着实践的发展与认识的深化，制度视角的局限逐渐受到学者关注。首先，制度视角过分强调媒介逻辑的线性影响，对媒介逻辑的理解过分简单。克罗茨认为：“根本就不存在独立于社会和文化语境，独立于历史语境的媒介逻辑。”[②]其次，制度视角将媒介视为一种制度，考察作为制度的媒介与其他社会制度（如政治、宗教）间的关系，它忽视了以非制度形式存在的媒介（尤其是以技术形态存在的数字媒介）对个体的影响，克罗茨就询问，究竟什么是“媒介逻辑”？“今天的电视的媒介逻辑和十年前不同。对于一个14岁小姑娘和一位55岁银行家来说，‘媒介逻辑’也不相同。”最后，从制度视角出发，“媒介化”仅仅是出现在20世纪的新现象（例如施蒂格·夏瓦的观点），这限制了“媒介化”的学术潜力。罗森布勒认为，既然人类的传播从来都是被“中介化”的，那么“‘媒介化’就不是一个新现象，而是传播的基础”，“媒介化”现象可以追溯至人类文明之初。[③]

学者们对媒介逻辑的反思构成了传播视角的逻辑起点。鲁贝通过对社会学家齐美尔作品的细读，认为阿什德和斯诺对媒介逻辑的使用并未领会齐美尔思想的真谛。在鲁贝看来，阿什德和斯诺的“媒介逻辑”更加接近“格式”（format），而非“形式”（form），后者才是齐美尔学说的核心。鲁贝认为，媒介化研究应当将媒介置于人类互动实践中加以考察，“探讨作为总体的媒介逻辑是没有价值的，有价值的是厘清媒介如何在多样化的社会互

---

① Hjarvard, S., "Mediatization and Cultural and Social Change: An Institutional. Perspective", in Lundby, K. (Eds.), *Mediatization of Communication*. Berlin: De Gruyter Mouton, 2014, pp. 199-226.

② Krotz, F., "Mediatization: A Concept with Which to Grasp Media and Societal Change", in Lundby, K. (Eds.), *Mediatization: Concept, Change, Consequences*. New York: Peter Lang Publishing Inc, 2009, pp. 21-40.

③ Rothenbuhler, E. W., "Continuities: Communicative Form and Institution", in Lundby, K. (Eds.), *Mediatization: Concept, Changes, Consequences*. New York: Peter Lang Publishing Inc., 2009, pp. 277-292.

动中被使用”。[①] 罗森布勒同样认为，“或许逻辑并不内在于媒介，而在于传播”。[②]

赫普则从“行动者网络理论”、现象学社会学、符号互动论和社会建构主义等理论传统出发对传播视角作出了较为系统的阐发。[③] 他认为，媒介对于人类传播具有“塑造性的作用”(the moulding force of media)，这种塑造作用主要由两个环节——“具体化”(reification)和“制度化”(institutionalizing)构成。

“具体化”的思想源于布鲁诺·拉图尔(Bruno Latour)的“行动者网络理论”。拉图尔主张以“联结的社会学”(sociology of association)取代“社会的社会学”(sociology of the social)。“社会的社会学”倾向于将社会视为一种与生物、心理、法律相区分的特殊现象，所有领域都镶嵌于社会之中，而对社会到底是什么没有说明；“联结的社会学”将社会界定为组合与再组合的特定过程，社会学就是对这种组合过程的追踪(the tracing of association)，“社会是一种事物间的联结，这些事物本身并非社会”。[④] 为了捕捉事物间的联结，拉图尔提出“行动者网络理论”。在“行动者网络理论”中，拉图尔不仅仅将人视为行动者，将“物”也视为“行动者”(actant)，“所有可以改变事物存在状态的东西都是行动者”。从这层意义上讲，榔头、水壶、衣服、遥控器等都可以被视作行动者。以遥控器为例，我们用遥控器看电视的状态和没有遥控器看电视的状态肯定不同。物可以被看作当下时空中各种力量关系的凝结，等待人类予以激活。更为重要的是，拉图尔认为物和人类行为的关系并非简单的决定与被决定关系，“物体可以决定人类行为，可以作为人类行为的背景，更可以以赋权、允许(allow)、提供、支持、许可、启发、影响、阻止、予以可能、禁止等多种方式影响人类行动”。[⑤] “行动者网络理论”向我们提供了理解媒介和人类互动关系的崭新

---

① Lundby, K. , “Media Logic: Looking for Social Interaction”, in Lundby, K. (Eds.), *Mediatization: Concept, Changes, Consequences*. New York: Peter Lang Publishing Inc. , 2009, pp. 101-122.

② Rothenbuhler, E. W. , “Continuities: Communicative Form and Institution”, in Lundby, K. (Eds.), *Mediatization: Concept, Changes, Consequences*. New York: Peter Lang Publishing Inc. , 2009, p. 292.

③ Hepp, A. , “Mediatization and the ‘Molding Force’ of the Media”, *Communication*, 2012, vol. 3(1), pp. 1-28.

④ Latour, B. , *Reassembling the Social: An Introduction to Actor-Network-Theory*. London: Oxford University Press, 2007, p. 5.

⑤ Latour, B. , *Reassembling the Social: An Introduction to Actor-Network-Theory*. London: Oxford University Press, 2007, p. 17.

视角，即媒介不仅是信息的自然渠道，而且是特定语境中表征社会、参与社会的制度化形式。

"制度化"的概念主要汲取了彼得·伯格和托马斯·卢克曼的社会建构主义思想，与夏瓦所说的"制度"存在不同。夏瓦所言"制度"源于吉登斯的"结构化"理论。吉登斯试图打破社会学理论中"结构主义""功能主义"与"建构主义"之间的对峙，其"结构化"理论在考察社会生活的意义这一问题的同时，同样考察其物质条件、权力关系等。与此不同，社会建构主义更加强调从意义层面对社会生活进行考察，认为在复杂的互动过程中，意义经过协调、争论，并且至少在某种程度上达成共识，在这种基础上产生大规模的社会安排。因此，社会的各项制度不是被直接给定的，而是人类的成就。[①]

在伯格和卢克曼看来，所有人类活动都受到"惯习化"(habitualization)的影响，而一旦出现"与各种类型行动者的惯习化行为相对应的典型化(定型化)行动"[②]，制度就宣告诞生。在日常生活中，制度在由两个以上社会个体所组成的集体中展现自身。举例来说，一对年轻夫妇在惯习化的日常生活互动中逐渐彼此典型化(定型化)，制度开始萌芽。随后第三者——孩子的出生，使得这对年轻夫妇的典型化行为具有客观性，进而被凝固为制度。"A 和 B 在其共同生活中承担的惯习化和典型化，直到这一刻(指孩子出生)之前仍然具有两个个体各自为政的特点，现在则变成历史性的制度……制度现在拥有一个属于自己的实体，一个个体必须将其作为外在的和强制性的事实来面对的实体。"[③]

制度化源于人类作为惯习化的互动行为的典型化，而媒介对人类的互动方式具有重要的塑造作用。历史地讲，每一种新媒介技术的诞生都会孕育新的人类互动模式，如报纸的大众传播模式，电话使得双向互动成为可能，"大型多人在线角色扮演游戏"使得虚拟时空中的多人互动成为现实。从这层意义上讲，所谓媒介对于人类传播行为的制度化作用意指由媒介所建构的人类互动模式，这些互动模式通过制度化过程成为社会现实的一部分。

概而言之，"具体化"和"制度化"构成了媒介塑造人类传播行为的两个

---

① 马尔科姆·沃特斯：《现代社会学理论》，杨善华、李康、汪洪波等译，北京：华夏出版社，2000 年，第 8 页。

② 彼得·伯格、托马斯·卢克曼：《现实的社会构建》，汪涌译，北京：北京大学出版社，2009 年，第 47 页。

③ 彼得·伯格、托马斯·卢克曼：《现实的社会构建》，汪涌译，北京：北京大学出版社，2009 年，第 50 页。

环节，前者意在捕捉媒介技术与人类个体传播行为间复杂的相互建构关系，后者意在捕捉媒介对人类互动的影响。在此基础上，赫普等学者进一步提出“媒介化世界”（mediatized world）和“传播构型”（communicative figuration）两个概念，作为经验研究的指南。

“媒介化世界”由赫普和克罗茨提出，以现象学社会学和符号互动论为理论支撑。“媒介化世界”既是现象学意义上的生活世界，也是符号互动论意义上的社会世界。“媒介化世界”可以被看作“社会生活世界的结构化碎片，具备特定的主体间的知识库存、特定的实践与文化”。① 借助“媒介化世界”，我们可以实现对研究对象的定位。“传播构型”可以被视为“媒介化世界”的进一步操作化。

作为一个学术概念，“构型”（figuration）主要来自诺贝特·埃利亚斯，可被视为“由个体组成的网络”，正是该网络中个体间的互动构成了更大的社会实在，参加一个游戏的若干个体、一个家庭，乃至一个国家都可以被看作“构型”。② 受到埃利亚斯启发，赫普将“传播构型”定义为“横跨多种媒介的传播过程中存在的模式，该模式对传播行为具有框定作用”。③ 传播构型由四个部分组成，“媒介总体”（media ensemble）、“行动者丛”（constellation of actor）、“主题框架”（thematic framing）、“传播形式”（communicative form）。“媒介总体”指其中涉及的所有媒介；“行动者丛”指传播构型所包含的个体；“传播形式”指个体间互动的具体模式，包括直接传播、互动媒介传播、大众媒介传播，以及虚拟媒介传播；“主题框架”指对个体行动具备导向作用的话题，如政治、家庭等。从这四个部分出发，学者可以更为准确地描述特定媒介对具体的“媒介化世界”的塑造作用。赫普和乌维·汉斯布里克认为，“传播构型”一方面表现了社会文化的传播建构过程，另一方面也生产着权力、分割、规则与归属。④

归纳来说，社会建构视角的媒介化研究要点有三：其一，将媒介置于

---

① Hepp, A. & Krotz, F., “Mediatized World—Understanding Everyday Mediatization”, in Hepp, A. & Krotz, F. (Eds.), *Mediatized Worlds: Culture and Society in A Media Age*. New York: Palgrave Macmillan, 2014, p. 8.

② Elias, N., *What Is Sociology*. Dublin: University College Dublin Press, 1978.

③ Hepp, A., “Communicative Figurations — Research Cultures of Mediatization”, in Kramp, L., Carpentier, N., Hepp, A., et al. (Eds.), *Media Practice and Everyday Agency in Europe*. Bremen: edition Lumiere, 2014, pp. 83-100.

④ Hepp, A. & Hasebrink U., “Human Interaction and Communicative Figurations — The Transformation of Mediatized Cultures and Societies”, in Lundby, K. (Eds.), *Mediatization of Communication*. Berlin: de Gruyter, 2014, pp. 249-271.

人类传播实践中加以考察；其二，在特定语境（即"媒介化世界"）中考察媒介的影响；其三，考察主题主要包括身份认同、人际关系等。[①]

三、启　　示

20 世纪 90 年代以来，信息传播技术极大地改变了媒介现实，利文斯通和兰泽那·达斯曾形象地描绘："曾经，人们在沙发上度过闲暇时光，看电视或读报纸，并以此作为谈资。而今，人们独自一人，以时不时扫一眼电脑或者手机的方式登录社交网络、下载音乐、聊天、搜索信息或者玩游戏，这两个时代之间只间隔了十余年……"[②]媒介现实的激烈变化让本就居于人文社会科学边缘地位的传播研究更显尴尬。这种尴尬主要体现在两个层面，其一是传播研究本身愈演愈烈的"内眷化"趋势，其二是传播研究的考察对象日益受到其他学科（如信息科学、密码学等）的蚕食，从而使传播研究遭遇"学科危机"。

"内眷化"（involution，也译为内卷化）一语来自人类学家克利福德·格尔茨对于爪哇地区农业发展策略的研究。李金铨认为，所谓"内眷化"指"学者抱住一个小题目，在技术上愈求精细，眼光愈向内看，问题愈分愈细，仿佛躲进自筑的一道墙围，得到心理安全，拒绝与外在来往的压力，其结果是不但忘记更大的关怀，更阻碍思想的创新"。[③] 面对媒介技术对于社会广泛渗透这一当代现实，传播研究往往抱持着传统的"结构功能主义"思路，不断以新材料填补旧视角，无法实现观念的创新。以主流理论"使用与满足"为例，其将技术视为人用来达成目标的工具性对象，技术与人被主客两分的"鸿沟"隔开，将技术与人的关系简化为使用与被使用的关系，这显然无法有效说明当代现实，"人在与新媒体互动中'活泼泼'的审美体验，意味深长的文化创造，迂回辗转的文化抵抗和政治抗争被'阉割'为需求满足的单一向度"[④]。一套学术话语的影响力应当在于其对现实经验的解释力，如果传播研究的"内眷化"趋势长此以往，那么传播研究的边缘地位将

① Hepp, A., Lunt, P. & Hartmann, M., "Communicative Figuration of the Good Life: Ambivalence Surrounding The Mediatization of Homelessness and The Transnational Family", in Wang Hua (Eds.), *Communication and "The Good Life"*. London: Peter Lang Publishing Inc., 2014.

② Livingstone, S. & Das, R., "The end of audiences? The Theoretical Echoes of Reception amid The Uncertainties of Use", in Hartley, J., Burgess, J. & Bruns, A. (Eds.), *A Companion to New Media Dynamic*. London: Wiley-Blackwell, 2013, pp. 104-121.

③ 李金铨：《传播研究的典范与认同》，《书城》2014 年第 2 期，第 51-63 页。

④ 潘霁：《恢复人与技术的"活"关系：对"使用与满足"理论的反思》，《国际新闻界》2016 年第 9 期，第 75-85 页。

会日甚一日。

与此同时，媒介技术对当代社会的广泛渗透使得传播日益成为社会的构成性要素，但新媒体促发传播实践走向中心，并不意味着传播研究、传播学自然成为研究的中心。如果说在传统媒体时代，技术的边界还为传播研究划定一个特定的经验研究范围的话，那么在“媒介融合”时代，网络与传播已经成为各个学科的关键词，传播研究原先得以栖身的独有领域已经消失。传播研究所可能遭受的学科危机空前加深，正如孙玮所言：“在大众传媒时代，研究‘内卷化’的恶果或许只是自成一体、自说自话，与其他学科隔绝。而在新媒体时代，不改变‘内卷化’状态，传播学研究恐怕将被淹没在众多学科的传播研究中。”[①]

正是在这层意义上，“媒介化”研究体现出重要价值，其一方面为传播研究回应现实变化指出了崭新思路，另一方面也有助于整合不同学科对于传播现象的考察。首先，正如胡翼青所言：“只有重新理解传播及其技术是如何嵌入人的生活，重新界定人的存在及人与社会、物的关系，讨论传播与人存在的意义，才能有真正的独一无二的传播理论，才能与哲学元理论发生关联，才有资格与其他学科尤其是人文社会科学对话。”[②]尽管时至今日，欧洲学者对于“媒介化”的讨论依然存在若干争论，但毋庸置疑，“媒介化”为传播研究与社会学、哲学等人文基础学科的对话提供了崭新的空间。借助“媒介化”的思路，传播研究找到了与齐美尔、舒尔茨、伯格与卢克曼等人的哲思产生连接的枢纽。其次，正如上文所述，在当代社会，传播已经成为众多学科的考察对象，但不同学科对于传播的考察还处于彼此隔绝的状态，在此意义上，“‘媒介化’可以作为一个共同的参照点、一个概观、一个理论屋顶，对不同学科的相关研究成果进行整合”[③]，从而将学科危机转化为学科机遇，为传播研究的进一步发展提供崭新动力。

---

① 孙玮：《从新媒介通达新传播：基于技术哲学的传播研究思考》，《暨南大学学报（哲学社会科学版）》2016 年第 1 期，第 66-75 页。

② 胡翼青：《重塑传播研究范式：何以可能与何以可为》，《现代传播（中国传媒大学学报）》2016 年第 1 期，第 51-56 页。

③ Krotz, F., "Mediatization as a Mover in Modernity: Social and Cultural Change in the Context of Media Change", in Lundby, K. (Eds.), *Mediatization of Communication*. Berlin: De Gruyter Mouton, 2014, pp. 131-161.

第二节　媒介化政治：迈向话语制度主义的分析框架

随着新传播技术的快速发展，数字媒体在公共生活中的影响日益引人注目。在传统媒介时代，新闻媒体在告知公民有关公共利益的信息上发挥着重要的作用，而在今天，新兴的数字媒体因其广泛的渗透力而进一步提高了公众参与的水平，进而从根本上改变了媒介政治的形构以及公民参与政治的方式。

在这方面，近二十年来兴起的媒介化研究对媒介与政治的关系提供了新颖的分析视角，但尚未引起国内学者的充分关注。或者说，国内关于媒介化研究的引介文章对媒介化的子领域（包括媒介化政治）的专题研究和经验研究还比较匮乏。有一些研究者对媒介化政治的问题（如"行政公关化"现象）进行了初步的探讨，但相关的理论分析还比较欠缺。同时，近年来政治传播研究在我国获得越来越多的关注和展开，取得了比较丰富的成果；但是，对媒介在政治传播研究中功能的理论化分析则相对薄弱。因此，将媒介化政治的研究思路引入政治传播研究，也将是中国政治传播研究理论创新的一种可能路径。

因此，本节旨在引入媒介化政治的理论视角，来分析媒介、政治与公民之间的变动关系。下面将先对媒介与政治研究的现有传统进行回顾，然后介绍媒介化的视角、研究路径及其对媒介化政治的洞见。

一、媒介与政治研究的传统视角

自20世纪以来，媒介与政治的研究是传播学研究中的一个重要组成部分。大体而言，媒介与政治的研究包括三个路径：（1）政治传播的效果研究，尤其聚焦媒介讯息对政治生活的影响，这一路径可以追溯到李普曼的《舆论》[①]，以及后来的媒介效果理论（如二级传播理论、议程设置、框架、铺垫效果等）；（2）媒介与政治体系的制度研究，例如西伯特、彼得森和施拉姆的《传媒的四种理论》[②]；（3）媒介政治的文化研究，尤其是关于媒介场域中的政治议题的意识形态建构与斗争的研究，这方面的研究主要由批判

---

① Lippmann, W., *Public Opinion*. New York: Macmillan, 1922；沃尔特·李普曼：《舆论》，常江译，北京：北京大学出版社，2018年。

② Siebert, F. S., Peterson, T. & Schramm, W., *Four Theories of the Press*. Urbana Ill: University of Illinois Press, 1956；弗雷德里克·西伯特、西奥多·彼得森、威尔伯·施拉姆：《传媒的四种理论》，戴鑫译，展江校，北京：中国人民大学出版社，2008年。

学者展开，例如霍尔等人的《管控危机》[①]。

如今，随着传播效果研究成为传播学研究的主流范式，政治传播效果研究已经产生了大量的关于媒介与政治之关系的研究成果，大大地促进了我们对于媒介在政治生活中角色和影响的理解，尤其是在微观层面的影响。然而，由于媒介效果研究存在的普遍局限，该路径可能过分强调媒介使用和媒介内容的影响，而忽略了更广泛的社会文化语境。

有别于媒介效果研究的主流范式，本节将聚焦于媒介与政治研究的制度与文化视角。首先回顾两个传统路径的媒介与政治研究的研究思路，然后探讨媒介化政治的新视角如何可能给媒介与政治的关系研究带来新的洞见。

（一）媒介与政治研究的制度路径

制度分析的路径是媒介与政治研究中最悠久的传统。最早的研究可以追溯到相关的政治学与社会学研究，比如马克斯·韦伯在《以政治为志业》一文中谈到新闻工作者作为政治人物的社会地位[②]，D. 卡特在《政府的第四分支》一书的标题中就明确将新闻媒体视为一种政治机构[③]。然而，正如 M. 舒德森所指出的，政治学研究很少像关注政党、总统、议会那样投入精力来关注新闻媒体。[④] 因此，媒介与政治的关系研究主要还是由那些关心媒介在政治生活中作用的传播学者来展开。具体来说，传播研究中的制度分析路径又包括以下三个分支。

1. 媒介—政治体系的比较研究

这个分支可以说是由弗雷德·西伯特等的《传媒的四种理论》所开创的，尽管现在看来该书有明显的不足，比如它具有冷战时代的意识形态偏见，规范理论与经验理论之间的模糊性，以及某些方面的过度简单化等。[⑤] 沿着这个线索，过去半个世纪里出现了多个媒介与政治体系的比较模式。丹尼尔·哈林和保罗·曼奇尼的《比较媒介体制：媒介与政治的三种模式》是这方面新近的标志性成果，它通过四个维度来检视媒介体系，即媒介市场的发展、政治平行性、新闻业的专业化，以及国家的角色，然后总结出

---

① Hall, S., Critcher, C., Jefferson, T., et al., *Policing the Crisis: Mugging, the State, and Law and Order*. London: The Macmillan Press Ltd., 1978；斯图尔特·霍尔等：《管控危机》，黄典林译，上海：华东师范大学出版社，2022 年。

② Weber, M., "Politics as a Vocation", in Weber, M., *Essays in Sociology*. New York: Oxford University Press, 1946, pp. 77-128.

③ Cater, D., *The Fourth Branch of Government*. Boston: Houghton Mifflin, 1959.

④ Schudson, M., "The News media as political institutions", *Annual Review of Political Science*, 2002, vol. 5 (1), pp. 249-269.

⑤ 约翰·尼罗等：《最后的权利》，周翔译，汕头：汕头大学出版社，2008 年。

欧美的三种媒介体系模式，即地中海或极化多元模式、北欧/中欧或民主法团模式、北大西洋或自由主义模式。[①] 在他们后来主编的《比较媒介体系：超越西方世界》(*Comparing Media Systems Beyond the Western World*)一书中，作者们继续在非西方国家检验这三种模式的有效性，探讨其概念和分析方法适用或不适用于欧美之外的国家。该书建议，研究者可以提出新的模式、概念和路径来解释非西方的媒介体系及其政治转型过程。[②]

2. 媒介的政治经济学研究

这个分支的研究在过去半个世纪里得到快速的发展，因此要在简短的篇幅里进行概括是困难的。简而言之(尽管这样的概括可能是过度简化的)，政治经济学的视角聚焦于相对威权或相对自由的国家里媒介所有权的类型及新闻机构的行为。具体来说，自由多元主义的政治经济学视角更多关注对威权体制中的国家角色的批评，而激进马克思主义的视角更聚焦于对自由体制中的资本角色的批评。不过，转型国家中的真实情形比较复杂，这两种视角并不能简单区分，而需要在具体的政治经济体系中结合运用。[③]

3. 新闻生产的组织社会学研究

与以上两种宏观的视角不同，组织社会学的分析更加关注新闻生产的社会组织微观权力运作，并将新闻内容的生产与记者和信源之间的日常互动关系结合起来。20 世纪 70 年代末出现的"第一波新闻编辑室的民族志研究"，极大地促进了新闻社会学的发展。[④] 而近年来，随着数字媒介环境的发展，"第二波新闻编辑室的民族志研究"方兴未艾[⑤]，它们着力分析新闻生态下数字技术对新闻生产的影响，更新了我们对媒介、政治与公共生活之关系的理解。[⑥]

---

① Hallin, D. & Mancini, P., *Comparing Media Systems: Three Models of Media and Politics*. Cambridge: Cambridge University Press, 2006; 丹尼尔·哈林、保罗·曼奇尼：《比较媒介体制：媒介与政治的三种模式》，陈娟、展江译，北京：中国人民大学出版社，2012 年。

② Hallin, D. & Mancini, P. (Eds.), *Comparing Media Systems Beyond the Western World*. Cambridge: Cambridge University Press, 2011.

③ Lee, C. C., "Rethinking Political Economy: Implications for Media and Democracy in Greater China", *Javnost-the Public*, 2001, vol. 8 (4), pp. 81-102; Zhao, Y., *Media, Market, and Democracy in China: Between the Party Line and the Bottom Line*. Urbana and Chicago, IL: University of Illinois Press, 1998; Zhao, Y., *Communication in China: Political Economy, Power, and Conflict*. Lanham, MD: Rowman & Littlefield, 2008.

④ Schudson, M., "The Sociology of News Production", *Media, culture & society*, 1989, vol. 11(3), pp. 363-282.

⑤ Cottle, S., "New(s) times: Towards a 'second wave' of news ethnography", *Communications: European Journal of Communication Research*, 2000, vol 25 (1), pp. 19-41.

⑥ Boczkowski, P. J. & Anderson, C. W., *Remaking the News: Essays on the Future of Journalism Scholarship in the Digital Age*. MA: MIT Press, 2017.

（二）媒介与政治研究的文化路径

媒介与政治研究的文化路径关注的是通过媒介而展开的政治的意义建构，它主要包括以下两个传统。

1. 文化研究的传统，尤其是以伯明翰当代文化研究中心（The Centre for Contemporary Culture Studies，CCCS）为代表的英国文化研究

正如霍尔所指出的，文化研究的诞生不仅是一个学术计划，而且事实上是一个政治计划，一种分析"二战"后资本主义文化的途径。[①] 借助文化主义、结构主义和马克思主义等思潮，伯明翰学派的研究者们致力于研究通俗文化，尤其是大众传媒场域中的主宰、抵抗和领导权斗争。例如，《管控危机》一书就是20世纪70年代里关于国家控制与种族关系的一项重要研究。[②] 它将国家权力及其在日常生活中的运作结合起来展开分析，开启了政治机器与日常文化之间的批判性对话；"由于其宏大的历史视野、社会政治批判的视角以及对葛兰西理论的创造性运用，该书被誉为霍尔在其伯明翰时期的巅峰之作"。[③]

沿着文化研究的路径，近年来媒介与政治研究的一个重要发展是厄尼斯特·拉克劳和墨菲的话语理论在传播研究中的展开。拉克劳和墨菲的话语理论最初在《领导权与社会主义策略：走向激进的民主政治》（*Hegemony and Socialist Strategy*：*Towards a Radical Democratic Politics*）中建立，该书被普遍视为"后马克思主义"的经典之作。[④] 它们的话语理论包括后结构主义的社会本体论、新葛兰西主义的政治身份理论以及激进多元主义的民主理论。由于话语理论的丰富性与复杂性，长期以来，它并没有在政治哲学圈子之外获得充分的关注。不过，近年来，越来越多传播学者开始将话语理论引入媒介与传播研究领域，尤其是比利时学者尼科·卡彭铁尔领衔的"布鲁塞尔话语理论小组"在该领域取得了比较丰富的成果。[⑤] 此外，澳大利亚学者林肯·达尔伯格与新西兰学者肖恩·费伦在他

---

① Hall，S.，*Cultural Studies 1983*：*A Theoretical History*（edited by Jennifer Daryl Slack，Lawrence Grossberg）. Durham，NC：Duke University Press，2016.

② 斯图尔特·霍尔等：《管控危机》，黄典林译，上海：华东师范大学出版社，2022年。

③ 黄典林：《道德恐慌与文化霸权：解读斯图亚特·霍尔等著〈控制危机〉》，《国际新闻界》2014年第4期，第55-67页。

④ Laclau，E. & Mouffe，C.，*Hegemony and Socialist Strategy*：*Towards a Radical Democratic Politics*. London：Verso，1985.

⑤ Van Brussel，L.，Carpentier，N. & De Cleen，B.（Eds.），*Communication and Discourse Theory*：*Collected Works of the Brussels Discourse Theory Group*. Bristol：Intellect，2019；徐桂权、陈一鸣：《后马克思主义视野下的媒介话语分析：拉克劳和墨菲话语理论的传播适用性》，《新闻与传播研究》2020年第2期，第42-57页。

们主编的《话语理论与批判的媒介政治学》(*Discourse Theory and Critical Media Politics*)一书中提出了运用后马克思主义的话语理论发展一种“批判的媒介政治学”的构想，致力于对民主政治中的媒介、话语与权力的关系进行意义阐释与价值反思。[①] 通过运用话语理论的概念工具，“批判的媒介政治学”试图以激进民主的视野开启媒介政治领域的批判性思考，包括对“新自由主义的资本主义”主导下的媒介话语秩序进行检讨，以及对新媒介环境下新兴的抗争政治进行经验性考察，等等。

2. 新闻社会学的文化路径

当英国学者自 20 世纪 60 年代开创文化研究之时，大洋彼岸的美国学者詹姆斯·凯瑞也在 70 年代开始呼吁发展一种传播研究的文化路径。[②] 这一思想在新闻社会学的文化路径研究中产生了回响，该路径致力于检视新闻作为一种文化形式，如何于无形中将观念体系、假设和价值观嵌入新闻写作中。[③] 尽管该路径与英国的文化研究在一定程度上有所重叠，然而美国的研究者更愿意采取文化社会学和人类学(如格尔兹对文化的阐释)来研究文化和符号体系(包括政治文化)如何在新闻生产的过程中发挥作用。

社会学家 J. C. 亚历山大等主编的《新闻业危机的再思考》(*The Crisis of Journalism Reconsidered*)一书是以文化社会学洞察新闻业研究的一个重要著作。[④] 与那些视技术与经济变迁为主要焦虑来源的观点不同，该书关注的是新闻业本身的文化承诺在其中扮演的角色。它将新闻业的职业伦理与社会的民主诉求结合，分析了新闻技术如何被用于维系新闻业的价值承诺，而非破坏其价值承诺。该书认为，这些文化符码不仅促发了关于技术与经济变迁的焦虑，也提供了控制危机的出路，因此，独立的新闻业的民主实践将以新的形式得以维系。

（三）小结：传统研究思路中的“中介化政治”观念

至此，本节已经指出媒介与政治研究的三种传统视角：与微观的效果研究不同，制度研究和文化研究更强调媒介机构与广阔的社会语境的关联，而不仅仅是媒介讯息本身。在“作为政治机构的新闻媒介”这个宏观命

---

① Dahlberg, L. & Phelan, S. (Eds.), *Discourse Theory and Critical Media Politics*. Basingstoke: Palgrave-Macmillan, 2011.

② 詹姆斯·W. 凯瑞：《作为文化的传播》，丁未译，北京：华夏出版社，2005。

③ Schudson, M., “The Sociology of News Production”, *Media, culture & society*, 1989, vol. 11(3), pp. 363-382.

④ Alexander, J. C, Bulter, E. & Luengo, M. (Eds.), *The Crisis of Journalism Reconsidered: Democratic Culture, Professional Codes, Digital Future*. New York: Cambridge University Press, 2016.

题下[①]，制度分析的路径聚焦于媒介机构的政治、经济与组织的向度，而文化研究的路径突出其意识形态与符号的向度。由于媒介与政治之关系的复杂性，它们没有一个路径可以单独解释所有的现象，因此我们需要对理论路径的多样性保持开放的视野。

尽管它们存在这种聚焦的差异性，但是这三种传统视角都有一个共同点，就是通过“中介化政治”（mediated politics）的视角来看媒介的角色。利文斯通和鲁特指出，中介化研究（mediation research）是一个相当广阔的领域，包含人类通过各种工具、语言、交流模式和媒介（从石刻绘画到互联网）而进行的一切互动行为。[②] 那么，上述三种媒介与政治研究的传统视角都可以被视为政治的“中介化研究”，即探讨当代政治如何被新闻媒介所中介化，或者说新闻媒介如何在当代政治中扮演信息中介的角色。例如，在兰斯·本奈特和罗伯特·恩特曼主编的《媒介化政治：政治传播新论》一书中，他们就用了这个概念来总结当代政治与大众传播媒介的关系。[③]

然而，随着当代社会“中介化”过程的深化，中介化政治的分析模式已经变得不够用了。用利文斯通的话来说，“在以往的模式里，媒介与传播研究会分析媒介与政治的关系，而其他学科分析政治与社会、家庭、环境的关系。但在高度中介化社会里，我们已经无法排除媒介的重要因素来分析政治与社会、家庭、环境的关系——所有这些领域及其互动都已经被中介化了”。[④] 因此，在“高度中介化社会”里，或更准确地说，在“深度媒介化社会”里[⑤]，我们有必要发展新的研究视角来把握传播技术、媒介机构和社会之间快速变化的关系，包括日趋复杂的媒介与政治的关系。

二、媒介化政治的分析框架：媒介化研究的视角

媒介研究是传播学基础理论研究的重要组成部分，而“媒介化”

---

① Cook, T. E., *Governing the News: The News Media as a Political Institution*. Chicago: Chicago University Press, 2005; Schudson M., “The News media as political institutions”, *Annual Review of Political Science*, 2002, vol. 5 (1), pp. 249-269.

② Livingstone, S. & Lunt, P., “Mediatization: An Emerging Paradigm for Media and Communication Research?”, in Lundby, K. (Eds.), *Mediatization of Communication*. Berlin: De Gruyter Mouton, 2014, pp. 703-723.

③ Bennett, L. & Entman, R. (Eds.), *Mediated Politics: Communication in the Future of Democracy*. Cambridge: Cambridge University Press, 2000. 该书有中文译本，兰斯·本奈特、罗伯特·恩特曼：《媒介化政治：政治传播新论》，董关鹏译，北京：清华大学出版社，2011 年。如今来看，恐怕书名译为“中介化政治”更合适。

④ Livingstone, S., “On the mediation of everything — ICA presidential address 2008”, *Journal of Communication*, 2009, vol. 59(1), pp. 1-18.

⑤ Hepp, A., *Deep Mediatization*. London: Routledge, 2019.

(mediatization)是媒介研究领域的新路径。与其他理论路径相比，媒介化研究侧重从长时段的视野关注媒介化社会中媒介技术、社会制度与文化之间的复杂互动关系。[①] 与媒介环境学或多或少存在的媒介技术决定论倾向不同，发端于欧洲并扎根于社会与文化理论的媒介化研究更多地考虑长时段的结构关系以及社会与文化语境里媒介发展的复杂性。因此，媒介化研究为我们探索数字时代里变动的媒介与政治关系提供了一个开放的理论空间；在这个新的媒介环境中，媒介与当代文化、与社会日趋交缠在一起，而不再与文化和社会结构截然分开。[②]

在第一节里，我们已经指出，尽管学者们对"媒介化"的定义不尽一致，但都认同"媒介化"指的是媒介的影响日趋渗入到所有社会生活的过程。媒介化可以被视为一个历史性的、转变中的过程，而非一个静态的概念。媒介化研究的一个特征就在于它是一种历史性的、动态性的视角，并具有一种元理论层面的框架[③]，同时，它又可以与中层理论意义上的经验研究结合起来[④]，例如政治、战争、宗教、艺术和科学等领域。

如前所述，媒介化研究可以再分为两个视角：制度视角和社会建构的视角。制度视角聚焦于媒介作为"半自主的机构"在其他文化和社会领域中的影响。[⑤] 夏瓦就此写道："我们把文化和社会的媒介化理解为文化和社会日益依赖于媒介及其逻辑的过程。这个过程具有双重特征：一方面媒介被整合到其他社会机构和文化领域的运作中，另一方面仍然保持其作为社会机构的地位。"[⑥]这个定义也对媒介化政治具有启发。照此，媒介化政治可以理解为这样一个过程：媒介被整合到政治机构的运作中，同时仍然保持其作为社会机构的地位。换言之，媒介化政治指的是媒介机构和政治机构，尤其是媒介逻辑和政治逻辑，在日益媒介化的社会中密切互动乃至彼此绞缠的关系。

与之不同，社会建构的视角强调的是媒介在社会和文化实在的交流建构中的角色，尤其是媒介化在日常生活中的作用。照此，媒介化可以被理解为一种日常生活世界通过媒介而得以建构的过程。[⑦] 那么，媒介化政治

---

① Hepp, A., Hjarvard, S. & Lundby, K., "Mediatization-Empirical Perspectives: An Introduction to a Special Issue", *Communication*, 2010, vol. 35(3), pp. 223-228.

② Hjarvard, S., *The Mediatization of Culture and Society*. London: Routledge, 2013, pp. 1-2.

③ Waisbord, S., "A metatheory of mediatization and globalization?", *Journal of Multicultural Discourse*, 2013, vol. 8(3), pp. 182-189.

④ Hjarvard, S., *The Mediatization of Culture and Society*. London: Routledge, 2013, p. 3.

⑤ Hjarvard, S., *The Mediatization of Culture and Society*. London: Routledge, 2013, p. 21.

⑥ Hjarvard, S., *The Mediatization of Culture and Society*. London: Routledge, 2013, p. 17.

⑦ Couldry, N. & Hepp, A., *The Mediated Construction of Reality*. Cambridge: Polity Press, 2016.

就可以被理解为一种通过媒介的使用与指涉而实现的政治的意义建构，亦即“生活政治”或“话语政治”。与制度主义的视角相比，社会建构主义关心的是社会建构的动态变化条件及其重构，而没有一开始就预设某种特定的逻辑。[①]

下文将从这种两种视角出发，探讨媒介化政治的分析模式，并在此基础上，进而提出本书的整合性研究框架。

（一）制度视角下的媒介化政治

媒介化政治的研究起初就是从制度视角开始的，其核心的概念就是“媒介逻辑”(media logic)的隐喻。“媒介逻辑”的概念最早由美国学者阿什德和斯诺提出，意指媒介生产过程中事件与观念被诠释的形式。[②] 进一步来说，媒介逻辑理论描述的是媒介形式对其他社会领域(如政治或宗教)的影响。1986年，瑞典学者埃斯普开始提出“政治的媒介化”的概念，即“媒介对于政治活动的报道逐渐影响政治运作的过程”，例如政客们会刻意以“个人化”和“极端化”的方式公共演说，力求获得大众媒介的关注。[③] 意大利学者G.墨佐里尼认为，政治的媒介化是政治传播里一个“哥白尼式的革命”——过去的一切都围绕着政党来运作，如今一切都围绕着媒介来运作”。[④] 在后来的一篇文章中，墨佐里尼和舒尔茨指出，媒介化政治使政治机构日趋依赖于大众媒介的作用而运转，并且在与大众媒介的互动中持续性地得到塑造，但政治机构仍在政治过程中具有一定的控制力。[⑤]

如今，制度视角已经发展成为媒介化政治研究的主流。例如，在瑞典学者斯托贝克和瑞士学者埃森主编的《政治的媒介化：理解西方民主的转型》(*Mediatization of Politics：Understanding the Transformation on Western Democracies*)一书中，就试图用一个制度化的理论框架来整合这个领域的研究。他们认为，媒介化理论的实质就是将“媒介化”视为一个长期的过程，在这个过程中媒介的重要性日趋增强，并直接或间接地影响社会的各个领域。因此，在政治领域中，政治的媒介化可以被定义为“一个长期的过程；通过这个过程，媒介的重要性及其对政治进程、制度、组织和行

① Hepp, A., *Deep Mediatization*. London：Routledge, 2019, p. 18.

② Altheide, D. L. & Robert, P. S., *Media Logic*. Beverly Hills：Sage, 1979.

③ Asp, K., "Medialization, media logic, and mediarchy", *Nordicom Review*, 1990, vol. 11(2), pp. 47-50.

④ Mazzoleni, G., "Towards a 'videocracy'? Italian political communication at a turning point", *European Journal of Communication*, 1995, vol. 10 (3), pp. 291-319.

⑤ Mazzoleni, G, Schulz, W., "'Mediatization' of politics：a challenge for democracy?", *Political Communication*, 1999, vol. 16 (3), pp. 247-261.

动者的溢出效应得以增强"[①]。

斯托贝克和埃森进一步把政治的媒介化过程划分为四个维度：(1)媒介作为政治和社会信息来源的重要性；(2)媒介独立于其他社会和政治机构的自主权；(3)媒介逻辑或政治逻辑引导媒介内容的程度；(4)政治制度、组织、行动者分别在多大程度上受到媒介逻辑或政治逻辑的引导。此外，媒介逻辑和政治逻辑被定义为三维概念："媒介逻辑"可被概念化为由专业主义、商业主义和媒介技术所塑造，而"政治逻辑"概念化为由政体、政策和政治所塑造。[②] 虽然上述衡量指标并不一定适用于世界上所有的媒介和政治体制，但他们确实为"媒介化政治"的实证分析提出了一个实用的操作框架，也对本研究具有启发意义。

然而，制度视角的缺点也日趋明显，即它把媒介机构与政治机构之互动过程的复杂性简单化。其中一个主要的问题在于，它在媒介化政治的机制中预设了"媒介逻辑"和"政治逻辑"的概念，但却难以确定这些"逻辑"的构成要素，这一点已经引起了许多争辩[③]，并且数字媒介环境下变得越发复杂和具有不确定性。与之不同，社会建构的视角拒绝预设任何特定的"逻辑"，因为所有"逻辑"都必须在社会建构的过程中进行检视。这个思路对于媒介化政治的研究也具有重要的启发。除此之外，英国学者埃瑞克·洛[④]、德国学者舒尔茨[⑤]等都从不同的视角就西方媒体对政治的影响提出了分析，其基本思路都属于制度化分析的进路。

（二）社会建构视角下的媒介化政治

媒介化政治研究的社会建构视角或文化视角可以追溯到哥伦比亚学者马丁-巴伯罗的《传播、文化与领导权：从媒介到中介化》(*Communication, Culture and Hegemony: From the Media to Mediatization*)。[⑥] 正如该

① Strömbäck, J. & Esser, F., "Mediatization of politics: Towards a theoretical framework", in Esser, F. & Strömbäck, J. (Eds.), *Mediatization of Politics: Understanding the Transformation on Western Democracies*. Basingstoke: Palgrave Macmillan, 2014, p. 6.

② Strömbäck, J. & Esser, F., "Mediatization of politics: Towards a theoretical framework", in Esser, F. & Strömbäck, J. (Eds.), *Mediatization of Politics: Understanding the Transformation on Western Democracies*. Basingstoke: Palgrave Macmillan, 2014, p. 7.

③ Landerer, N., "Rethinking the Logics: A Conceptual Framework for the Mediatization of Politics", *Communication Theory*, 2013, vol. 23(3), pp. 239-258.

④ 埃瑞克·洛：《西方媒体如何影响政治》，陈晞、王振源译，北京：新华出版社，2013年。

⑤ 温弗莱德·舒尔茨：《政治传播：理论基础与经验研究》，陈文沁、张世信译，北京：中国传媒大学出版社，2022年。

⑥ Martin-Barbero, J., *Communication, Culture and Hegemony: From the Media to Mediatization*. London: Sage, 1993.

书标题所暗示的，它强调了文化（尤其是传播）在对抗霸权和压制中的作用。他的“中介化”概念包含了“文化如何在各种语境中协商并成为交互作用的对象”的含义。[①] 尽管马丁-巴伯罗使用的是“中介化”（mediation）而非“媒介化”的概念，但他仍被后来的研究者视为媒介化研究文化视角的先锋。[②] 此外，英国社会学家约翰·B. 汤普森在《媒介与现代性：媒介的社会理论》（*The Media and Modernity：A Social Theory of the Media*）一书中提出了“文化的媒介化”（mediazation of culture）的表述，意指 15 世纪末以来印刷技术等媒介的发展促进了象征的生产和流通，并使系统等文化转型成为可能。[③] 虽然该书没有聚焦于政治领域，但他关于意识形态和象征体系的分析与文化的政治具有高度的相关性。

如今，社会建构视角的媒介化研究已涵盖多种分析路径，如赫普基于埃利亚斯的“型构社会学”发展的“型构路径”[④]，库尔德利将皮埃尔·布尔迪厄的场域理论运用在媒介化研究中[⑤]，他们二人合著的《现实的中介化构建》（*The Mediated Construction of Reality*）一书则是对伯格和卢克曼经典著作《现实的社会构建》的发展。[⑥] 可见，社会建构视角的媒介化研究是相当开放和多元的，这是其理论建构的一个特征和长处，但同时也可能存在失去聚焦点的问题。比如，不同于制度主义研究中的“媒介逻辑”的概念，我们很难在社会建构视角的媒介化政治研究中发现一个获得普遍认可的关键概念。

然而，当我们聚焦于一个具体的社会建构的分析路径时，例如文化研究的路径，我们仍可以发现其与“媒介化”及“媒介化政治”的概念相连接的潜力。比如，安德烈·约翰逊在《媒介化与移动生活：一种批判性方法》（*Mediatization and Mobile Lives：A Critical Approach*）一书中采用了

---

① Schlesinger，P.，“Introduction”，in Jesús Martín-Barbero，*Communication，and Hegemony：From the Media to Mediations*. London：Sage，1993，p. xiii.

② Lundby，K.（Eds.），*Mediatization of Communication*. Berlin：De Gruyter Mouton，2014，p. 10.

③ Thompson，J. B.，*The Media and Modernity：A Social Theory of the Media*. Cambridge：Cambridge University Press，1995.

④ Hepp，A.，*Deep Mediatization*. London：Routledge，2019.

⑤ Couldry，N.，*Media Society World：Social Theory and Digital Media Practice*. Cambridge：Polity，2012.

⑥ Couldry，N. & Hepp，A.，*The Mediated Construction of Reality*. Cambridge：Polity Press，2016. 值得一提的是，在此书中库尔德利和赫普对 configuration 的概念作了进一步的发挥，来阐释人与媒介之间辩证的相互关系。基于此，有学者建议此处的 configuration 翻译为“互构”更准确。参见刘泱育：《从“型构”到“互型”：媒介化理论核心概念“figuration”来龙去脉》，《新闻与传播研究》2022 年第 3 期，第 38-53 页。

雷蒙·威廉斯关于通俗文化的思想而提出了“媒介化是日常”的命题。[①]对文化研究来说，日常的文化不仅是意义分享的场所，也是领导权斗争的场域。从这一观点出发，约翰逊提出了批判的媒介化研究的思路：将移动媒介的文化形式与隐藏在移动生活中的社会政治的斗争和抵抗联系起来。他的研究也表明，传统的文化研究和文化社会学的视角仍然可以运用于媒介化研究，分析媒介化社会中的媒介化现象与文化的变迁，包括转型中的文化政治的变迁。

（三）迈向媒介化政治的话语制度主义框架

以上两小节已经阐释了媒介化研究的两种视角及其对媒介化政治研究的启发。与关注常态下的媒介与政治研究的传统视角不同，这两种媒介化政治的视角都突出了媒介变迁影响下的社会变化过程；并且，它们都没有落入“媒介技术决定论”的陷阱，而是着重检视这个变化过程中的制度变迁或文化变迁——制度的视角强调前者，而社会建构的视角强调后者。

进一步地，我们可以看到这两种视角正出现融合的趋势，这在一定程度上源于最新的媒介图景的变化。赫普就此写道：“我们难以像制度主义传统那样假设媒介是‘半独立’的机构。数字媒介的实践使得媒介逻辑与制度逻辑几乎不可能是平行的。同时，我们必须意识到，数字媒介的研究并不简单地意味着我们在媒介使用的层面上研究日常实践和社会的传播建构，而必须看到 Alphabet、Amazon、Apple、Facebook 和 Microsoft 这样的大公司及其所建造的基础设置所扮演的角色。”[②]因此，在具体研究中将两种视角结合起来将有助于我们深化对媒介化的理解，以避免其各自的盲点。此外，我们还要意识到，媒介化研究并没有提供一个“完美”的自足的理论，相反，它可以被视为一个理解媒介传播与社会文化变迁的开放的、建构中的理论话语。

本小节将尝试发展媒介化政治的文化视角，尤其是以拉克劳和墨菲的话语理论为理论支撑，同时也将与制度视角的主要思想结合起来。如前所述，话语理论最初是一种政治哲学理论，但近年来逐渐被引入媒介与传播研究[③]，尤其与英国文化研究的传统相近。通过借用话语理论的关键概念，如话语、接合、身份和领导权，并与媒介逻辑和政治逻辑的概念及制

---

① Jansson, A., *Mediatization and Mobile Lives: A Critical Approach*. London: Routledge, 2017.

② Hepp, A., *Deep Mediatization*. London: Routledge, 2019, p. 8.

③ 徐桂权、陈一鸣：《后马克思主义视野下的媒介话语分析：拉克劳和墨菲话语理论的传播适用性》，《新闻与传播研究》2020 年第 2 期，第 42-57 页。

度分析的思路结合起来，我们就可以深化对于媒介化政治的过程的理解。我们可以把这样一个整合性的分析框架，称为“话语—制度分析”模型（见图 1-2）。

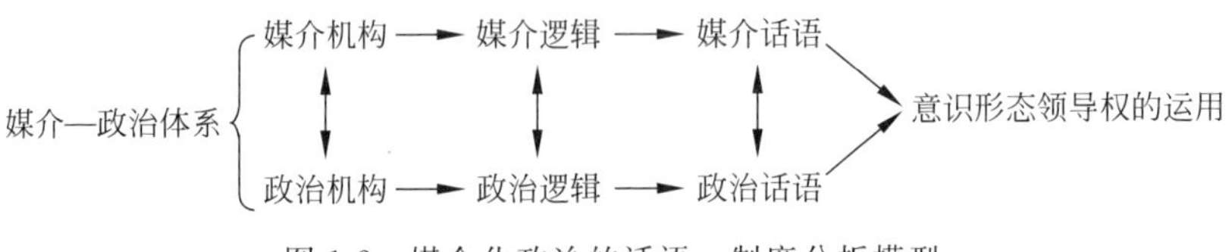

图 1-2　媒介化政治的话语—制度分析模型

这个模型包括如下要素：

1. 媒介机构与政治机构的现有结构，即媒介—政治体系

这方面的分析可以扎根于传统视角的比较媒介体制研究，或媒介的政治经济学，或新闻生产的组织社会学。一方面，无论我们使用或修正媒介—政治体系的既有模式，还是提出新的模式，我们都应对媒介机构与政治机构的常态关系具有基本的认识。另一方面，我们也应看到媒介政治的结构不是凝固的，尤其因数字革命的影响正经历快速的变化。这种既有常态又有变化的关系是我们分析的起点。

2. 媒介逻辑与政治逻辑的互动关系

这部分是媒介化政治的制度主义分析的主要关切所在。与现有的研究不同[①]，我们并不从预设媒介逻辑所具有的成分，而是通过媒介—政治体系的分析来检视其中包含的具体“逻辑”，因为各种“逻辑”都是在体系中被建构的。与传统的“中介化政治”不同，如今“媒介化政治”中的媒介逻辑和政治逻辑越发彼此纠缠在一起而难以区分。由此，我们开始进入研究的核心部分。

3. 媒介话语和政治话语的接合

在这部分，我们将从“制度分析”走向“话语—制度分析”，这一拓展也正好与政治科学领域中强调观念与话语之作用的“话语制度主义”所吻合。[②] 从拉克劳和墨菲的话语理论来看，所有社会现象和社会客体都通过“话语”而获得意义——他们将这样的“话语”定义为一种动态的协商和建构中的意义结构。[③] 媒介逻辑和政治逻辑分别作为媒介运作和政治运作

---

① Esser, F. & Strömbäck, J. (Eds.), *Mediatization of Politics: Understanding the Transformation on Western Democracies*. Basingstoke: Palgrave Macmillan, 2014.

② Schmidt, V., "Discursive-institutionalism: The explanatory power of ideas and discourse", *Annual Review of Political Science*, 2008, vol. 11, pp. 303-326.

③ Laclau, E., "Metaphor and social antagonisms", in Nelson, C. & Grossberg, L. (Eds.), *Marxism and the Interpretation of Culture*. Urbana: University of Illinois, 1988, pp. 249-257.

的形式，这些形式也必须通过话语而获得意义，否则，这些形式本身就没有意义。那么，通过话语分析，我们就可以进一步理解媒介逻辑和政治逻辑及其互动，因为这些话语就是逻辑的表征，而话语比逻辑本身更具有可分析性。由此，我们已经进入分析的焦点。

4. 媒介化政治中的意识形态领导权建构与运用

近来已有学者呼吁将意识形态和领导权的概念带入媒介化政治研究。[①] 根据拉克劳和墨菲的话语理论，意识形态的建构和斗争是现代政治的一个核心部分。所有的政治行动者(包括政党、政府和媒体)都必须通过话语来表达他们的诉求，其中的强势话语成为主导话语，弱势话语成为被主导的话语。而在媒介化政治中，所有的政治话语都必须与媒介接合，从而成为媒介化的话语，而强势的媒介化话语就获得了“媒介领导权”(media hegemony)。换言之，我们可以将“媒介领导权”定义为媒介逻辑与政治逻辑在媒介化政治中的接合，及其在媒介中作为主导话语的再现。而“媒介领导权的话语建构”就是我们分析的最终对象，由此就可以理解各种意识形态(如自由主义、民粹主义、民族主义等)是如何通过各种媒介(包括数字媒介)传播或斗争的。

(四) 小结

通过媒介化政治的制度主义逻辑分析和拉克劳、墨菲的话语理论的接合，本研究的“话语—制度分析”可以总结为四个步骤：(1)检视媒介与政治体系中的媒介机构和政治机构的现有结构；(2)确认媒介机构与政治机构中所包含的媒介逻辑和政治逻辑；(3)沿着媒介逻辑与政治逻辑发现相应的媒介话语和政治话语的接合；(4)阐释媒介化政治中存在的媒介领导权的话语建构与运用。

需要指出的是，由于媒介逻辑与政治逻辑具有多元化的特征，以及话语具有偶然性的属性，一个媒介或政治机构可能包含多种运作逻辑，一个媒介逻辑和政治逻辑也可能在具体语境中被呈现为多种话语。因此，该分析的每一步都必须仔细地基于具体的材料和语境而展开。在接下来一节中，我们将通过分析媒介化政治的一个具体案例——美国政治语境中自由主义与民粹主义话语的斗争，来考察该框架的解释力。

---

① Block，E.，“A culturalist approach to the concept of the mediatization of politics：The age of ‘media hegemony’”，*Communication Theory*，2012，vol. 23，pp. 259-278；Kissas，A.，“Ideology in the age of mediatized politics：from ‘belief systems’ to the re-contextualizing principle of discourse”，*Journal of Political Ideologies*，2017，vol. 22 (2)，pp. 197-215.

第三节　数字时代媒介化政治语境中的话语冲突：以美国为个案[①]

在当今世界，民粹主义对自由民主的挑战以及它们在媒介场域中的意识形态斗争已成为政治传播研究的焦点。[②] 正如丹尼尔·哈林所指出的，以特朗普现象为代表的民粹主义的兴起与两个历史因素密切相关，一是20世纪以来西方国家新自由主义政策的政治后果，二是数字媒介环境下媒介化政治的传播效应。[③] 因此，本节试图以媒介化政治为当代政治传播的背景，检视美国政治语境中自由主义与民粹主义话语的关系，及其与媒介化政治的具体关联。按照“话语—制度分析”的步骤，我们将首先考察美国语境中的媒介—政治体系的结构及其变迁，然后从中归纳出政治逻辑与媒介逻辑的基本构成，最后对新自由主义话语和民粹主义话语的建构及其领导权斗争展开分析。同时，本节将结合从2016年美国大选到2020年美国大选期间媒体生态的分析，选取具有代表性的报道进行探讨。

一、美国传统的媒介—政治体制与逻辑及近年来的偏离表现

人类历史上存在多种民主的模式。[④] 其中，自由民主或代议民主是现代西方世界中现存的主导模式。[⑤] 而美国的自由民主可以被视为西方国家中一种重要的模式，尤其在“二战”后产生更大的影响。美国的政治体系也塑造了它的媒介体系。例如，在《传媒的四种理论》中，美国的媒介体制被视为自由至上主义和社会责任理论的重要代表。[⑥] 根据哈林和曼奇尼在《比较媒介体制：媒介与政治的三种模式》中的研究，美国的媒介体制的特征包括：(1)发达的媒介市场；(2)信息导向或中立的新闻业；(3)成熟的新闻专业主义和非体制的行业自治；(4)国家为商业媒体提供基本的基础设施。[⑦] 基于哈林和曼奇尼的描述以及斯托贝克和埃森对媒介逻辑与

---

① 本节修订自徐桂权、杨瑾函：《媒介化政治背景下美国民粹主义对民主与新闻专业主义的挑战》，《青年记者》2022年3月下，第30-33页。

② Moffitt, B., *The Global Rise of Populism*. Stanford, CA: Stanford University Press, 2016.

③ Hallin, D., "Mediatisation, neoliberalism and populisms: the case of Trump", *Contemporary Social Science*, 2019, vol. 14(1), pp. 14-25.

④ 戴维·赫尔德：《民主的模式》，燕继荣译，北京：中央编译出版社，2008年。

⑤ 约翰·基恩：《生死民主》，安雯译，北京：中央编译出版社，2016年。

⑥ 弗雷德里克·西伯特、西奥多·彼得森、威尔伯·施拉姆：《传媒的四种理论》，戴鑫译，展江校，北京：中国人民大学出版社，2008年。

⑦ 丹尼尔·哈林、保罗·曼奇尼：《比较媒介体制：媒介与政治的三种模式》，陈娟、展江译，北京：中国人民大学出版社，2012年。

政治逻辑的界定[①]，美国传统的媒介—政治体制的结构及其逻辑的特征可以概括如表 1-2 所示。

在表 1-2 中，美国主导的政治逻辑为自由民主，其媒介逻辑则由新闻专业主义、商业主义和媒介技术的支持构成。每一种“逻辑”都可能从不同的角度来看媒介和受众的角色。自由民主的政治逻辑要求新闻媒介为公众提供关乎公共利益的信息；新闻专业主义的媒介逻辑要求新闻从业者以客观、公正的方式为读者、听众和观众服务；商业主义的媒介逻辑将媒介视为一种产业，并将受众视为媒介消费者；媒介技术赋权逻辑则强调媒介基础设置的技术特征，并将受众视为媒介技术的使用者。

表 1-2　美国传统的媒介—政治体制及其逻辑

维　度	具体逻辑	媒介角色	受众角色
政治逻辑	自由民主	为公众提供公共信息	公众/公民
媒介逻辑	新闻专业主义	专业新闻工作者	读者/听众/观众
	商业主义	媒介产业	媒介消费者
	媒介技术	媒介基础设施	媒介使用者

从 19 世纪 30 年代到 20 世纪末，在美国传统的媒介—政治体制中，这样一套政治逻辑和媒介逻辑都很好地结合在一起，稳定地发挥其职能；然而，在 2016 年与 2020 年美国大选的报道实践中，这一套逻辑却出现偏离，在此期间媒介生态的变化体现在三个方面。

（一）新闻媒体报道呈现倾向性立场

客观性是传统新闻专业主义的核心内涵[②]，在新闻专业主义的媒介逻辑下扮演“专业新闻工作者”角色的媒体遵循既定的新闻价值标准，应坚守理性中立的报道立场。但媒体与社会链条各环节间的联系向来紧密，当具有“赋予社会地位功能”的新闻卷入政治场域，各方力量的博弈必然影响媒体怎样说故事，进而决定了相关事件被如何定调、政治人物被怎样塑造，不同的叙事视角与逻辑难免赋予客观报道一定的倾向性。因此，美国新闻媒体的政治立场和价值倾向一直存在，只不过在新闻专业主义逻辑的规范下，媒体只能透过不同的选题、修辞与叙事方式来中介自身的理念与立场。

① Strömbäck J. & Esser F.,“Mediatization of politics: Towards a theoretical framework”, in Esser, F. & Strömbäck, J. (Eds.), *Mediatization of Politics: Understanding the Transformation on Western Democracies*. Basingstoke: Palgrave Macmillan, 2014, pp. 3-30.

② 迈克尔·舒德森：《发掘新闻：美国报业的社会史》，陈昌凤、常江译，北京：北京大学出版社，2009 年。

通过对 2016—2020 年美国大选报道的观察可以发现，美国主流新闻媒体的政治立场越发鲜明地体现在报道里，尤其是在“种族主义与暴力问题”“枪支合法化”“医保”等与大选重点议题相关的报道中，绝大多数主流媒体都呈现出自由主义倾向。比如传统自由派媒体美国有线电视新闻网（Cable News Network，CNN）就在报道中公开支持限制枪支，每次有枪击案件发生时，就高度关注并大量发布报道，督促国会通过枪支管制措施。[①] 同时，CNN 还主张反对种族歧视、移民歧视和穆斯林歧视，相关报道倾向于放大非裔、亚裔等少数族裔权益受到侵害的现象，尤其在特朗普为遏制非法移民，提出在美墨边境筑墙以后，美国社会的固有矛盾被放大并引发暴力冲突，CNN 的报道借此对特朗普的极端政策立场进行了公开抨击。[②]

除了对社会议题公开表达立场，CNN 与特朗普的冲突更直白地呈现了其政治倾向。特朗普 2016 年当选美国总统之后，多家美国新闻媒体开始关注并质疑特朗普的胜选是否得益于俄罗斯的介入，《纽约时报》《华盛顿邮报》等主流媒体也一直在持续报道“通俄门”相关新闻，其中 CNN 对此最为关注，进行了长达两年的跟踪报道，但相关报道中均未见确凿证据和权威信源，而是援引大量“匿名人士”的消息，影射特朗普团队成员与俄罗斯投资基金存在往来。[③] 在穆勒调查的最终结果发布后，CNN 针对特朗普的“通俄门”事件报道被证实大部分造假，使其陷入信任危机。[④] 该事件体现出新闻专业主义逻辑的基本理念与价值在美国语境下的危机，美国主流新闻媒体不再为了维护客观性对自身立场进行“包装”，而是像 CNN 一样公开表示“每个人都有自己的观点，我们支持自己的同僚”，对不同政治立场的维护使政府和媒体的关系恶化，加速了传统新闻业社会责任的失职。

（二）逐利成为新闻媒体的首要目标

传统新闻业的政治逻辑和媒介逻辑接合较好，首要使命是维系民主制度与民主精神，其次才是为公众提供信息并赢得市场和利润。然而，2016 年的“特朗普现象”对媒体生态的冲击，无形之中动摇着传统新闻场域的“民

---

① Rocha，V.，“Father of student victim：My son was selfless”.（“It got him killed，but he saved others.”）https://edition.cnn.com/us/live-news/colorado-school-shooting/index.html.

② Kopan，T.，“Will wall in Congress stop Trump's border wall?”. https://edition.cnn.com/2017/07/02/politics/border-wall-white-house-push/index.html.

③ Lobianco，T.，“Democrats focus on Trump-Russia links，GOP on Trump-Russia leaks”. https://edition.cnn.com/2017/03/20/politics/wiretap-russia-hearing-unmask/index.html.

④ Telter，B.，“Three journalists leaving CNN after retracted article”. https://money.cnn.com/2017/06/26/media/cnn-announcement-retracted-article/index.html.

主—市场”关系，新闻专业主义的式微与商业主义媒介逻辑的兴起，驱使新闻业将逐利放在了更重要的地位。

综观2016年大选始终，美国主流新闻媒体对特朗普和希拉里的报道量差距极大。托马斯·帕特森对11家美国主流媒体（ABC、CBS、CNN、Fox、Los Angeles Times、NBC、New York Times、USA Today、Wall Street Journal、Washington Post、Washington Times）的总统选举报道进行了跟踪研究。[①] 数据表明，大选期间上述媒体对特朗普的报道量超出希拉里15%，新闻业的商业主义倾向使“注意力”和“影响力”超越一般性的新闻价值标准，成为媒体赢得市场关注、获取经济回报的主要因素。与希拉里或其他竞选者相比，特朗普一系列“不走寻常路”的所作所为是收割受众注意力的利器，致使候选人的丑闻事件与极端言行成为主要的报道议题，真正与选举相关的政策议题因此被挤压。比如，《纽约时报》的大选报道主要包括特朗普对移民问题的种族主义言论、侮辱女性的录音等负面事件，尤其侧重于对特朗普的个人收入与纳税疑云方面的报道，《纽约时报》指出：“特朗普不愿公布他的纳税申报单，而他在一些公开文件中申报的收入与纳税情况，远不及他的实际财务状况，因此任何关于特朗普如何利用白宫来推进他的商业利益的评估，都因他的意愿而受到损害，这种情形已经打破了民主党和共和党候选人四十年来的传统。”[②]

这类报道使大众视线过度聚焦于特朗普的个人情况，媒体对希拉里“邮件门”事件的大肆报道也反映出同样的舆论失焦问题，理应被重点报道的“选举政见和解释”等严肃议题在整个大选报道中遭到忽视，琐碎化、边缘化的报道主题稀释了公众对公共话题的关注，候选人的争议与丑闻使美国民众对候选人、政府与媒体，甚至民主制度的信任程度都大打折扣。正如《华盛顿邮报》指出的，“比起美国民众对特朗普与希拉里的失望，更为严重的问题是人们正在丧失对民主的信心和相互间的信任”。[③]

通过以上分析可以发现大选期间美国主流媒体的报道对象与报道内容已经出现偏离，不利于对民主精神与民主政府的维护。基于逐利目的对

---

① Patterson, T. E. ,“News Coverage of the 2016 General Election: How the Press Failed the Voters”. https://shorenste in center. org/news-coverage-2016-general-election/.

② Barstow, D. ,“Thin Line Splits Donald Trump's Politics and Businesses”. https://www. nytimes. com/2016/11/06/us/politics/donald-trump-business-tax-records. html.

③ Schneider, G. ,“Jamestown ceremony marks birth of democracy in America; black Va. legislators skip because of Trump”. https://www. washingtonpost. com/local/virginia-politics/jamestown-ceremony-marks-birth-of-democracy-in-america-black-va-legislators-skip-because-of-trump/2019/07/30/d5db7e10-b240-11e9-8949-5f36ff92706e_story. html.

特朗普个人议题的过度关注，反而给予其极端的右翼民粹主义以更多的曝光空间，迎合并激化部分中下层民众对当下政治体制的不满，为特朗普的民粹主义政治取向推波助澜。

（三）社交媒体的影响超过传统新闻媒体

在政治逻辑与媒介逻辑的互动中，媒介的技术维度一直是个隐而不彰的问题，数字媒体技术的发展加速了多元传播主体的融合，社交媒体的崛起使媒体结构进一步复杂化，其中有着深刻的技术赋权逻辑与社会逻辑，促成了布鲁斯·比默所说的“去中心化”的“后科层制”媒体生态。① 当原有的均质社会变得越发多元，在这种传播环境中，主流媒体生产的内容仍然会对民主产生影响，但受众也不再满足于单纯的信息接收者角色，而是通过社交媒体这一有力工具将自己的观点和态度传递出来。

传播权力的转移也体现在传统新闻媒体与社交媒体影响力的差异上，正如哈佛大学尼曼新闻实验室的杨采·本克勒和麻省理工学院公民媒体研究中心的伊桑·扎克曼的研究团队所发现的，他们基于125万篇大选相关网络新闻的传播路径分析，总结出支持希拉里的媒体以“中间偏左”的左翼为主，且多为美国广播公司（ABC）和哥伦比亚广播公司（CBS）等主流新闻媒体，它们面向的是拥有一定社会资源的“阅读阶级”，其信源更加权威丰富，能提供更具多元视角的信息。但支持特朗普的媒体大多呈现出极端右翼的倾向，且多为新兴的“另类右翼”媒体，比如布莱巴特新闻网（BBN）和新闻移动应用软件Circa，它们以社交媒体平台为主要阵地，利用其去中心、圈层化的传播特质构建了相对封闭、具有民粹主义倾向的话语空间。②

不同于主流新闻媒体的多元化声音，由社交媒体主导的网络政治生态催生出具有“后真相”特征的右翼网络空间，公众借由这种扁平的对话机制和权力结构绕开主流媒体、精英阶层设置的议程，蚕食了传统媒体的新闻分发与传播渠道，社交媒体成为新闻与公众之间的把关人，为“网络民粹主义”和“新闻民粹主义”提供了滋长壮大的平台。自由民主话语和民粹主义话语出现更大的割裂。比如在《纽约时报》对极端主义者的报道中，特朗普的极端民粹主义支持者就表示“我们的声音不再是政治主流之外的了，它

---

① Bimer, B., *Information and American Democracy: Technology in the Evolution of Political Power*. Cambridge: Cambridge University Press, 2003, p. 23.

② 史安斌、王沛楠：《美国右翼媒体和“另类空间”的崛起》，《青年记者》2017年11月上，第81-83页。

可以通过特朗普让更多人听见，我们已经赢得了胜利”。①

结合上述讨论反观自由民主的政治逻辑，它所要求的“为公众提供关乎公共利益的信息”在美国主流新闻媒体的大选报道中已逐渐式微。新媒体的发展淡化了传统新闻业的边界，重构了政治逻辑与媒介逻辑的相互关系，并在此前提下改变了媒体生态。因此，在数字技术为新闻媒体业态带来变革的当下，还需对数字时代美国的媒介—政治体制及其逻辑作出新的分析与总结，把握新闻生态变化的趋势与原因。

二、数字时代美国的媒介—政治体制、逻辑与现实张力

媒介化政治的现象主要基于20世纪60—80年代欧洲政治的历史而形成。在此期间，商业报刊和电视发展壮大，新闻业中批判的专业主义出现新的形式，并且基于这些商业媒体的使用而形成的新型政治营销方式越发成为政治活动的中心。这个时期或许可以追溯到20世纪90年代，因为那个时候互联网才刚刚在社会生活中出现，影响尚且有限。但是，进入21世纪，随着互联网和数字媒介的影响日趋渗入我们的日常生活中，世界上所有的媒体都进入了数字化的时代。这个数字时代不再以集中化生产的报纸和电视网络及其新闻职业为中心，而是变得日趋“去中心化”。数字媒介的新闻生态正对新闻专业主义构成挑战——“随着政治极化的兴起，以及媒介市场的变化，政党媒体在高度碎片化的广播、有线电视和互联网市场中再度出现”。②

类似地，在《后现代民主中的政治传播》(*Political Communication in Postmodern Democracy*)一书中，凯斯·布兰特和凯特林·沃尔特默从两个维度来描绘当代政治传播的变化：从横向的维度来看，由于媒介化进程的深入，媒介机构和政治机构日趋相互缠绕；从纵向的维度来看，公民/选民/受众借着数字媒介的赋权日趋对体制化政治及传统媒体的正当性和公信力构成挑战。因此，政党媒体的重新出现也可被视为“政治传播去中心化”的一个结果。③

要理解这种媒介生态系统的变化，我们就需要扩展关于“媒介”概念的认识。在传统的媒介—政治体制中，“媒介”的概念基本等同于“新闻媒介”

---

① Mahler, J., “Donald Trump's Extremist Supporters Feel Like Winners Either Way”. https://www.nytimes.com/2016/11/07/us/politics/donald-trump-extremist-supporters.html.

② Hallin, D., “Mediatisation, neoliberalism and populisms: the case of Trump”, *Contemporary Social Science*, 2019, vol. 14(1), pp. 14-25.

③ Brants, K. & Voltmer, K. (Eds.), *Political Communication in Postmodern Democracy: Challenging the Primacy of Politics*. Basingstoke: Palgrave Macmillan, 2011.

或专业化的“新闻业”，但在21世纪的数字化社会里，“媒介”的概念至少包括如下三类媒介。

（1）数字新闻媒介：它们主要从传统媒介（报刊、广播和电视）发展而来，并且主要由专业的新闻工作者来运营，但是已经得到了数字媒介技术的支持，从而成为新型的数字媒介（例如数字化转型和融合的《纽约时报》，以及新型新闻网站 Politico）。

（2）公民新闻业：它们主要由非专业的业余人士、倚靠数字媒介技术来采集和传播新闻（例如，《赫芬顿邮报》以及 CNN 的 iReport）。

（3）社交媒体：它们主要是新闻的分发平台，同时更是各种意见的数字传播平台（例如 Twitter 和 Facebook）。

由于“媒介”的概念从传统的新闻媒介向如今多种形式的数字新闻媒介、公民新闻业和社交媒体拓展，媒介、政治机构与公众的关系变得更为复杂，其中包括一些让人乐观的面向，也包括一些让人悲观的面向。从乐观的方面来看，媒介类型的多元化以及政治传播的去中心化被期待可以促进民主国家的公共生活。[①] 由于互联网强大的赋权作用，各种形式的数字媒介可以进一步提升政治领域中公共参与的水平，并有可能促进公民在一种新型的“监督式民主”中发挥参与性的作用。[②]

然而，从悲观的方面来看，数字媒介尤其是社交媒体，也可能为世界范围内民粹主义的兴起提供了机会。正如迈克尔·舒德森所言：“新闻媒体在鼓励或反对民粹主义方面发挥了怎样的实然或应然的作用？哪些媒介（有线电视、网络媒体，尤其是 Twitter 等社交媒体）倾向于鼓吹民粹主义？这已经成为越来越值得关注的问题。”[③]

在美国的政治语境中，与民主参与的期待相比，民粹主义的危险似乎吸引了更多学者的关注。事实上，以2016年特朗普当选美国总统为标志的民粹主义浪潮已成为一个必须正视的对象，包括特朗普与媒介的关系研究。[④] 西尔维奥·韦斯伯从规范研究的角度探讨了民粹主义对民主传播的危害：“民粹主义的反自由主义表现与公共传播所要求的多元性、宽容性、理性和事实是相悖的。民粹主义建立在一种二元对立的政治观的基础

---

① Delli Carpini，M. X.，*Digital Media and Democratic Futures*. Philadelphia：University of Pennsylvania Press，2019，

② Keane，J.，*Life and Death of Democracy*. New York：W. W. Norton & Company，2009.

③ Schudson，M.，“Liberal Democracy，Populism，and the Media”（Spring，2019），哥伦比亚大学新闻学院课程讲义。

④ Boczkowski，P. J. & Papacharissi Z.，*Trump and the Media*. Cambridge，MA：MIT Press，2018.

上，将‘人民’理解为同一的、排他的主体，并拥护‘后真相’的政治。由于这种政治上的分裂属性，民粹主义与当代多元文化的民主传播是不相容的。批判的传播研究必须正视民粹主义的兴起及其对进步、宽容的公共领域的挑战。”[①]因此，我们可以将民粹主义视为数字时代美国的自由民主所面临的一个主要的挑战。民粹主义逻辑在美国媒介政治中的特征可以概括如表 1-3 所示。

表 1-3　美国民粹主义的政治与媒介逻辑

维　　度	具体逻辑	媒介的角色	受众的角色
政治逻辑	民粹主义	人民的媒介	处于弱势的人民
媒介逻辑	反对专业主义	不信任专业新闻工作者	作为精英的受众
	反对商业主义	不信任资本主义商业	作为市场的受众
	采取数字技术	开放的平台，或公共空间	数字积极行动者，或反抗者

作为一种政治逻辑，民粹主义的主要理念是反对精英主义和反多元主义。普林斯顿大学政治学者扬-维尔纳·米勒在《什么是民粹主义》一书中指出，民粹主义者除了反精英外，经常是反对多元主义的，宣称只有他们可以代表人民。这种对“人民”的代表性垄断才是民粹主义的界定性特征。按照这一理解，“民粹主义是一种排他性的身份政治，它倾向于对民主提出威胁。因为，民主需要认可多元主义，认可我们需要找到公平的方式，作为自由、平等并且是多元的公民而生活在一起”。而民粹主义者的观念里只有作为一个总体的人民（people-as-one）概念，而拒不接受作为多元性的人民（the plural people）概念，这才是左翼民粹主义或右翼民粹主义共同的话语特征。[②]

在媒介领域，民粹主义者宣称主流媒体仅仅为精英服务，因此，他们呼吁一种属于人民和为人民服务的媒介，而人民在这里被定义为草根或处于弱势的、被压迫的群众。受到民粹主义影响的媒介逻辑倾向于反对专业主义和商业主义，因为它们由服务于精英和市场的资本主义所支配。并且，民粹主义者将数字媒介，特别是 Twitter 等社交媒体，视为一个开放的平台或公共空间，受众（或用户）可以在这里扮演数字积极行动者，乃至精英体制的反抗者的角色。这种政治逻辑和媒介逻辑，无疑是与主流的自由民主的政治逻辑和媒介逻辑相冲突的。

---

① Waisbord, S.,“Why Populism is Troubling for Democratic Communication”, *Communication, Culture and Critique*, 2018. Vol. 11 (1), pp. 21-34.

② 扬-维尔纳·米勒：《什么是民粹主义》，钱静远译，南京：译林出版社，2020 年，第 1-2 页。

在数字化的背景下，社交媒体借助平台算法，向持不同政见的网民推送有针对性的政治广告和信息，或是通过传播片面内容影响人们的政治观点，为反多元主义的滋长构建了理想空间。自特朗普当选总统后，Facebook、Twitter 等社交平台中舆论的民粹政治干预趋强。2018 年，剑桥分析公司被曝出涉嫌收集大量 Facebook 用户的数据，而后在特朗普的竞选宣传中融入策略型的民粹主义元素，比如刻意迎合中产阶级白人选民的排外思想等社会情绪，体现出在以政治为目的的圈层化传播下，多元化信息被有意排除，部分民众的偏执型人格被强化，使得网络舆论操纵社会和政治成为可能。因此，社交媒体平台并未成为理想中的"数字化公共领域"，相反却成了少数人的政治传播工具，助推民粹主义话语抢占上风。

这种话语的冲突可以从具体的个案中再现出来。2020 年 5 月，美国黑人乔治·弗洛伊德因涉嫌使用假币，被白人警察压颈致死，这一事件引发美国多地的示威游行和骚乱。对此，以特朗普为代表的右翼民粹主义和保守主义群体除了严厉谴责示威者，还支持警察继续用这一执法手段进行自保，有意忽视种族歧视问题，默许白人种族主义。在此次事件中，《华盛顿邮报》搜集了多个视角的现场音视频，还原事件全貌与真实场景，《洛杉矶时报》对案件进行大量搜证和追问，结合多角度的官方信源加强报道的准确性和权威性。然而，在大众的愤怒情绪面前，特朗普却在社交媒体 Twitter 上发出"示威者抢劫，警察就开枪"等言论，加剧了民众对政府的恶感以及对民主的不信任。

三、美国媒介化政治语境中自由主义与民粹主义的话语冲突

在这一部分，我们将进入话语—制度分析的第三步和第四步，即将政治逻辑与媒介逻辑的分析转换为政治话语和媒介话语的分析，并对它们之间的领导权斗争进行阐释。

如前文所述，民粹主义在美国已成为自由民主的最大挑战。尽管民粹主义是一种复杂的现象和一个含糊的概念，但学术界已经在民粹主义的研究中形成了若干进路，包括：(1)观念的进路，将民粹主义视为一组与"人民"等概念彼此相关的理念；(2)政治策略的进路，将民粹主义视为一种政治动员和抗争的策略；(3)社会文化的进路，将民粹主义视为对社会不公现状的一种情感和文化表达方式。[①] 三种分析进路各有优长，并有所重合。

---

① de la Torre, Carlos (Ed.), *Routledge Handbook on Global Populism*. London: Routledge, 2018.

从话语理论的视角来看，可以将民粹主义最好地理解为一种政治话语，其意义结构的分析则可以与观念的进路结合起来。按照拉克劳的观点，民粹主义作为一种政治话语，其主要特点是将"人民"及压制性的权力集团对立起来。[①] 在这个意义上，民粹主义本质上是一种"反建制"的话语，而非一种具体的意识形态——它可以采取不同的意识形态立场，包括左翼或右翼，或两者的结合。以特朗普为例，他的修辞可以被视为一种右翼民粹主义，因其经常采取一种种族主义、民族主义和反全球化的立场。而在伯尼·桑德斯的案例中，他的修辞可以被视为一种左翼民粹主义，因为他将自己描述为一个民主社会主义者，尽管这种立场在美国的政治光谱中是少数。在这两个案例中，无论是右翼民粹主义或左翼民粹主义，与美国自由民主的主流意识形态都是不相符的。

自由民主，简而言之，可以被理解为一种强调自由(liberty)的政治意识形态，以及按照古典自由主义原则运作的代议制民主政府的运作形式。这里需要说明的是"古典自由主义"的概念。自由主义(liberalism)的话语构成相当复杂，好比一个"大房子里有许多的小房间"，而古典自由主义(classical liberalism)作为其中一个分支，强调的是个体自由、人类的独立性、法治、对国家和政府权力的约束。[②] 古典自由主义的"个体"在政治语境中也可以被称为"公民"，即一个主权国家或民族国家的合法成员，他们有能力在国家权威面前保护自己的权利。从拉克劳和墨菲的话语理论来看，如果我们将自由民主(或古典自由主义)与民粹主义理解为两种政治话语，那么它们的差别如表 1-4 所示。[③]

表 1-4　自由民主和民粹主义的话语结构

维　　度	自由民主 (古典自由主义)	民粹主义
等同链条的节点	个体，或公民	普通人，或作为弱者的人民
提供的主体位置	公民身份	人民的成员身份
等同链条的构成要素	人类的独立性、法治、选举	反精英主义、反多元主义
等同链条的构成性外在	缺乏公民素养的群众	精英、建制

---

① Laclau, E., *On Populist Reason*. London and New York: Verso, 2005.

② Freeden, M., *Liberalism: A Very Short Introduction*. Oxford: Oxford University Press, 2015, p. 1.

③ 该表部分参考 De Cleen, B. & Stavrakakis, U., "Distinctions and articulations: A discourse theoretical framework for the study of populism and nationalism", *Javnost-The Public*, 2017, vol. 24 (4), pp. 301-319.

通过表1-4可以发现，自由民主与民粹主义具有完全不同的话语。自由民主话语的节点是个体或公民，他们在政治语境中的主体位置为公民身份，其构成要素包括人类的独立性、法治、选举等，其构成性外在是缺乏公民素养的群众（如勒庞笔下的"乌合之众"）；民粹主义话语的节点是普通人，或作为弱者的人民，主体位置为人民的成员身份，其构成要素包括反精英主义、反多元主义等，其构成性外在是精英和建制。进一步来说，自由民主话语的节点、构成要素和构成性外在之间是一种水平关系，主要基于参与公共生活的公民素养形成认同关系；民粹主义话语的节点、构成要素和构成性外在之间则是一种纵向关系，主要基于社会经济与文化地位形成认同关系。

在美国历史上，自由民主的话语一直占据主流，而民粹主义话语只是偶尔浮现。例如19世纪90年代出现的人民党运动是美国历史上第一次有全国影响的大规模民粹运动，该运动痛斥经济垄断、政治腐败，以及少数"大人物"与平民之间的巨大鸿沟，号召广大平民联合维权。从历史来看，美国政治的两党制度不太容易产生极端的民粹主义政党，那么，为什么在如今，美国的民粹主义话语甚嚣尘上，并出现特朗普和桑德斯这样的民粹主义政治人物（尽管他们分别以共和党和民主党人的身份参加竞选）？按照哈林的分析思路，我们至少可以看到两个方面的因素。

首先，民粹主义话语的对手不完全是自由民主话语本身，而是从自由主义的家族中衍生的"新自由主义话语"。新自由主义（neo-liberalism）是20世纪下半叶以来的产物，强调自由市场竞争，对个人奋斗益处的鼓吹多于对人类整体福祉的考量。[①] 它把自由化、市场化的逻辑推向社会、政治和文化等所有领域，但这其实是对自由主义理念的错误理解。[②] 或者说，新自由主义实际是在自由民主的政府框架下（也可能在威权政府框架下）推行的一种政治经济逻辑，而自由民主体制也成为新自由主义的"替罪羊"。左翼思想家大卫·哈维在其《新自由主义简史》（*A Brief History of Neoliberalism*）中写道："自20世纪70年代以来，在政治经济的实践和思考上随处可见朝向新自由主义的急剧转变。松绑、私有化、国家从许多社会供给领域中退出，这些变得司空见惯。"[③]进入21世纪以来，新自由主义的政治经济方案

---

① Freeden, M., *Liberalism: A Very Short Introduction*. Oxford: Oxford University Press, 2015, p. 2.

② Freeden, M., *Liberalism: A Very Short Introduction*. Oxford: Oxford University Press, 2015, pp. 108-109.

③ Harvey, D., *A Brief History of Neoliberalism*. New York: Oxford University Press, 2005, p. 2.

遭到了更多的质疑，2008年美国的金融危机就被视为新自由主义政策的后果，而2011年的“占领华尔街运动”则被视为西方国家内部对新自由主义的反抗。而在当下的美国，桑德斯是典型的新自由主义的反对者，而特普朗的情况则比较复杂：他延续了许多共和党人的新自由主义的国内政策，试图“以新自由主义挽救新自由主义”，同时又以“美国优先”的名义保护美国的对外贸易。哈林认为，特普朗现象主要是2009年年初兴起的“茶党运动”的延续，是一种混合了民族主义的、激进的民粹主义的新自由主义。[①]

其次，民粹主义话语的传播与前文分析的数字化环境下的媒介化政治相关，特别与社交媒介的流行密切相关。在传统媒介—政治体制下，美国主流媒体的媒介逻辑与自由民主的政治逻辑较好地接合在一起，其新闻价值观就包含着自由民主话语的理念。[②] 而在数字时代，随着媒介形态的多元化和政治传播的去中心化，尽管主流媒体继续支持自由民主的话语，新兴的公民新闻业和社交媒体则不然——从实践效果来看，社交媒体更有可能生成和传播民粹主义的话语，公民新闻业则可能在两种话语之间摇摆。由此，由不同媒介逻辑所支撑的自由民主话语和民粹主义话语之间的领导权争夺就在各种媒介平台上展开。

那么，话语争夺的实际效果如何，则需要通过受众和民意调查来检视。根据盖洛普调查，2016年全美只有32%公众相信主流媒体，对比20年前(1997年尚有53%)，如雪崩式从半数掉到三分之一。虽然近几年有所回升，但仍然只有40%上下的水平。[③] 由此观之，近年来美国的“新闻业的危机”，并不仅是数字传播技术冲击下媒介经营模式的危机，更是媒介公信力的危机。由于一个健康的新闻业关乎民主政治的运作，新闻业的衰退更有可能进一步加剧民主的危机。因此，如何保护和改革美国新闻业，已成为媒介学者的热点话题。[④]

---

① Hallin, D., "Mediatisation, neoliberalism and populisms: the case of Trump", *Contemporary Social Science*, 2019, vol. 14(1), p. 17.

② Gans, H. J., *Deciding What's News: A Study of CBS Evening News, NBC Nightly News, Newsweek and Time*. New York: Pantheon, 1979.

③ 相关数据参见 https://news.gallup.com/poll/267047/americans-trust-mass-media-edges-down.aspx.

④ Downie, L. & Schudson, M., "The reconstruction of American journalism", *Columbia Journalism Review*, 2009, November/December; Alexander, J. C, Bulter, E. & Luengo, M. (Eds.), *The Crisis of Journalism Reconsidered: Democratic Culture, Professional Codes, Digital Future*. Cambridge: Cambridge University Press, 2016; Peters C. & Broersma M. (Eds.), *Rethinking Journalism Again: Societal Role and Public Relevance in a Digital Age*. London: Routledge, 2016.

对传统新闻媒体感到失望的民众，则越来越多地将注意力转向社交媒体，这也为民粹主义的政治领袖提供了政治宣传的机会。正如哈林所观察到的，当代的民粹主义运动发生在一个碎片化的媒介生态中，民粹主义领袖可以越过传统的媒介机构，而通过 Facebook、Twitter 等社交媒介手段来挑战主流政治的合法性。[①] 韦斯伯也指出，“民粹主义者否定了一些基本的原则：理性而知情的对话、团结与同情，以及基于共识的沟通；相反，它拥抱一种好斗的、恶意的修辞，以此来抨击对手”。[②] 这种民粹主义的修辞特征与传统的自由民主话语所要求的理性、慎议的公民素养形成强烈的反差，从而进一步加剧了两种话语之间的强烈冲突。

在 2020 年席卷全美的新冠疫情期间，我们可以从美国主流媒体和社交媒体上再次看到这两种话语的明显张力。在美国媒体的疫情叙事中，政府立场与媒体意识形态交错纠缠，自上而下的反智主义倾向与扩散的民粹主义思潮构成了扭曲的新闻场景。在《华尔街日报》等主流媒体呼吁民众佩戴口罩的同时，特朗普却公开表示“用围巾挡一下也不错”。同样的，当《纽约时报》直言口罩必须作为基础防护品发放给医护人员以及普通民众时[③]，特朗普则在社交媒体上回应称“反正我不会戴口罩”，并得到了众多网民的转发与点赞。正如托马斯·尼科尔斯所言，美国民众已经习惯于“把对公共政策领域的无知视作一种美德，把拒绝权威的建议视作对独立人权的维护”。[④]

从媒介化政治的视角来审视这一危机，美国民粹主义的崛起反映的是数字媒介的新闻生态给主流新闻媒体和传统媒介—政治体制所带来的挑战，也是互联网和社交媒体撼动自由民主精神的缩影。通过对美国政治语境中自由主义与民粹主义话语的关系进行批判性检视，警惕民粹主义话语对主流民主话语形构的挑战，预防媒介与政治逻辑的进一步偏离造成更大的制度危机，是新闻学界和业界需要认真思考的问题。

这种自由民主（代议民主）话语与民粹主义话语之间的冲突，在世界上其他国家也同样存在。特别是在拉丁美洲和欧洲的多党制国家，民粹主义

---

① Hallin, D., “Mediatisation, neoliberalism and populisms: the case of Trump”, *Contemporary Social Science*, 2019, vol. 14(1), p. 14.

② Waisbord, S., “Populism as media and communication phenomenon”, in de la Torre, Carlos (Ed.), *Routledge Handbook on Global Populism*. London: Routledge, 2019, pp. 221-234.

③ Sheikh, K., “More Americans Should Probably Wear Masks for Protection”. https://www.nytimes.com/2020/03/27/health/us-coronavirus-face-masks.html.

④ 托马斯·尼科尔斯：《专家之死：反智主义的盛行及其影响》，舒琦译，北京：中信出版社，2019 年，序第 1 页。

政党更加容易作为一种极端势力兴风作浪，而 Twitter、Facebook 等社交媒介都是重要的政治动员的工具。[①] 至于其与美国的民粹主义话语传播的特征和效果的差异，也是值得关注的话题，这同样需要结合其媒介—政治体制的差异及相应的媒介逻辑和政治逻辑进行具体分析。由于各国不同情况的复杂性，这里不再展开。

---

① Aalberg, T., Esser, F., Reinemann, C., et al. (Eds.), *Populist Political Communication in Europe*. London: Routledge, 2017; Pajnik, M. & Sauer, B. (Eds.), *Populism and the Web: Communicative Practices of Parties and Movements in Europe*. London: Routledge, 2017; Waisbord, S. & Amado, A., "Populist Communication by Digital Means: Presidential Twitter in Latin America", *Information, Communication & Society*, 2017, vol. 20(9), pp. 1330-1346.

第二章 媒介化社会中的受众观念和参与范式建构

在现代媒介化社会，“公众”观念的一个具体体现就是媒介的受众。在传播学研究中，“受众”(audience)一词具有多重含义，“公众”(public)只是其中一个维度，却是不可不察的重要维度。从媒介化政治的角度来看，在当代政治中，媒介化的公民参与在公共生活中发挥越来越重要的作用，并成为媒介与传播研究的重要主题。伴随着公众对数字媒体的广泛使用，公民参与对政治和公共生活的影响将进一步扩大。因此，我们也有必要将公民受众的参与性传播作为数字媒体环境下政治传播扩展网络的重要组成部分来进行考察。

本章包括两节。第一节首先从受众理论的经典文献中，阐述社会关系视野下的受众观念，将受众理解为公众、社群和消费者等多重身份。第二节主要探讨数字媒介环境下受众研究的新趋势，重点检视欧洲传播学者正在构建的受众研究的“参与范式”。这是一个尚在进行中的学术方向，并与公共生活的媒介化研究密切相关。围绕受众观念和公众参与的学术探讨，也必将丰富我们对于公共生活媒介化的理解。

第一节 公众·社群·消费者：社会关系视野下的受众观念[①]

在欧美传播研究中，受众研究历来是一个重要的子领域，形成了丰富的学术成果。近年来，越来越多的学者指出：“受众”概念本身是媒介话语和学术理论话语建构的产物。正如麦奎尔所言：“媒介受众是通过各种不同的‘逻辑’和话语而被建构和选择性定义的。”[②]卡彭铁尔建议采用政治哲学家拉克劳和墨菲的话语理论[③]，将“受众”理解为一个“浮动的能指”[④]，

---

① 本节修订自徐桂权：《公众·社群·消费者：社会关系视野下的受众研究》，《阴山学刊》2015年第2期，第18-22页。

② McQuail, D., *Audience Analysis*. Thousand Oaks, Calif.: Sage, 1997, p. 14.

③ Laclau, E. & Mouffe, C., *Hegemony and Socialist Strategy: Towards a Radical Democratic Politics*. London: Verso, 2001.

④ 能指是语言学中的一个概念，指符号的物理形式或外观，是人们可以直接感知的部分。

它在特定语境的不同话语中预设了不同的含义，并潜在地包含了不同的意识形态立场之间的领导权斗争。[①]

沿着这一思路，本书拟从话语理论的角度对受众研究的理论结构进行解析。有鉴于功能主义范式下的媒介使用与效果研究已成为受众研究的主导话语，并将受众个体的态度、认知与行为作为考察的重点[②]，本书拟转换视角，从大众社会理论、自由民主理论、接受分析、传播政治经济学及受众经济学的话语视角梳理社会关系视野下的受众研究，从而展现出"受众"这一浮动的能指在社会关系诸话语中的多维表述。

一、作为"大众"的受众：大众社会的理论话语

大众社会理论经常被视为传播研究中的第一个媒介—社会理论。在这个理论中，"受众"被定义为脆弱的、原子化的大众（mass）或聚众（crowd）。"大众社会理论"并不是一个严整的理论，而是一组社会学理论集合的标签。大众社会理论话语的发展可以分为三个阶段。

第一个阶段是 19 世纪的群体心理学对于大众的理解。法国社会心理学家古斯塔夫·勒庞的著作《乌合之众》被普遍视为大众社会理论的路标。勒庞认为"群氓"(crowd)指的是那些失去个性、理性和意志的人，他们可能带来破坏性的危险。他就此写道："他们的统治总是无异于一个野蛮阶段。文明需要稳定的统治、纪律，从本能状态向理性状态过渡，对未来的深谋远虑，高度发展的文化——对于所有这些条件，群氓总是表现出：仅靠它们自己是没有能力实现的。"勒庞并没有在"群氓"与"大众"之间作出区分，而是将他们等同起来。勒庞的著作反映了他对 18 世纪、19 世纪法国革命和欧洲社会运动的反思。他认为：大众阶级进入政治生活就意味着文明的终结，而只有精英能够成功地完成社会管理的使命。[③]

第二个阶段是大众传播与宣传席卷世界的 20 世纪上半叶。随着媒介产业的扩散与战争宣传的渗透，学者对大众社会与大众文化的批评变得更加尖锐。西班牙哲学家奥尔特加·加塞特在他的《大众的反叛》中追溯了"大众人"(mass-man)的起源，并将"大众人"在社会中的崛起视为高雅文

---

① Carpentier, N., "The Identity of the Television Audience", in Carpentier, N., Pauwels, C. & Van Oost, O. (Eds.), *The Ungraspable Audience*. Grijpbare Publiek: VUB Press, 2004.

② O'Neill, B., "Media Effects in Context", in Nightingale, V. (Ed.), *Handbook of Media Audiences*. Oxford: Blackwell, 2010, pp. 321-339.

③ 古斯塔夫·勒庞：《乌合之众》，冯克利译，北京：中央编译出版社，2004 年。

化腐化的表现。[①] 法兰克福学派的成员弗洛姆在《逃避自由》中宣称：自由对现代人具有两方面的意义：从传统权威中解放出来成为“个体”；但与此同时，他也变得孤独无力地异化于自身，从而使他随时准备服从于新的奴役。[②] 在这个最糟糕的年代里，“大众”无疑充满了贬义，而“大众社会”的理论话语也具有内在的批判性。

“二战”之后，学术界出现了批判范式与实证主义范式并存的局面，这是大众社会理论的第三个阶段。批判的话语继续对现代社会进行反思。理斯曼则在《孤独的人群》中认为：战后美国社会推动个体从“自我引导”走向“他人引导”的人格，大众传媒也在其中起到引导作用；而这种“他人引导”的人格可能导致大众服从于意识形态与权力精英的操纵。[③] 赖特·米尔斯在《权力精英》中明确指出：美国的政治、军事和经济精英已根据他们的利益构成了一个权力的联盟，大众传播则是一个操纵人群的工具。[④]

然而，也有一些学者认为，经过数十年的建设，现代社会已经成为一个自由多元的民主社会。根据美国社会的调查结果，贝尔在一篇题为《大众社会理论批评》的文章中认为这种宏大的抽象理论以及对社会失序的模糊诊断是没有意义的，这个国家的社会变化需要更仔细的考察。他的结论是“大众社会理论不再适合于描述西方社会，而不过是一种反对当代社会的、浪漫化的意识形态”。[⑤] 自 20 世纪 60 年代起，随着功能主义成为社会学的主导范式，中层理论的建构成为学术主流，像大众社会理论这样的宏大理论逐渐被抛弃。

尽管大众社会的理论话语在战后渐趋式微，“大众”一词却已成为传播研究中的重要概念，如“大众传媒”“大众传播”和“大众”本身。如今在传播学论著中最经常被引用的“大众”的定义来自社会学家布鲁默的中性分析。作为芝加哥学派的一员，布鲁默综合了社会学和心理学的观点，认为“大众”是现代工业、城镇社会的新条件下的产物，尤其具有规模大、匿名和漂泊不定的特征。它通常是大量的、无附着的、彼此匿名的个体的集合，但对于个体接触与控制之外的事物有共同的兴趣。[⑥] 这个“大众”的定义是一

---

① 奥尔特加·加塞特：《大众的反叛》，长春：吉林人民出版社，2004 年。

② 埃里希·弗洛姆：《逃避自由》，北京：国际文化出版公司，2002 年。

③ 大卫·理斯曼：《孤独的人群》，南京：南京大学出版社，2002 年。

④ 赖特·米尔斯：《权力精英》，南京：南京大学出版社，2004 年。

⑤ Bell, D., “The Theory of Mass Society: A Critique”, *Commentary*, 1956, vol. 22(1), p. 87.

⑥ Blumer, H., “The Mass, the Public and Public Opinion”, in Berelson, B. & Janowitz, M. (Eds.), *Reader in Public Opinion and Communication*. Glencoe, IL: Free Press, 1953, pp. 43-53.

个分析性的概念,没有否定或肯定的判断,因而在关于"大众"的讨论中更容易被接受。然而,到了网络传播时代,"大众"的概念是否仍然具有意义,是当下涌现的又一个值得讨论的话题。

二、作为"公众"的受众:自由民主的理论话语

与大众社会的理论话语相反,自由民主理论将人们视为民主社会中的"公民"与"公众"。在谈到"公众"的观念时,李普曼和杜威是两位经常被比较的政治思想家。在1922年出版的《舆论》和1925年出版的《幻影公众》中①,李普曼认为:人们其实并不能直接认识"外在的世界",而仅仅把世界作为"脑中的图像",因此他们对于"虚拟环境"的认识是扭曲的。由于普通公民无法理解客观真实,并且民意仅仅是上层人士操作的刻板印象,李普曼认为参与民主是不能实现的,只有精英领导的代议制民主是可行的。

随后,杜威发表在《新共和》和《公众及其问题》上的评论并没有否定李普曼关于专家制定政策的看法,但他主张民主不应限于管理者的启蒙,而强调政策制定过程中的公众商议。杜威写道:"我们不要求很多人都掌握调研的知识和技巧,但他们应具备判断的能力,对其他人提出的共同议题作出评估。"杜威强调教育的重要性,因为公共商议要求受过更好的教育和组织化的公众。他相信,民主是一个发展的过程,它总会朝着善治的方向进步。②

李普曼—杜威的辩论集中体现了民主现实主义与理想主义的冲突,已成为与传媒和受众研究相关民主理论的经典叙述。然而,舒德森指出:实际上,李普曼与杜威之间并没有真正发生过交锋,而只不过是对于公众及其经常出现的问题交换了意见。③ 对李普曼—杜威"辩论"的叙述是在20世纪80年代和90年代建构起来的,当时的自由知识分子对于代议制民主的状况感到不满,并试图寻找更多的民主参与,因而杜威的理念被视为复兴公共生活的思想资源,而李普曼的理念则被抨击为现行官僚制度的依据。实际上,李普曼和杜威的话语都属于自由民主的同一阵营,尽管他们各自宣称不同程度的民主治理。

---

① 沃尔特·李普曼:《舆论》,北京:北京大学出版社,2018年;沃尔特·李普曼:《幻影公众》,上海:复旦大学出版社,2013年。

② Dewey, J., *The Public and its Problems*. New York: Holt, 1927, p. 365.

③ Schudson, M., "The 'Lippmann-Dewey Debate' and the Invention of Walter Lippmann as an Anti-Democrat 1986-1996", *International Journal of Communication*, 2008, vol. 2, pp. 1031-1042.

“二战”之后，美国的民主体制变得相对稳定，自由多元主义被广泛接受为主流话语。这种乐观的情绪也反映在预设了自由民主理论的舆论研究当中。例如，议程设置的研究发展了李普曼曾经提出的观点，即新闻媒体提供的信息在建构我们对于现实的图像方面发挥关键的作用。这个研究的贡献在于，它解释了“为什么某些特定议题的信息而非其他议题的信息，对于民主社会中的公民是有效的”。[①] 尽管议程设置研究聚焦于媒介议程、公众议程与政策议程的具体关系，自由民主的理念已预设在研究当中，即新闻媒体应当成为舆论形成的平台，并且政策议程应当对公众议程作出回应。但是，通过行为科学的研究方法，该研究把焦点从舆论与民主的规范理论转移到关于新闻议题与受众关系的经验性考察。

三、作为“社群”的受众：接受分析的理论话语

文化研究进路的接受分析通常被视为一种可与主流的媒介使用和效果研究相抗衡的替代性话语。对于接受分析，关键问题在于媒体建构现实的权力。正如威廉斯所言，“事实上不存在大众，而只存在将人民看作大众的方式”。[②] 在接受分析看来，受众不应被看作无知的大众，相反，他们作为意义的诠释社群，对于媒介文本具有积极的解码和抵抗的能力。

在接受分析中，霍尔的《编码/解码》被普遍视为一个开创性的研究。[③] 在这篇文章中，他批判了大众传播研究的“传者—讯息—接收者”的线性模式，而以四个相关的环节取而代之：意义的生产、流通、分配或消费，以及再生产。每个环节都保持其独特性，并有独特的模态。这个思想受到马克思的《政治经济学批判》和《资本论》关于商品生产与流通话语的启发，但在这里，霍尔将重点转移到大众传播的话语形式，即电视节目作为有意义的话语的编码和解码过程。在受众的一方，霍尔提出三个解码位置的假设：主导解码，即受众对自然化和合法化的霸权观点的认同；协商性解码，即受众接受过程中包含适从和争议要素的混合；对抗编码，则指受众以完全相反的方式来解读讯息。

在1980年出版的《〈全国新闻〉：电视与受众研究》中，莫利通过焦点

---

① Dearing, J. W. & Rogers, E. M., *Agenda-setting*. Thousand Oaks, CA: Sage, 1996, p. 2.

② Williams, R., *Culture and Society* 1780-1950. London: Chatto and Windus, 1958, p. 289.

③ Hall, S., "Encoding/Decoding", in Hall, S., Hobson, D., Lowe, A., et al. (Eds.), *Culture, Media, Language*. London: Hutchinson, 1980, pp. 63-87.

小组研究,证实了阶级立场与编码之间的关联。[①] 但是,莫利并没有把受众的编码简单还原为阶级立场。他写道:“解读总是分化为主导或对抗性意识形态的不同表述,以及聚焦于节目中不同的意识形态问题和话语模式。”[②]在这个意义上,解码分析要求更复杂的研究设计。

随着大众媒介的接受分析逐渐增多,这个研究领域的重点逐渐从编码解码模式的验证转向更多样化的主题。莫利的《家庭电视》反思了《全国新闻》研究的局限:那些受众研究不是在自然的家庭观看环境中进行的;并且对于解码的矛盾性的考虑也不充分。[③] 因此,家庭电视更关注观众在家庭环境中的电视使用和诠释的深层结构,并且其分析更加灵活,而不再限于主导、协商和对抗解码预设。这种从解码到观看语境的变化标志着这个阶段的受众民族志研究的重要发展。进入20世纪90年代,一些学者开始反思受众民族志的方法论前提。这种批评和反思提示了一种基于建构主义方法论的、关于受众在日常生活中的地位的探索。这个阶段的具体研究并没有放弃受众民族志,而是对跨学科和多元方法的探索持有更开放的立场,其目的在于将媒介、受众与更广阔的文化语境联系起来。在这个建构主义框架之下,受众的文化身份与文化消费成为重要的主题。阿伯克龙比和朗赫斯特认为:文化的商品化与“弥散的受众”的形成密切相关:“一方面,所有的文化都成为商品,另一方面,所有商品都被审美化”;“这些过程产生的影响是受众成为市场,而市场被建构为受众”。[④] 在这个意义上,受众作为诠释社群是无处不在的,涵盖了晚期资本主义社会的各种社会活动。近年来,受众研究还涌现出其他多元化的研究议题,如文化公民身份与公众参与、儿童与青年的媒介素养、跨国受众等,表现了接受分析的持久活力,及其对媒介、受众与社会之间权力关系的持久关注。

四、作为“阶级”的受众:传播政治经济学的理论话语

传播政治经济学和文化研究通常被视为批判传播研究的两大阵营。对于传播政治经济学,其标志性的特征在于对阶级权力的关注。与接受分

---

① 戴维·莫利、夏洛特·布伦斯顿:《〈全国新闻〉:电视与受众研究》,北京:中国人民大学出版社,2022年。

② Morley, D., "'To boldly go'... the Third Generation of Reception Studies", in Alasuutari, P. (Ed.), *Rethinking the Media Audience*. London: Sage, 1999, pp. 266-267.

③ Morley, D., *Family Television: Cultural Power and Domestic Leisure*. London: Comedia, 1986.

④ Abercrombie, N. & Longhurst, B., *Audiences: A Sociological Theory of Performance and Imagination*. London: Sage, 1998, p. 98.

析对象征权力的关注相比，政治经济学的理论话语对政治权力与经济权力之间的相互建构给予了更多的关注，而"阶级"则是政治与经济两个方面的话语节点。

作为北美传播政治经济学的奠基人，斯麦兹的《传播：西方马克思主义的盲点》开创性地从阶级关系的角度将"受众商品"的概念带入传播政治经济学的研究。他认为：媒介工业生产的主要产品是受众，因为媒介公司产生了受众，然后将他们卖给了广告商。[①] 这个观点将受众视为阶级权力控制下的商品和劳工，启发了后来关于广告受众[②]、数字劳动[③]等诸多批判性的研究。莫斯可就此总结道："受众这个概念不像阶级、性别、种族那样是学术分析的范畴，而是媒介产业自身的产物。媒介产业用这个概念来识别市场，界定商品。"[④]

传播政治经济学的另一个努力是从阶级的立场建构"公众"的观念。鉴于新自由主义在20世纪80年代西方媒介产业和媒介政策的盛行，传播政治经济学者认为，包括受众研究在内的传播研究应认真对待公民权与公共文化的议题。当哈贝马斯的"公共领域"的概念被引入传播政治经济学之后，这个议题变得更加重要。韦斯特拉滕建议，公共领域的政治经济学分析不应限于制度架构和劳动过程，也必须将研究范围从媒介讯息的生产延伸到接受与表意的政治经济分析。[⑤] 近年来，传播政治经济学接受分析的对话与调解仍在进行中。[⑥]

五、作为"消费者"的受众：受众经济学的理论话语

与传播政治经济学的批判立场不同，媒介经济学是在一个既定的自由民主的政治框架中关注大众传媒的经济面向。具体而言，媒介经济学关注的是"媒介经营者如何以可资利用的资源满足受众、广告商和社会的信息

---

① Smythe, D. W., "Communications: Blindspot of Western Marxism", in Guback, T. (Ed.), *Counterclockwise: Perspectives on Communication*. Boulder, San Francisco, Oxford: Westview Press, 1977. pp. 263-291.

② 苏特·杰哈利：《广告符码》，北京：中国人民大学出版社，2004年。

③ 克里斯蒂安·福克斯：《数字劳动与卡尔·马克思》，北京：人民出版社，2020年；姚建华：《数字劳动：理论前沿与在地经验》，南京：江苏人民出版社，2021年。

④ 文森特·莫斯可：《传播政治经济学》，北京：华夏出版社，2000年，第254页。

⑤ Verstraten, H., "The Media and the Transformation of the Public Sphere", *European Journal of Communication*, 1996, Vol. 11(3), pp. 347-370.

⑥ Hagen, I. & Wasko, J. (Eds.), *Consuming Audiences? Production and Reception in Media Research*. New Jersy: Hampton Press, Inc., 2000.

与娱乐需求"，以及"那些影响媒介产品和服务的生产、分配和消费的因素"。[①] 根据这个定义，媒介经济学的研究对象包括两个方面：媒介内容的生产，以及受众对媒介的消费。而对于后者的分析即"受众经济学"的研究，"受众"的能指主要被建构为"市场"和"消费者"。[②]

沿着经济学的逻辑，受众细分是市场分析的必要环节。"市场上的消费者行为有千差万别的个体偏好，但可以被假定为一些具有相似特征的群体或人口单位"，因此，"受众研究试图寻找和描述细分受众的特征与其偏好的内容特征之间的关联"。[③] 由于市场经济是嵌入在社会结构中的，受众市场的分析也与社会经济阶层的范畴相关联。所有消费者都可以通过若干种社会、经济的方式来分类，并且受众细分的有效性可根据消费者的需求来进行衡量。

在受众经济学的话语中，作为商品的受众变成一个中性的概念，并尤其通过读报和收听、收视率而典型地体现了媒介产业的经济逻辑。米汉指出："被生产和销售的商品单单通过受众评定来建构"，"交换的不是讯息，也不是受众，而是收视率。"[④]从这样一个经济视角来看，受众不过是一组与市场有关的数字，而非具有独特社会意义的人群。换言之，由于受众经济学将受众还原为市场与商品，受众作为社会行动者和政治参与者的意义都可能被经济逻辑所遮蔽。在数字时代，受众的"收视率"转化为"点击率"等新概念，但内在的经济逻辑并没有发生根本的变化，其本质仍是一种"注意力"资源的争夺。在此框架下，学者们亦有可能对数字时代的受众活动提出新的解释模型和测量方法，进行策略上的改进。[⑤]

六、小结与讨论

至此，本节已梳理了大众社会理论、自由民主理论、接受分析、传播政治经济学与受众经济学五种理论话语视野下的受众观念。与主流的聚焦于个体态度、认知和行为的媒介使用与效果研究的话语相比，上述理论话语更关注社会关系中的受众表现，包括其作为大众、公众、社会群体、阶级

---

① Picard, R., *Media Economics: Concepts and Issues*. London: Sage, 1989, p. 7.

② 菲利普·南波利：《受众经济学》，北京：清华大学出版社，2007 年，第 47 页。

③ Gandy, O. H., "Race, Ethnicity, and the Segmentation of Media Markets", in Curran, J. & Gurevitch, M. (Eds.), *Mass Media and Society*. 3rd edition. London: Arnold and Oxford, 2000.

④ Meehan, E., "Ratings and the Institutional Approach: A Third Answer to the Commodity Question", *Critical Studies in Mass Communication*, 1984, vol. 1(2), p. 216.

⑤ 詹姆斯·韦伯斯特：《注意力市场：如何吸引数字时代的受众》，北京：中国人民大学出版社，2017 年。

和消费者的活动方式，从而呈现出更广阔的受众研究的社会图景。

对于中国的传播研究者而言，上述多元的理论话语也为我们开拓中国的受众研究提供了参考框架。经过近五十年的探索，中国的受众研究已取得丰富的研究成果。[①] 其中，基于媒介使用与效果研究话语而展开的实证调查尤其引人注目。近年来，学界越来越意识到受众研究需要更多理论维度的探索，尤其是对于公民、社群和消费者的多重意义的阐释。因此，全面地理解西方受众研究的理论话语，特别是社会关系视野下的受众研究的脉络，有助于我们进一步打开学术视野，丰富中国受众研究的发展思路。

第二节　数字媒介环境下受众参与范式的建构：以欧洲受众研究为例[②]

互联网革命引发的跨媒体融合与新闻业转型是全球媒体领域正在发生的一场广泛且深刻的变革。在这一轮传播革命中，新型受众的地位与活动的变迁尤其引人注目，其涌现的空前的互动性与参与性不但成为媒体实践必须关注与应对的焦点，而且也推动了"数字媒介环境"下受众研究创新的学术探讨。[③] 面对日益活跃的受众活动，传统的（带有被动接受意味的）"受众"概念越来缺乏解释力，甚至有学者声称"受众已死"。[④] 部分研究文献则越来越多地使用"用户"(user)等概念来描述新媒介环境下的受众，这固然体现了新媒体受众的能动特征与市场主体地位，但也在一定程度上窄化了"受众"(audiences)概念原有的包括"公民""社群""诠释者"等多重维度的丰富含义（参见本章第一节），遮蔽了受众研究的多元进路与阐释空间。

那么，在数字媒介环境下，受众研究的趋势与前景究竟如何？本节以

---

① 徐桂权：《从群众到公众：中国受众研究的话语变迁》，北京：人民日报出版社，2016年；徐桂权、张指晗：《中国受众研究四十年的话语建构》，《新闻与写作》2019年第3期，第25-31页。

② 本节修订自徐桂权：《新媒介环境中阅听人参与典范的建构：以欧洲阅听人转型研究计划为考察对象》，台湾《新闻学研究》2018年总第134期，第145-178页。

③ 这里使用的"数字媒介环境"的概念，乃是借用"媒介环境学"(media ecology)所谓"媒介作为环境"的思路，来表述数字媒介等新技术对我们所体验的媒介世界的重构，对应的英文表述为digital media environment。参见 Press A. L. & Williams B. A., *The New Media Environment: An Introduction*. Chichester, UK: Wiley-Blackwell, 2010.

④ Rosen, J., "The people formerly known as the audience. Press Think", 2006, July 27, Retrieved from http://archive.pressthink.org/2006/06/27/ppl_frmr.html; Jermyn, D. & Holmes, S., "The audience is dead; Long live the audience! Interactivity, 'telephilia' and the contemporary television audience", *Critical Studies in Television*, 2006 (1), pp. 49-57.

2010—2014年欧洲科学与技术合作项目资助的大型研究项目“转型中的受众与社会”(transforming audiences,transforming societies,TATS)为考察对象,来分析当前欧洲传播学界在受众研究领域的新思维,借此了解国际受众研究的前沿视野与创新趋势。

一、“转型中的受众与社会”的项目架构:欧洲传播学术共同体的背景

在传播学界,通常有美国“经验/行政学派”(administrative school)与欧洲“批判学派”(critical school)二元对立的表述,这种对立在受众研究中得到具体的体现:美国学者大多采取实证的、量化的方法来测量大众媒介作用于受众的传播效果,而欧洲学者更倾向于采取批判的、诠释性研究的途径,特别是文化研究的接受分析来诠释受众对于媒介讯息的理解。传播学史上早期哥伦比亚学派与法兰克福学派的冲突,以及后来英国伯明翰学派对美国主流学派的批评,都是这种二元对立叙述的典型。[①]

然而,时至今日,这种二元对立的格局已不再截然分明。一方面,越来越多的学者提倡不同理论路径和研究方法的结合运用,以促进研究思路的创新。[②] 另一方面,在欧洲内部,各国之间既有共同的传统,又有各自的特色和脉络。比如在受众研究领域,欧洲三十余国都有自身的研究历史,甚至一个国家内部的不同地区也有不同的特征,这使得实证研究与文化研究两大传统在不同地域呈现融合与交错的格局。[③] 在这样的学术背景下,所谓“欧洲批判学派”作为一个笼统的标签,已经不再适合用来概括欧洲传播研究的特征。

在学术脉络趋于分化的同时,欧洲学者也在致力于建设一个保持学术联系与合作的欧洲传播学术共同体。尽管欧洲传播学界有着丰富的学术传统,但长期以来由于国别及语言的限制,阻碍了各国学者之间深入合作及欧洲学术的国际影响力。20世纪90年代以来,随着欧洲一体化进程的拓展,在欧盟政策框架下建立的跨国学术组织不断增多。2005年成立的

---

① Katz,E. & Peters,J. D.(Eds.),*Canonic Texts in Media Research: Are There Any? Should There Be? How About These?* Cambridge,UK: Polity Press,2002.

② Schrøder,K.,Drotner,K. & Murray,C.,*Researching Audiences*. New York,NY: Oxford University Press,2003.

③ 大体上,意大利、克罗地亚、荷兰、西班牙、德国的受众研究以美式的实证研究为主,丹麦和葡萄牙的阅听人研究以英式的文化研究为主,其他国家的受众研究则为二者的平衡。参见Bilandzic,H.,Carpentier,C.,Patriarche,G.,et al.(Eds.),“Overview of European Audience research”,2011. Retrieved from http://www.cost-transforming-audiences.eu/node/216.

欧洲传播研究与教育学会（European Communication Research and Education Association，ECREA）是欧洲目前最大的跨国传播研究学会，下设21个主题分会。该学会定期召开学术年会、专题研讨会和暑期学校，策划组织学术出版等活动，在欧洲传播学界具有广泛的影响。本节所要考察的“转型中的受众与社会”研究项目正是由该学会的受众与接受研究分会（Audience and Reception Studies Section）在欧洲科学基金会下属的欧洲科学与技术合作项目（European Cooperation in Science and Technology）中获得立项资助。该分会时任主席、比利时学者 Geoffroy Patriarch 同时担任了项目的总负责人。借助 ECREA 已有的学术网络，该项目吸引了各国受众研究领域的众多学者加盟，最终形成了来自33个欧洲国家的320人共同参与的团队。这样一个大规模的跨国合作项目，在欧洲乃至国际传播研究史上是罕见的，反映了欧洲学者走出国别的限制、建构欧洲传播学术共同体的努力。

该项目成立的两个相关背景是当下互联网及数字媒介技术带来的新传播环境，以及21世纪以来欧洲国家在“欧洲梦”①的理念下致力建设的政治民主、多元文化及可持续发展的社会环境。在媒介环境与社会环境的双重转型过程中，受众的活动及其新特征成为传播研究者必须关注的议题。该项目的简介中有此说明：这个项目的主要研究目标是“在变化的媒介与传播环境中，推动有关欧洲受众的关键转型的知识进展，并辨识出受众与欧洲社会、文化和政治领域的相互联系”。具体来说，该项目的目标是：重启受众研究的议程；发展受众研究的创新路径；打破现有领域的界限（如社会科学传统与批判/文化研究传统的界线、新旧媒介的界线）；推动新的经验研究的开展；扩展新媒介与传播环境的视野；增进欧洲受众研究者的联系等。在项目的实际开展过程中，参与者组成了四个工作团队，分别开展四个主题的研究：(1)新媒介类型、媒介素养和媒介的信任；(2)受众的互动及参与；(3)媒介与信息传播技术的使用在社会关系演化中的作用；(4)受众转型与社会整合。从2010年3月至2014年2月，整个项目开展了6次大会、9次工作坊和研讨会以及14次相关的学术活动，通过学刊论文、书籍、报告及内部通信等方式发表了大量研究成果。可见，这是一个相当富有成效的大型研究项目，它的学术组织方式及其生产的知识成果非常

---

① 所谓“欧洲梦”是与“美国梦”相对而言的。按照杰里米·里夫金的诠释，“美国梦”偏重个人的自由、奋斗、财富与国家的经济繁荣，“欧洲梦”则更强调社群的和谐共存、生活品质与可持续发展。参见杰里米·里夫金：《欧洲梦：21世纪人类发展的新梦想》，重庆：重庆出版社，2006年。

值得包括华人研究者在内的国际传播学者关注。

二、"转型中的受众与社会"项目各子课题的学术思路与社会意义

有鉴于"转型中的受众与社会"项目学术成果之丰硕，本节不可能在有限的篇幅内全面介绍该项目的观点和研究发现。为避免简单的铺陈罗列，本节将沿着知识社会学的视角，着眼于知识生产与社会脉络之间的互动关系。知识社会学认为，知识是在历史与社会脉络中形成的文化产物，因而我们不能将知识当作一种独立的现象，而必须将其置于发生与传播的社会情境进行审视。在知识社会学内部，又包含马克思与涂尔干的古典社会学思想、曼海姆与舍勒的经典知识社会学观点、墨顿的功能主义社会学路径，以及伯格和卢克曼开启的建构主义的新知识社会学取向等。① 近年来，知识社会学的一个新的发展方向是引入话语研究的思路，即把知识视为一种"话语"建构的产物，对其在社会情境中的观念形塑及意义阐释的过程进行考察。②

沿着"作为话语的知识"(knowledge as discourse)的思路出发，笔者认同如下基本观点：(1)知识是话语建构的产物，并且这种知识的话语并非稳定的意义结构，而是包含着不断接合实践(articulation)的动态过程；(2)在知识的话语过程中，包含不同立场乃至意识形态的话语之间会展开相互竞争，特别是围绕作为"浮动的能指"的关键概念而竞争；(3)知识的话语建构与竞争往往落在特定的学术脉络之中，并与其他社会脉络具有密切的互动关系。③

沿着这一背景，本节关心的问题是：为什么该项目会选择这些议题来开展研究？它们包含了怎样的学术思维？这些学术思维背后又有怎样的社会意义？具体而言，在研究项目中，"受众"的概念作为一个具有多重含

---

① McCarthy, E. D., *Knowledge as Culture*. London, UK: Routledge, 1996; Zammito, J. H., "What's 'New' in the Sociology of Knowledge?", in Turner, S. P. & Risjord, M. W. (Eds.), *Handbook of the Philosophy of Anthropology and Sociology*. Amsterdam, NL: North Holland, 2006, pp. 791-857.

② Dant, T., *Knowledge, Ideology and Discourse: A Sociological Perspective*. London, UK: Routledge, 1991; Keller R., "Sociology of Knowledge Approach to Discourse Analysis. A Research Programme for the Analysis of Social Relationships of Knowledge and Politics of Knowledge", *Forum: Qualitative Social Research*, 2010, vol. 11(3), Article 5. Retrieved from http://www.qualitative-research.net/index.php/fqs/article/view/1494/3016.

③ Xu, G., "The Discourses of Chinese Audience Research: A Discourse-theoretical Analysis of the Articulation of Audience in Chinese Academic Texts", Unpublished doctoral dissertation, Free University of Brussels, 2013.

义的“浮动的能指”[①]，是如何在学术文本中被表述的？及其与欧洲的学术脉络和社会脉络之间具有怎样的接合？

对于上述问题，本节主要采取文献分析的方法来进行研究，即将该项目开展过程中产生的报告和研究成果作为学术文本，并置于其特定的学术脉络和社会脉络中进行分析。由于该项目的参与学者本身具有较强的规划与反思的意识，他们在项目开展过程中记录了各阶段的研究项目，在研究完成后又整理了发表的文献清单，并对其研究过程与意义进行了回顾和反思，且公布在其官方网站[②]上。这些报告和文献为我们了解项目运作提供了可靠的资料，也是下文分析的主要依据。此外，笔者曾经作为留学生，参加过该项目的部分活动，并对个别负责人进行过访谈，如 2012 年 4 月在布鲁塞尔召开的“受众研究者跨世代对话”会议。因此，笔者对其实际运作方式有所观察和了解，这也为本研究的资料分析提供了辅助性的佐证。

在阅读材料的过程中，笔者发现该项目报告多次使用了“利害相关者”(stakeholder)的概念。这原本是个管理学的概念，意指组织外部环境中受组织决策和行动影响的任何相关者。从知识社会学的意义上来说，则体现了知识生产主体与其他社会群体的互动关系。根据研究报告《架桥》(*Building Bridge*)的回顾[③]，在项目的起始阶段，项目的各个课题组就围绕基本的研究目标，安排了专职的联络员与相关的媒体业界人士、市民社会组织、政策制定者等进行沟通，了解各方利害相关者的需求，以进一步明确研究项目的焦点及其社会意义。因此，尽管“转型中的受众与社会”是一个学术界主导的项目，但其实施过程中贯穿了学术界与非学术界的对话；正是在这个意义上，该项目的实施过程可被视为一个知识生产与社会群体进行积极互动的过程，同时也具有了知识社会学分析的标本价值。

(一) 新媒介环境中的媒介素养：从受众研究到政策建议

项目的第一个课题组名为“新媒介类型、媒介素养和媒介的信任”(New media genres, media literacy and trust in the media)，它关注的核心问题是当今媒介的“杂交化”——包括私营媒体与公营媒体、通俗媒体与精英媒体、传统媒体与新兴媒介、虚拟与真实、信息与娱乐、生产与消费等各

---

① Carpentier, N., “The Identity of the Television Audience”, in Carpentier, N., Pauwels, C. & Oost, O. V. (Eds.), *The Ungraspable Audience*. Brussel, BRU: VUB Press, 2004.

② www.cost-transforming-audiences.eu.

③ Patriarche, G., Bilandzic, H., Carpentier, N., et al. (Eds.), *Building Bridges: Pathways to a Greater Societal Significance for Audience Research*. 2014. Retrieved from http://www.cost-transforming-audiences.eu/node/1687.

种形式的杂交——对于受众的影响。因此，课题组首先要分析各种新媒介类型的特征，然后聚焦于新媒介环境下的受众媒介素养，即受众如何运用、诠释和评估这些媒介，特别是他们对于媒介内容品质的信任程度。通过这种分析，课题组最后就可以为媒体实践者、政策制定者及公众提出批评与建设性的意见。

媒介与信息素养研究是该课题组成果比较突出的一个领域，也集中体现了研究者与利害相关者的互动关系。媒介素养的早期研究聚集于读者和观众对大众传媒的诠释、批评和回应，在当今数字化、网络时代则已拓展为对各种新媒介使用者活动的考察；不仅关注儿童与青年人的媒介使用，也包括成年人，特别是边缘群体如移民和老年人的媒介使用。并且，英国学者利文斯通等认为，媒介素养不能简单地观测受众的媒介使用技能，而要将其置于具体的社会、政治和文化脉络中进行考察。[①] 由此，研究者就要对受众的媒介素养和媒介素养实践进行区分，前者属于受众能力的范畴，而后者是受众在特定社会脉络中表现出来的社会实践方式。正因为社会脉络的重要性，媒介素养实践的研究最终要着眼于社会文化因素对受众媒介素养的影响，特别是媒介监管机构的政策因素的影响，从而将研究成果转化为政策制定的建设性意见。

在欧洲，媒介政策的制定和实施涉及多个层面，包括欧盟层面、国家层面、地方层面等。作为一个跨国的研究项目，该课题组尤其关注欧盟层面的媒介素养政策。在欧盟现有的媒介政策中，比如 2010 年的《视听媒介服务指令》，就有关于“发展各个社会领域的媒介素养”的要求，并要求成员国每三年提供一个国民媒介素养的发展报告（但这一点并未能够完全落实）。研究者认为，未来的主要任务是：在跟进技术进步开展媒介素养研究的同时，强化媒介素养在媒介政策领域中的地位，推动媒介素养教育，并鼓励公共与私营部门的利害相关者的积极行动。[②] 通过这种方式，媒介素养研究就不仅仅是学院里的学术问题，而与媒介教育、媒介政策等社会实践领域紧密地结合起来。事实上，在课题组的研讨会中，就邀请了欧盟相关政府部门和媒介机构的代表参与研讨，使整个研讨过程体现了学术界与利害相关者的互动，从而更加明确了研究的政策应用价值。

---

① Livingstone, S., Bulger, M. & Zaborowski, R., “Media Literacy Research and Policy in Europe: A Review of Recent, Current and Planned Activities”, 2013, pp. 3-4. Retrieved from http://www.cost-transformingaudiences.eu/node/1683.

② Ibid, pp. 5-6.

（二）新媒介环境中的互动及参与：受众活动的政治意义

第二个课题组“受众的互动及参与”（Audience interactivity and participation）在整个项目中吸引了最多学者的参与，发表的成果最为丰硕。该课题与第一个课题也有内在的联系：受众的“媒介素养”可以说是“互动”及“参与”的前提；反过来，受众的“互动”及“参与”活动是其“媒介素养”的实践表现。

尽管“互动”及“参与”已是新媒介环境下受众的显著特征，但对其严格的学术界定其实并不充分。因此，该课题组的首要任务就是对“互动”“参与”进行更明确的定义。课题组的主席、比利时学者卡彭铁尔对近用（access）、互动（interaction）和参与（participation）三种受众活动的层次进行了区分①：近用指受众能够利用媒介技术获取其需要的媒介内容，这是最基本的受众活动；互动则指受众在近用的基础上，能够对媒介内容进行诠释和讨论；参与则更进一步，指受众积极介入媒介内容的生产与传播（例如所谓的“用户自生内容”）——这个层次的活动，才是最引人注目的受众转型的新特征。并且，受众参与的研究不仅关注媒介平台上使用者的内容生产活动（participation in the media），还要将受众活动与更广大的社会领域连接起来，比如公众通过媒介平台进行的政治意见表达（participation through the media）。正是在后者的意义上，受众参与不仅是受众能动性的新特征，而且为广大公众通过各种媒介平台介入公共事务、实现自身的公民身份及更高层次的商议性或参与性的民主政治提供了可能。

因此，受众参与的研究不仅涉及受众活动的经验考察，而且包含了民主政治的规范意义。一些研究者致力于从哈贝马斯的公共领域理论、拉克劳和墨菲的激进民主理论等规范理论中挖掘公众政治参与的理论依据。卡彭铁尔和达尔格伦认为，这种规范的立场正是欧洲传播研究批判传统的体现。② 所谓“批判”并不仅仅限于法兰克福学派所宣示的对于资本主义社会的否定立场；在更宽泛的意义上，“批判”所表达的是对于权力关系的规范性的诊断。对于当下的欧洲社会，公众参与理论所关注的问题就是代议制民主在欧洲国家政治体制中遭遇的僵化困境，转而呼吁更大范围和更

---

① Carpentier, N., “The Concept of Participation, If They Have Access and Interact, Do They Really Participate?”, *Communication Management Quarterly*, 2011(21), pp. 13-36.

② Carpentier, N. & Dahlgren, P., “The Social Relevance of Participatory Theory”, in Patriarche, G., Bilandzic, H., Carpentier, N., et al. (Eds.), *Building Bridges: Pathways to a Greater Societal Significance for Audience Research*, 2014, pp. 37-52. Retrieved from http://www.cost-transforming-audiences.eu/node/1687.

深层次的公众参与乃至政治抗争，重新激发民主政治与公共生活的活力。批判的媒介研究及受众参与的研究也必须着眼于此，才能体现出传播研究者的理论想象力及其对现实社会的关切。

在项目实施过程中，研究者就相当注意这种理论介入社会现实的相关性。为此，课题组安排了多位联络员，负责与政策制定者、市民社会组织、另类媒体、新闻从业者之间的沟通，对这些领域的代表进行访谈，并将访谈记录整理和共用。研究者认为，学术界只是一个半自治的场域，它始终是与政治、经济及其他社会场域相互交织的。受众参与研究尤其要注重学术界与其他社会领域的互动，吸取社会各界的经验与意见，推动批判的社会理论积极介入社会现实，从而实现传播研究的社会价值。

（三）信息传播技术与社会关系：媒介融合的社会影响

第三个课题组为“媒介与信息传播技术的使用在社会关系演化中的作用”(The role of media and ICT use for evolving social relationships)，主要探究受众的媒介使用对于社会互动的作用，特别是新旧媒介融合对内容生产者与消费者双方的影响；以及探讨社交媒体的研究方法与分析工具。与其他子课题相比，该课题更突出“技术”变数的影响，关注信息传播技术对于当代社会、文化、经济与政治环境的改造作用，并就媒体使用与政策制定者、媒介组织、NGO 等利害相关者的关系进行了调查和分析。

“融合”(convergence)是当下媒介生产与使用的基本特征。课题组探讨了报刊、广播、电视这些传统媒体机构如何采用新的媒介策略，来适应媒介融合时代的趋势。为此，研究者对精英/大众报刊、公共与私营广播电视的从业者代表进行了访谈，了解他们如何在新的媒介环境下重新定义受众、如何对受众的媒介使用方式进行测量、如何在融合媒介环境下推动受众的参与，并增进受众的媒介素养。[①]

课题组也对新型社交媒体的使用者特征进行了探讨。研究者将“融合”区分为三个层次。一是微观层次的生产与使用的融合，即社交媒体的使用者既是内容的消费者，也成为内容的生产者；二是中观层次的组织融合，即社交媒体组织如何利用新技术形成新的文化实践；三是宏观层面的社会融合，即在更宽广的社会范围内，社交媒体如何对传统媒体、政界及商

---

① Gallego, J. I. & O'Neill, B., "'Old' & 'New' Media — Theoretical and Technological Perspective", in Patriarche, G., Bilandzic, H., Carpentier, N., et al. (Eds.), *Building Bridges: Pathways to a Greater Societal Significance for Audience Research*, 2014, pp. 92-98. Retrieved from http://www.cost-transforming-audiences.eu/node/1687.

界产生影响。[①] 第三个层次的融合研究尤其体现了研究者与利害相关者的互动关系，包括：社交媒体对政治传播具有怎样的潜力？新闻从业者如何使用社交媒体？新闻从业者、政治人物与公众之间如何进行互动？社交媒体如何促进公众参与？社交媒体对于市场营销、品牌推广、公共关系有何影响？这方面的研究不仅具有学术探究的意义，而且其研究结果对于政策制定者、媒介生产者、NGO和经济组织等也具有实用的价值，并为教育等社会领域的发展项目提供有益的支援。

（四）受众转型与社会整合：媒介、身份认同与文化多样性

第四个课题组“受众转型与社会整合”(Audience transformations and social integration)探讨的是媒体与信息传播技术如何在新的条件下促进阶级、性别、族群等范畴的社会整合，分享知识与文化、参与公共领域、建构集体认同。与第三个课题相比，该课题同样分析了媒介技术与社会的关系，但更关注具体的社会群体的媒介使用及身份建构，在总体上则以维系社会与文化生态的多样性为旨归。

基于社会多样性的立意，该课题组主要关注社会与文化意义上的少数群体。从研究成果来看，该课题组发表了“世代与媒介化的关系”“儿童文化与媒介文化”“新闻在儿童与青年人身份认同中的作用”“媒介、技术与移民”四个专题的论文专辑。这种焦点的选择并不难理解：儿童与青年人是未来欧洲社会的栋梁，而且对于新媒介技术具有天然的亲近性，其建构的媒介文化不得不引起关注；移民群体则是欧洲一体化进程中必须面对的社会现象，并与倡导文化多元主义的理念相关，因而其媒介使用与媒介再现的社会意义也值得重视。

儿童与青年人作为受众研究的对象，其实已经构成了一个常规的传播研究领域，比如，它也是媒介素养研究的一个主要部分。该课题组则试图在“转型中的社会与转型中的家庭”这个主题下，将儿童与青少年的媒介使用与变迁的媒介环境及多元文化的社会环境联系起来进行考察。在研究者与利害相关者的关系方面，课题组也重视与政府、市场、市民社会组织、教育机构的互动。比如，研究者探讨了如何与公营广播电视机构进行合作，对儿童电视节目进行品质评估，以及帮助他们更好地了解青年人的兴

① Jensen, J. L., “Methods and Software for Studying Social Media and Social Network Sites”, in Patriarche, G., Bilandzic, H., Carpentier, N., et al. (Eds.), *Building Bridges: Pathways to a Greater Societal Significance for Audience Research*, 2014, pp. 99-104. Retrieved from http://www.cost-transforming-audiences.eu/node/1687.

趣与需求，等等。[①]

移民家庭的研究在现有的受众研究中则较为缺乏。课题组认为，媒介对于公共领域中的少数族群（如移民家庭）的社会融入具有重要影响，因为媒介既是建构与协商身份的资源，也是主流与少数受众形象再现的来源。基于社会与文化多样性的考量，传播研究者也应开展多样化的研究，对于媒介再现的多样性保持敏感。同时，研究者也应与各方利害相关者保持沟通与合作，帮助政府部门更好地制定相关的社会融合政策、提供媒介教育方面的支助，扶持少数族群社区媒介的发展，等等。[②]

（五）小结与评价

至此，已简要叙述了"转型中的受众与社会"四个子课题的主要研究对象与意义。表 2-1 是对上述四个子课题中的受众身份、受众活动的话语重点及相关社会实践的概括。

我们可以看到四个子课题对受众的身份和活动有不同的侧重点，并通过与社会领域的关联体现丰富的社会意义。这些研究总体上采取的是一种"媒介使用—社会关系"的分析框架。在媒介使用一方，研究者可以对特定技术背景下的受众媒介素养进行考察，也可以对具体的受众活动进行分析；同时，这些媒介使用都不是孤立的个体活动，而与各种社会关系（政治参与、社会融合、文化身份等）密切相关。因此，在该项目成果之一的《媒介的社会使用：受众研究的文化与科学视角》（*The Social Use of Media: Cultural and Social Scientific Perspectives on Audience Research*）一书中[③]，编者就用了"媒介的社会使用"这样一个主题来概括当下欧洲传播研究的特征，具体研究则包括"受众的活动与互动""作为社会与文化实践的媒介使用""文化、政治与技术的参与"等面向，来探讨受众活动从个体层面到社会层面的拓展。

---

① Trültzsch-Wijnen, S., "Transforming Societies-Transforming Families", in Patriarche, G., Bilandzic, H., Carpentier, N., et al. (Eds.), *Building Bridges: Pathways to a Greater Societal Significance for Audience Research*, 2014, pp. 126-130. Retrieved from http://www.cost-transforming-audiences.eu/node/1687.

② Dhoest, A., "Media, Citizenship and Social Diversity", in Patriarche, G., Bilandzic, H., Carpentier, N., et al. (Eds.), *Building Bridges: Pathways to a Greater Societal Significance for Audience Research*, 2014, pp. 119-125. Retrieved from http://www.cost-transforming-audiences.eu/node/1687.

③ Bilandzic, H., Patriarche, G. & Traudt, P. J., *The Social Use of Media: Cultural and Social Scientific Perspectives on Audience Research*. Bristol, UK: Intellect, 2012.

表 2-1　四个子课题的话语要点

子课题名称	受众的身份	受众的活动	相关的社会领域
新媒介类型、媒介素养和媒介的信任	各类媒介的使用者，涵盖未成年人、成年人、老年人等	媒介素养实践，即对媒介的运用、诠释和评估	媒介素养的政策实践
受众的互动及参与	媒介使用者、公民/公众	媒介的近用、互动和参与	政治生活中的公众参与
媒介与信息传播技术的使用在社会关系演化中的作用	融合媒体及社交媒体的使用者	新传播技术的采纳与应用	新传播技术对政治、经济、社会发展的影响
受众转型与社会整合	社会群体，包括儿童、青年人、移民家庭等	通过媒介的使用来融入社会	文化多元主义及社会融合的政策实践

资料来源：笔者整理。

此外，我们也可以看到，上述四个子课题之间未必有非常严密的逻辑关联，其研究重点可能是根据参与者，特别是子课题的召集人的兴趣而定。研究者由于某些共同话题的兴趣而聚合成多个课题组，这种方式有助于行动的开展与研究成果的集中发表。但从总体来看，整个研究设计则显得相对松散，其内在逻辑仍有待进一步发掘与提炼。

三、受众参与范式的建构：历史叙述、核心意象与方法论创新

如前所述，虽然“媒介使用—社会关系”这样一个基本框架可以概括欧洲受众研究的基本取向，但这样一个思维其实由来已久[①]，并不足以体现欧洲受众研究的最新趋势。因此，部分参与了该项目的学者试图运用知识社会学中的“范式”(paradigm)概念，来进一步探索受众研究的创新方向。

按照科学史家库恩的观点，“范式代表着一个特定的共同体的成员所共同的信念、价值观、技术等构成的整体”。[②] 社会学家瑞泽尔则认为：“范式是存在于某一科学论域内关于研究对象的基本意象(image)。它可以用来界定什么应该被研究、什么问题应该被提出、如何对问题进行质询以及在解释我们获得的答案时该遵循什么样的规则。”[③]从话语研究的角度来

---

① Renckstorf, K., McQuail D. & Jankowski, N., *Media Use as Social Action: European Approach to Audience Studies*. London, UK: Libbey, 1995.

② Kuhn, T. S., *The Structure of Scientific Revolutions*. Chicago, IL: The University of Chicago Press, 1970, p. 75.

③ Ritzer, G., "Sociology: A Multiple Paradigm Science", *The American Sociologist*, 1975(10), pp. 156-167.

看，范式可被视为学术共同体中关于研究对象的基本意象的话语建构。由于范式本身是话语建构的产物，我们就可以对研究者采用的话语策略，包括其采用的理论传统、基本概念以及概念之间的相互勾连，乃至背后的权力关系进行分析。

作为一种话语建构，受众研究中的范式区分并没有标准的定论，但可以根据本体论、知识论与价值论的差异，总结出行为主义的效果研究、诠释主义的接受分析等基本范式。[①] 近年来，有学者尝试提出受众研究的新范式，例如阿伯克龙比和朗赫斯特提出的三个范式转移[②]：从实证主义传统下聚焦媒介使用与效果研究的"行为范式"，到跟从英国文化研究传统特别是霍尔的"编码/解码模式"的"收编/抵抗范式"，再到从后现代社会理论审视受众如何透过媒介影像投射而进行自我主体建构的"观展/表演范式"。库尔德利则提出"实践范式"的建构，将媒介视为实践，而非文本和生产过程，因此受众研究也必须从更广阔的视野关注与媒介有关的全部实践，以及媒介导向实践如何组织其他社会实践。[③] 这些观点在理论建构上能够引领一个时期学术共同体的广泛兴趣和研究方向，即可称为某种"范式"。这些范式之间未必相互替代，而可能同时共存，吸引不同兴趣研究者的关注和努力。

在"转型中的受众与社会"这个项目中，"受众参与"的研究不仅是其中的一个子课题，而且可被视为当下受众研究的一个主要的创新方向，甚至可被视为建构一种新"范式"的尝试。利文斯通在《媒介的社会使用》一书的总结部分就指出，当下受众研究的重要发展，是从 20 世纪的"积极受众"(active audiences)向 21 世纪的"参与型受众"(participatory audiences)的转换。[④] 并且，她沿用阿伯克龙比和朗赫斯特在 1998 年提出的三个范式的观点，认为"参与范式"(participation paradigm)正成为第四个受众研究的范式。利文斯通指出，这些范式是累进的，而非相互替代的，但后来者代表了新的发展方向。事实上，"行为范式"与"收编/抵抗范式"依然很有影响，"观展/表演范式"亦仍有解释力，但社会环境与媒介环境的变化要求新的

---

① Schrøder, K., Drotner, K. & Murray, C., *Researching Audiences*. New York, NY: Oxford University Press, 2003.

② Abercrombie, N. & Longhurst, B., *Audiences: A Sociological theory of Performance and Imagination*. London, UK: Sage, 1998.

③ Couldry, N., "Theorising Media as Practice", *Social Semiotics*, 2004, vol. 14(2), pp. 115-132.

④ Livingstone, S., "Exciting Moments in Audience Research: Past, Present and Future", in Bilandzic, H., Patriarche, G. & Traudt, P. J. (Eds.), *The Social Use of Media: Cultural and Social Scientific Perspectives on Audience Research*. Bristol: Intellect Press, 2012, pp. 265-268.

范式来对新的现象提出新的阐释。在另一篇文章《受众研究的参与范式》中[①]，她又指出，“参与范式”的出现不仅由于理论的发展，更在于受众在一个媒介化社会中的现实地位的变迁；与“积极受众”不同，“参与”概念不仅关注受众的能动性，并且更突出受众在文化、社群、市民社会乃至民主中的介入。她的观点在其他学者的研究中也得到回响。事实上，在该项目最终的研究成果中，有关“受众参与”的研究论文数量最多，并且在一些论文集如《受众转型》（*Audience Transformations*）一书的编排结构中，受众参与也被视为核心的研究对象，而受众的媒介近用、媒介素养及社会群体结构等则被视为受众参与的前提与背景。[②] 根据这些线索，本节尝试从历史维度、核心意象及方法论三个方面归纳出学者们对“受众参与”这一范式的建构策略，从而进一步提炼出当下欧洲受众研究创新的学术理路。

（一）历史叙述：受众参与的概念演化

从知识社会学的观点来看，学术范式的演进是一个历史过程，一个新范式的出现需要特定历史背景下新知识的累积。因此，该项目的学者策划了一期题为《媒介参与的历史》的专刊[③]，从媒介史的角度对受众参与的变迁进行了梳理。研究者认为，在广播、电视与网络 1.0 时代，受众参与活动已经出现，但尚不显著；在网络 2.0 时代，参与活动成为新型受众的显著特征，并在社会与政治生活中形成广泛的影响。

尽管“受众”的概念包含着多重含义，但在研究者的历史叙述中，政治维度下的“公民受众”（citizen audiences）的身份演变更加受到关注。[④] 并且，由于公民身份的理解不能脱离民主政治的脉络，研究者不仅从媒介史本身来考察受众参与活动的变迁，而是在更广阔的背景下，将其置于政治史与媒介史的交光互影中进行动态的考察。卡彭铁尔等撰文回顾了 20 世纪以来西方社会“民主革命”与“媒介革命”的历程。[⑤] 尽管历史兼具一定

---

① Livingstone, S., “The Participation Paradigm in Audience Research”, *Communication Review*, 2013, vol. 16 (1-2), pp. 21-30.

② Carpentier, N., Schrøder, K. C. & Hallett, L. (Eds.), *Audience Transformations: Shifting Audience Positions in Late Modernity*. London, UK: Routledge, 2014.

③ Carpentier, N. & Dahlgren, P. (Eds.), “Histories of Media (ted) Participation”, *Communication Management Quarterly*, 2014 (30), pp. 7-14.

④ Butsch, R., *The Citizen Audience: Crowds, Publics and Individuals*. New York, NY: Routledge, 2008.

⑤ Carpentier, N., Dahlgren, P. & Pasquali, F., “The Democratic (Media) Revolution: A Parallel History of Political and Media Participation”, in Carpentier, N., Schrøder, K. & Lawrie, H. (Eds.), *Audience Transformations: Shifting Audience Positions in Late Modernity*. London, UK: Routledge, 2014, pp. 123-141.

的连续性与非连续性，但在总体上，政治参与的历程与媒介参与的历程是彼此交织的，整个西方社会趋向于更加的民主化、更普遍的公众参与，而媒介化的受众参与在这个过程中强化了民主发展的趋势，特别是网络 2.0 带来的新一波媒介民主化浪潮已成为当下民主政治发展的重要力量。正是在这个时代背景下，“受众参与”作为一种回应现实的新研究范式，无疑也成了学术建构的迫切任务。

丹麦学者施罗德更细致地从“范式转移”的角度将受众分析中的公民观念的演进分为五个阶段①：(1)争霸的公民身份(hegemonic citizenship，1973—1990 年)，即从 1973 年霍尔发表《编码/解码》一文，至 20 世纪 80 年代莫利(David Morley)、费斯克(John Fiske)等对受众接受活动的阐释，这个时期的公民观念主要受葛兰西主义理论的影响，强调受众在意识形态争霸中的积极地位；(2)监督式的公民身份(monitorial citizenship，大约 1985 年至今)，这个时期受到哈贝马斯的公共领域理论及“媒介的社会使用”思路的影响，研究者开始探讨受众通过电视等公共平台对政治活动的监督，公民观念渐趋实用主义色彩；(3)大众化的公民身份(popular citizenship，大约 1990 年至今)，这个时期各种电视辩论与公众参与节目兴起，研究者发现政治参与变得娱乐化了，媒体提供信息的功能与娱乐功能渐趋模糊，而受众的文化消费者身份与公民身份也变得混合；(4)参与式的公民身份(participatory citizenship，大约 2000 年至今)，随着网络与数字媒体的发展，新型受众的互动活动与“使用者自生内容”成为关注的焦点，并且作为一种政治参与活动重塑“生活政治”的实践形态；(5)“无所不在”的公民身份(ubiquitous citizenship，大约 2005 年至今)，随着社交媒体等新媒介形态的发展，一切社会生活都被媒介化了，受众成为无所不在的公民行动者，同时也对受众研究构成了新的挑战。施罗德指出，上述历史阶段的划分并非彼此替代，而是可以相互重合的；后四种公民身份，至今都在受众研究中共存。按照这个线索，至少从第三个阶段开始，“受众参与”的观念就开始出现，其实践形态则从电视节目的参与讨论发展到今日新媒介环境的各种内容生产与政治参与。

---

① Schrøder，K. C.，“From Semiotic Resistance to Civic Agency：Viewing Citizenship through the Lens of Reception Research 1973-2010”，in Bilandzic，H.，Patriarche，G. & Traudt，P. J.(Eds.)，*The Social Use of Media：Cultural and Social Scientific Perspectives on Audience Research*. Bristol，UK：Intellect Press，2012，pp. 181-200.

（二）核心意象：媒介化世界中的公众参与

回顾受众研究的历史，不难发现已有的范式都有一些核心的概念，比如收编与抵抗，观展、表演与身份认同，等等，这些核心概念又汇聚成范式中关于研究对象的核心意象。在这里，我们也可以借用布鲁默的术语“敏感性概念”（sensitizing concept）来理解核心意象的建构。[①] 与实证研究操作方法的“限定性概念”（definitive concept）不同，基于诠释主义方法论的“敏感性概念”是那些能够帮助研究者明白“观察什么、观察何处”的概念，研究者可以通过灵活地接近该概念所指涉的经验世界，以及通过评价实际事件与概念之间的差别来改进和完善概念的效力，从而逐渐获得清晰的认知意象。[②]

那么，对于“受众参与”范式，“受众”和“参与”无疑是两个核心的敏感性概念。从话语分析的角度来看，这两个概念都是“浮动的能指”，在不同的学术理论脉络中可以建构不同的意义。首先，对于“受众”而言，其延续了媒介使用者、消费者、族群、公民等多重身份，并尤其突出政治维度下的公民与公众身份。利文斯通曾借鉴哈贝马斯对“系统”（国家与经济）与“生活世界”（公共领域和私人领域）的定义，区分受众在不同社会领域中的角色（见表 2-2）。[③]

表 2-2 反映了受众具有多样的身份认同，在不同的领域中扮演了宣传对象、积极公民、市场消费者、个人生活的意义阐释者等多种角色。这个现象在“转型中的受众与社会”项目报告中亦被提及[④]，而且各个子课题都不同程度地涉及这些社会领域。在这些领域中，国家与公共领域中的受众角色，即公民与公众的身份，尤其吸引了更多的关注，因为“受众参与”范式的核心诉求正是要扭转受众在政治生活中的消极地位，扩大公民对于国家权力的监督与公共领域的政治参与。

---

① Blumer, H., “What is Wrong with Social Theory?”, *American Sociological Review*, 1954, vol. 9 (1), pp. 3-10.

② Ritzer, G., *Sociological Theory*. New York, NY: McGraw-Hill, 1992, p. 365.

③ Livingstone, S., “in Defence of Privacy: Mediating the Public/Private Boundary at home”, in Livingstone, S. (Ed.), *Audiences and Publics: When Cultural Engagement Matters for the Public Sphere*. Bristol, U K: Intellect Press, 2005, p. 173.

④ Bjur, J., Bolin, G. & Nyre, L., “The Anticipated Co-creative, and Co-designed Nature of Researcher-stakeholder Relationships”, in Patriarche, G., Bilandzic, H., Carpentier, N., et al. (Eds.), *Building Bridges: Pathways to a Greater Societal Significance for Audience Research*, 2014, pp. 15-29. Retrieved from http://www.cost-transforming-audiences.eu/node/1687.

表 2-2　媒介与受众在相关社会领域的角色

领域	角　色	
	公共：受众作为公民	私人：受众作为消费者
系统：受众作为对象	**国家** 法治与规制框架下的媒介，包括“第四权”的保护； 受众作为媒介教育、内容指导和控制的对象	**经济** 媒介产业、媒介市场、媒介的商业与广告逻辑； 受众作为商品或市场，以收视率、市场占有率、需求为特征
生活世界：受众作为行动者	**公共领域** 媒介作为民主辩论的论坛、媒介化的社群参与和公共文化； 受众是积极介入的、主动获知的参与，并具有抵抗能力	**个人或私密领域** 媒介为认同、关系和生活方式提供图像、愉悦、习惯和商品； 受众是选择性的、诠释性的、追求快感的、在认同建构方面具有创造性的

此处涉及另一个核心概念“参与”的定义。如前所述，该项目通常将“参与”理解为受众在媒介平台中进行的内容生产活动，以及受众通过媒介平台进行的政治与社会参与活动等。从话语分析的角度来看，该概念包含更丰富的理论脉络的话语建构，包括文化研究脉络下受众积极创作的集体智慧[①]，民主理论中最大化的公民参与乃至政治抗争[②]，政治经济学中对阶级不平等的关注及所有权民主的诉求，[③]等等。该项目的学者也指出，“参与”是一个表意如此丰富的概念，研究者可以从不同的取向进行定义和探究，而不必定于一尊。卡彭铁尔和达尔格伦建议，对“参与”的概念进行理论化考察可以采取两种策略，一是将其与其他相关的理论概念或理论传统（如民主理论、社会资本理论等）联系起来，二是将其与一个具体话题或研究领域（例如青年人对社交媒体的运用）联系起来，由此充实受众参与的研究。[④] 从话语建构的角度来看，即将核心的概念与相关的理论脉络、研究对象等进行连接，从而形成开放的、多元的话语结构。

尽管受众参与的研究是开放的，纵观该项目的研究成果，对于新媒介环境的考察仍是此类研究开展的基本前提。其中，“跨媒体”(cross-media)

---

① Jenkins, H. , *Convergence Culture: Where Old and New Media Collide*. New York, NY: New York University Press, 2006.

② Carpentier, N. , "The Concept of Participation, If They Have Access and Interact, Do They Really Participate?", *Communication Management Quarterly*, 2011 (21), pp. 13-36.

③ Fuchs, C. , *Social Media: A Critical Introduction*. London, UK: Sage, 2014.

④ Carpentier, N. & Dahlgren, P. , "Introduction: Interrogating audiences: Theoretical horizons of participation", *Communication Management Quarterly*, 2011, (21), pp. 7-11.

亦是该项目研究成果中频繁出现的一个概念。研究者认为，跨媒体现象已成为当今媒介景观的最显著特征之一。[①] 媒介技术的融合打破了过去的媒体边界，不同的媒体服务可以在一个技术平台上汇聚，同时，内容生产者可以将一个信息编制成不同的形式在不同的媒介平台传播，来吸引不同类型的受众的关注。施罗德认为，跨媒体并非一个全新现象，历史上的受众其实一直是跨媒体的，他们可以同时使用报刊、广播、电视等多种媒体；但不可否认，今天的跨媒体现象是更加的无缝、混合和复杂。他还提出研究跨媒体现象的两种视角：一种是“媒介选择”的视角，主要采取心理学的框架，考察媒介使用者对不同媒介与内容的接触及产生的效果；另一种是“媒介化世界”的视角，主要采取社会文化研究的框架，考察媒介使用者对不同媒介和内容接触后对社会与日常生活的理解及意义建构。两种视角对于跨媒体环境下的受众研究都各有所长。[②]

在“转型中的受众与社会”项目中，“媒介化”或“中介化”的概念及理论视角更受学者们的青睐。“媒介化”(mediatization)与“中介化”(mediation)是当下欧洲传播研究关注的理论焦点之一。简而言之，“媒介化”是指日常实践和社会关系日益由中介技术和媒介组织所形塑的元过程；“中介化”的含义则更加开放，可以泛指两个主体的调解过程，即意义建构的中介化，在传媒研究中常用来指涉社会主体通过传媒而实现的互动与建构过程。[③] 比较而言，“媒介化”更突出媒介在社会变迁中的主因作用，即社会关系如何被媒介技术与组织所形塑的，“中介化”则体现了人的主动性与媒介的工具性，即社会主体利用媒介技术与组织而展开的交往过程。[④] 在受众参与研究中，“中介化”概念的主动含义亦与“受众”的能动性吻合，因为一个无所不在的媒介化世界使得“受众”可以更加积极地“驯化”媒介技术为其所用，来展开其日常生活乃至社会文化的意义建构。在这个社会建构的层面上，由于新传播技术的驱动，“受众参与”范式的追求更超越了“中介化”理论的

---

① Bjur, J., Schrøder, K. C., Hasebrink, U., et al., “Cross-Media Use: Unfolding Complexity in Contemporary Audiencehood”, in Carpentier, N., Schrøder, K. & Lawrie, H. (Eds.), *Audience Transformations: Shifting Audience Positions in Late Modernity*. London, UK: Routledge, 2014, pp. 15-29.

② Schrøder, K. C., “Audiences Are Inherently Cross-Media: Audience Studies and Cross-Media Challenge”, *Communication Management Quarterly*, 2011, vol. 18 (6), pp. 5-27.

③ 唐士哲：《重构媒介？“中介”与“媒介化”概念爬梳》，《新闻学研究》2014 年总第 121 期，第 1-39 页。

④ Livingstone, S., “On the Mediation of Everything”, *Journal of Communication*, 2009, vol. 59 (1), pp. 1-19.

学者西尔维斯通所表达的媒介的“家居化”的范畴，而面向一个新型的媒介化世界中蕴含的更广阔的社会与政治生活。①

通过上述核心概念的梳理，我们可以发现，“受众参与”范式作为一个开放的话语建构，仍有其核心的研究意象，即转型中的媒介化世界的公民参与。正如利文斯通所指出的，在当今时代，受众不再仅仅坐在起居室欣赏广播电视的休闲节目，而正日益嵌入现代性的复杂而多样的社会结构中，涵盖了国家、经济、公共领域和私人领域等各个领域。② 在这个背景下，“公民参与的媒介化”，特别是新媒介情境下各种新兴的形式多样的政治参与乃至政治抗争，尤其成为“受众参与”范式下引人注目的研究领域，值得研究者从不同的理论路径上持续地开拓与创新。③

（三）方法论创新：参与式的受众研究

从知识的话语建构策略来看，范式的建立不但需要理论话语的支持，也需要方法论话语的支撑。④ 在“转型中的受众与社会”项目中，学者们专门就方法论创新的议题进行了探讨，并出版了论文集《受众研究方法论：在创新与巩固之间》(*Audience Research Methodologies：Between Innovation and Consolidation*)。⑤ 这些讨论并不专门针对受众参与的研究，但对受众参与的研究也有普遍的启发意义。研究者认为，创新与巩固是一个光谱的两端。一方面，在新媒介环境下，研究者需要采取新的工具（如“大数据”、社会网络分析等）来分析 Web2.0 条件下的参与型受众的新特征；另一方面，基本的方法论和研究方法并没有过时，我们不能盲目追逐潮流而忘记根本。

就创新的方面而言，研究者较多地论及参与式的、可沟通的研究方法。丹麦学者延森认为，受众研究方法论的发展需要关注三个核心理念：可沟通的媒介——网络化传播的新媒介；可沟通的受众——具有参与性、反思

---

① Silverstone，R.，*Television and Everyday Life*. London，UK：Routledge，1994.

② Livingstone，S.，“Exciting Moments in Audience Research：Past，Present and Future”，in Bilandzic，H.，Patriarche，G. & Traudt，P. J.（Eds.），*The Social Use of Media：Cultural and Social Scientific Perspectives on Audience Research*. Bristol：Intellect Press，2012，pp. 265-268.

③ Lunt，P.，Kaun，A.，Pruulmann-vengerfeldt，P.，et al.，“The Mediation of Civic Participation：Diverse Forms of Political Agency in a Multimedia Age”，in Carpentier，N.，Schrøder，K. & Lawrie，H.（Eds.），*Audience Transformations：Shifting Audience Positions in Late Modernity*. London，UK：Routledge，2014，pp. 142-156.

④ Jensen，K. B.，*The Social Semiotics of Mass Communication*. London，UK：Sages，1995，p. 63.

⑤ Patriarche，G.，Bilandzic，H.，Jensen，J. L.，et al.（Eds.），*Audience Research Methodologies：Between Innovation and Consolidation*. London，UK：Routledge，2014.

性的受众；可沟通的研究者——研究者要采取创造性的方式，与研究对象一起参与社会变迁的过程。[①] 延森特别指出，过去的研究侧重于受众的（定量的）测量与（定性的）诠释，在新媒介环境下研究者更需要更新对“受众”的想象——受众如何想象其自身、人们如何想象受众、利害相关者（如新闻从业者）如何想象其受众，以及研究者如何想象“受众”。只有更新传播研究的想象力，才能创新地运用多种研究方法，开启受众参与研究的新篇章。

《受众研究方法论》一书的总论部分指出，受众研究方法论创新需要把握三个关键字：“全面的”（holistic）、“关系的”（relational）和“参与的”（participatory）。[②] 全面的方法论，意味着受众研究不能仅仅关注受众对某个媒介产品的使用、接受或效果等单个面向，而需要全面地把握受众作为公众、社群、社会网络、消费者等多重身份的互动与参与活动，这就要求研究者更自觉地综合运用多种定性与定量研究方法进行测量、诠释与想象。关系的方法论是指研究者与研究对象之间建立一种信任与合作的关系，才能把握网络化受众的动态特征。这又涉及参与的方法论，即研究者要更多地采取参与式研究的方法，让研究对象介入研究过程的各阶段来探讨和解决问题，从而展现研究对象的反思性与批判性能力。这样也就实现了从“参与范式”到“参与式方法论”的具体实施。

举例而言，在一项爱沙尼亚博物馆受众研究中，研究者借鉴了媒体受众研究的思路来分析博物馆这种特殊的媒介的受众参与活动。[③] 研究者从文化场域、经济场域及政治场域三重逻辑来阐释博物馆受众的参与趋势，然后采取“局内人行动研究”（insider action research）的方法论，介入博物馆组织当中来干预受众的参与活动，进而通过问卷调查、访谈、多点的参与观察等多种方法来搜索量化和质化、线上与现场的资料进行分析。这个研究既反映了媒介及受众参与的丰富含义，也是上述方法论创新思路的体现。

---

① Jensen, K. B., “Audiences, Audiences Everywhere—Measured, Interpreted and Imaged”, in Patriarche, G., Bilandzic, H., Jensen, J. L. et al. (Eds.), *Audience Research Methodologies: Between Innovation and Consolidation*. London, UK: Routledge, 2014, pp. 227-239.

② Patriarche, G., Bilandzic, H., Jensen, J. L., et al. (Eds.), *Audience Research Methodologies: Between Innovation and Consolidation*. London, UK: Routledge, 2014, pp. 11-12.

③ Pruulmann-Vengerfeldt, P., Tatsi, T., Runnel, P., et al., “Researching Audience Participation in Museums: A Multimethod and Multisite Interventionist Approach”, in Patriarche, G., Bilandzic, H., Jensen, J. L. et al. (Eds.), *Audience Research Methodologies: Between Innovation and Consolidation*. London, UK: Routledge, 2014, pp. 87-106.

四、总结：欧洲受众转型研究与受众参与范式的启示

至此，本节从知识社会学的思路出发，着眼于知识生产与社会脉络之间的互动关系，已对“转型中的受众与社会”项目的架构、各子课题的研究思路及其社会意义进行了介绍，并尝试对其中蕴含的“受众参与范式”作为一种话语建构的内在逻辑进行了阐述。作为一个大型的跨国研究项目，由于参与者众多，也导致其明显的局限：整体框架设计相对松散；研究成果之间彼此缺乏深度的联系和整合。尽管如此，我们仍可从中获得对当下欧洲受众研究的学术话语特征和发展趋势的一些基本认识和启发。

首先，从学术话语的取向来看，欧洲受众研究已打破行政取向与批判立场、实证研究与诠释研究的边界，体现出不同研究思路融合发展的特征。从欧洲各国受众研究的历史来看，美式的实证研究与英式的文化研究确实是两大主导性的传统，不同国家和地区的学术社群对其有不同程度的偏重。而在整体上，理论与方法论的融合是大势所趋。项目参与者在讨论研究者与利害相关者的关系时，也提及拉扎斯菲尔德的经典论文《论行政与批判的传播研究》[①]，他们并非在重复行政取向与批判立场差异的老调，而是试图探讨二者相容的可能性。[②] 事实上，“转型中的受众与社会”项目就具有浓厚的“行政”研究的色彩：其资金来源于欧洲科学与技术合作项目，该项目的管理部门必然要求项目具有实用的社会价值；其执行过程中充分考虑了政府、市场与市民社会组织等利害相关者的需求，从中获得配合与支援，也给予知识的回馈。项目研究者并不放弃批判的立场，他们将“批判”理解为对于权力关系的规范性思考，并将受众的互动及参与活动和更高层次的商议性与参与性的民主生活联系起来。同样，在方法论方面，实证、量化的研究与诠释、质化的研究方法的融合也是大势所趋，如何在新媒介环境下探讨具体的研究方法和策略的创新才是紧要的问题。从知识社会学的角度而言，行政研究与批判研究的融合一定程度上反映了欧洲受众研究可能被“权力机构”收编而显现出实用化的趋向；但另一方面，研究者

---

① Lazarsfeld, P. F., “Remarks on Administrative and Critical Communications research”, *Studies in Philosophy and Science*, 1941 (9), pp. 3-16.

② Bjur, J., Bolin, G. & Nyre, L., “The Anticipated Co-creative, and Co-designed Nature of Researcher-stakeholder Relationships”, in Patriarche, G., Bilandzic, H., Carpentier, N., et al. (Eds.), *Building Bridges: Pathways to a Greater Societal Significance for Audience Research*, 2014, p. 15. Retrieved from http://www.cost-transforming-audiences.eu/node/1687.

仍然保持批判的意识，以及理论与方法论自主运用的学术意识，又说明其作为一个学术场域仍有相当的自治性。

其次，从学术话语关切的对象来看，欧洲受众研究始终将受众活动置于广阔的社会环境中进行考察，并且随着社会环境的变化而更新发展；在这个意义上，受众研究具有一种公共知识的特征。如前所述，欧洲的受众研究普遍地将受众的媒介使用作为一种社会行动或社会实践来考量，而不仅仅是一种个人的行为。"受众参与范式"的出现和探讨就是对此前流行的以家庭为主要环境的电视观众研究以及"观展/表演"研究的一个突破，即在新媒介环境下重新把受众研究的焦点拉回到更广阔背景的国家与公共领域的社会和政治参与。这种参与范式的建构，既有历史维度的公民观念的梳理，也有理论维度上受众与社会权力运作的逻辑分析，特别是跨媒体环境下国家与公共领域的中介化对公民参与积极影响的探讨，同时还有方法论层面的参与式研究的创新思路的支持。由此，我们可以看到，欧洲受众研究历来包含着一种公共知识的特征，其知识生产并不限于象牙塔里的高深学问，而是为了认识社会乃至影响社会，而在新媒介环境的受众参与范式中，这种社会介入的公共特征表现得尤其分明。[①] 从知识社会学的意义而言，这也印证了学术知识的生产与传播必须将其置于其特定社会情境来审视。由此可以延伸的一个问题是：这种公共知识的生产，在社会上产生的实际影响又如何？就该项目而言，这也是一个可以继续探讨的问题，但由于目前缺乏评估的资料，较难作出评价，这是本研究的一个不足。

最后，从学术话语的传播与对话的角度来看，尽管欧洲受众研究扎根于特定的社会脉络，其他社会脉络的研究者不可能照搬其研究思路；但由于数字媒介及跨媒体融合发展趋势的共通性，"受众参与范式"的研究趋势仍有重要的参考价值。如前所述，欧洲受众研究具有其民主政治、市场经济、市民社会、多元文化及媒介体制的具体背景，以及在此基础上追求更高品质的公共生活和可持续发展的生活方式的价值观念。一方面，这种社会背景与理念具有一定的独特性，与北美、东亚或其他发展中国家的社会文化脉络都有差异，因而其理论思路不可能被简单挪用与复制。但另一方面，新媒介技术带来的媒介融合环境的再造在全球范围已是普遍现象，受众的互动及参与特征在各个国家和地区间有共通之处，因而欧洲学者在这

---

① Buckingham, D., "Representing Audiences: Audience Research, Public Knowledge, and Policy", *Communication Review*, 2013, (16), pp. 51-60.

个领域的研究思路也具有一定的参考价值；特别是其着重于受众与社会领域之关联的分析思路，丰富了受众的概念和多元研究进路。如今，受众研究领域的比较研究方兴未艾[①]，“转型中的受众与社会”项目中的一些学者也提议在欧洲内部以及国际范围内进行比较研究，那么，华人学者同样也应当保持比较的视野，在可行的范围和议题内开展比较研究，从而推动国际受众研究领域的学术对话与知识创新。

---

① Butsch，R. & Livingstone，S.（Eds.），*Meanings of Audiences：Comparative Discourses*. London，UK：Routledge，2014.

第三章 批判话语研究及其在媒介研究中的应用

在探讨了媒介化政治与受众(公众)参与的理论后,本章将转向话语研究的方法论探讨。我们知道,现有的媒介化政治研究已经展开各种形式的经验研究,但是,如何将媒介化研究的理论逻辑与社会科学研究的分析逻辑有效地整合起来展开具体的研究,仍然面临相当大的挑战。本章认为,媒介内容和话语的研究是媒介化理论应用于经验研究的重要途径。尤其是批判话语研究,对于分析媒介化政治的象征建构和权力逻辑具有独到的解释力。

本章所谓的"批判话语研究"(critical discourse studies,CDS),指的是广义的、采取多元理论路径的,关于语言、话语、权力和意识形态的研究,而不仅将话语分析视为一种操作性的研究方法。本章包括两节:第一节基于《媒介话语的进路》一书,简要介绍批判话语分析在媒介研究中的发展趋势;第二节则通过三家 SSCI 期刊 2016—2020 年刊载的媒介话语研究论文的扎根理论编码分析,来检视媒介话语研究的特征与趋势。在本书后面的章节中,我们也主要采取批判话语研究的方法,结合媒介化政治的理论思路来展开具体的研究。

第一节 作为社会解释的媒介话语分析 ——解读《媒介话语的进路》[①]

话语分析作为一种研究方法,始于 20 世纪 50 年代语言学内部的一场革命,并从 60 年代起推动了其他人文社会科学的语言学转向。在国内新闻传播学领域,自范·戴克的《作为话语的新闻》[②]和费尔克拉夫的《话语与社会变迁》[③]翻译出版以来,媒介的话语分析逐渐为研究者所熟知。然

---

① 本节修订自徐桂权、章震:《作为社会解释的媒介话语分析——解读〈媒介话语的进路〉》,《新闻记者》2017 年第 10 期,第 82-88 页(人大复印报刊资料《新闻与传播》2018 年第 3 期全文转载)。

② 梵·迪克:《作为话语的新闻》,曾庆香译,北京:华夏出版社,2003 年。(此书的作者姓名在正文中统一译为范·戴克。)

③ 诺曼·费尔克拉夫:《话语与社会变迁》,殷晓蓉译,北京:华夏出版社,2003 年。

而，对于这种方法的学术脉络及其内部丰富多样的研究进路，现有的译介著作所涉的范围依然比较有限。由中国人民大学出版社2016年出版、艾伦·贝尔与彼得·加勒特编著的《媒介话语的进路》一书[①]，为我们进一步打开了媒介话语研究的学术地图，也成为管窥这一学术领域发展趋势的一个窗口。

《媒介话语的进路》由话语研究领域著名学者撰写的九篇论文构成，呈现了媒介话语研究的多元进路，包括批判话语分析、文化研究、谈话分析、接受分析、版面设计分析等，并运用于报纸、广播和电视等多种媒介形态的文本之中，涵盖了言语和声音效果、图像等更宽泛意义上的信息和内容。通过此书来把握媒介话语研究的学术领域，我们认为其启发意义有三：媒介话语的研究趋势应从语言的文本分析走向深度的社会解释；其研究焦点从揭示语言的文本结构走向批判社会权力结构；其研究视野也从内在的媒介文本结构走向涵盖媒介生产—文本—受众等多环节的动态建构过程。下面将围绕这三个方面的研究逻辑和脉络进行探讨。

一、从语言的文本分析走向深度的社会解释

作为一个学术概念，话语分析(discourse analysis)首现于1952年美国结构主义语言学家哈里斯在美国*Language*杂志上发表的《话语分析》一文[②]，它标志着语言学研究从探究抽象的语言体系转向语言的实际使用研究。语言学家们对话语和话语分析的定义各有不同，但一般认为话语是大于句子的单位，其研究重点是超句结构和语言的交际功能。自20世纪六七十年代起，话语分析成为社会语言学、语用学、语言哲学、心理语言学和计算机语言学等多学科共同关注的研究领域，而对于语言文本的分析始终是话语分析的基本切入点。

作为人类言语活动的基本组成，媒介话语无疑是话语研究的一个重要对象，自然也受到学者们的青睐。比如早期的语言学进路的话语分析，主要用语言学的概念和方法来探究新闻文本的结构特征，代表作有罗杰·福勒的《新闻中的语言》[③]和艾伦·贝尔的《新闻媒体的语言》[④]。随着研究的

① 艾伦·贝尔、彼得·加勒特编，《媒介话语的进路》，徐桂权译，北京：中国人民大学出版社，2016年。英文原著为Bell，A. & Garrett，P.(Eds.)，*Approaches to Media Discourse*. Oxford：Blackwell，1998.

② Harris，Z.，"Discourse Analysis"，*Language*，1952，Vol. 28(1)，pp. 1-30.

③ Fowler，R.，*Language in the News*. London：Routledge，1991.

④ Bell，A.，*The Language of News Media*. Oxford：Blackwell，1991.

深入，学者们发现，媒体的话语素材不但容易获及，而且“媒体的使用影响和再现了一个言语社群中人们对语言的运用和态度”，并且“反映和影响着文化、政治与社会生活的构成和表达”。[①] 换言之，媒介话语的研究不仅关注媒介的语言文本自身，而且可以帮助我们从广阔的社会情境中理解语言、媒介和社会的复杂关系。《媒介话语的进路》就呈现这样的研究旨趣，这些进路都密切关注媒介文本的形式，也不同程度地受到社会和政治分析的影响。

如何从表层的语言文本分析切入到更深层次的社会与政治文化的深度解释？帕迪·斯坎内尔在此书的《媒介—语言—世界》一文中总结了三种元理论层面的进路，即意识形态的进路、实用的进路和现象学的进路，颇具启发意义。[②]

首先，“意识形态”是批判的媒介研究不可回避的一个核心概念，也是批判话语分析将社会语境与文本分析连接起来的切入点。从马克思的《德意志意识形态批判》到法兰克福学派的文化工业理论，再到霍尔领衔的伯明翰学派的文化研究，都为媒介话语的意识形态分析提供了理论资源。在《媒介话语的进路》一书中，意识形态的进路主要体现在范·戴克、费尔克拉夫和艾伦的文章中，其研究的指向和任务就是在语言或文本中找寻隐藏的意识形态，并剖析其内在的权力关系。所以，这种进路本身暗含了一个观点，就是我们不应把媒介和语言当成自然的或既定的现象，而应该将其视作一种现实的社会建构。例如，艾伦在《新闻在此：电视新闻话语与领导权建构》中指出，电视新闻的再现过程“完全不是‘彼处世界’的中立反映，而是对于一个诠释社会生活的惯例规则的再肯定”。[③] 这些新闻节目通过“现在—在此”的政治格局的话语建构而对社会的权力关系进行再生产，进而对其领导权进行再建构。斯坎内尔也将这一进路归纳为“怀疑的解释学”。在这种进路中，无论语言或媒介都是不可信赖的，研究的最终指向都不仅是语言或媒介本身，而是关于意识形态的深度解释与批评工作。[④]

与意识形态的进路相反，实用的进路将媒介和语言视为自然的社会现

---

① 艾伦·贝尔、彼得·加勒特：《媒介与话语：一个批判性的概述》，载艾伦·贝尔、彼得·加勒特编：《媒介话语的进路》，徐桂权译，北京：中国人民大学出版社，2016 年，第 3 页。

② 帕迪·斯坎内尔：《媒介—语言—世界》，载艾伦·贝尔、彼得·加勒特编：《媒介话语的进路》，徐桂权译，北京：中国人民大学出版社，2016 年，第 197-211 页。

③ 斯图尔特·艾伦：《新闻在此：电视新闻话语与领导权建构》，载艾伦·贝尔、彼得·加勒特编：《媒介话语的进路》，徐桂权译，北京：中国人民大学出版社，2016 年，第 85 页。

④ 关于意识形态的解释学研究，亦可参见约翰·B.汤普森：《意识形态与现代文化》，南京：译林出版社，2012 年。话语分析可被视为这种意识形态解释学的具体研究策略。

象,即按照世界原来预期的样式呈现它的可能性,可以毫无成见地将它们看作简单、常规和日常的工作。斯坎内尔将这种思路称作"信任的解释学"。在书中,接受分析和谈话分析就是这种进路的主要代表。以谈话分析为例,格雷特巴奇在《谈话分析：英国新闻访谈中的中立主义》一文中指出,访谈中维持中立主义的一个主要原因在于,访谈作为一种制度性安排,规定了采访者和受访者的角色,也包含了访问者提问、受访者回答的基本规范。在某种程度上,这种"互动的制度化"促使访谈持续进行,维持访谈中体现的对常规意义的信任。所以,新闻访谈自然不同于日常中的谈话,而把社会、媒介甚至观众都纳入这种语境化的过程中。[①] 而实用的话语分析进路正是要不带政治意识形态预设地考察媒介话语自身的特性,特别是着力呈现其作为日常生活中个体参与的话语互动行为的社会意义。

在对以上两种进路进行讨论后,斯坎内尔尝试从本体论层面提出他关于"媒介—语言—世界"的一种现象学进路。他将意识形态的进路(怀疑的解释学)视为"怀疑的存在",将实用的进路(信任的解释学)视为"无疑的存在"。那么,斯坎内尔所遵循的现象学进路的目标则是获得对这些存在的"本体性"理解,而并非认识论意义上的知识。对此,斯坎内尔曾有精彩的论述:"认识论的目标是关于事物的知识,而本体论的目标是对存在的理解。知识总是尚未被认识的,而理解总是已经发生的。知识的结果是权力,而理解的结果是真相。现代性已经将真相降级,而将其看作知识与权力的总和。但真相是另一棵树上的果实。"[②]

斯坎内尔认为,无论是意识形态的进路或实用的进路,都有助于沿着"权力/知识"或"理解/真相"的轴线来认识媒介的话语,二者不可或缺,都体现了媒介话语研究路径的多元性。而他倡导的现象学的进路,并非对二者的替代,而是在本体性的层面理解媒介、语言和世界的关系,从而启发我们进一步将媒介话语的研究从文本层次的探讨引入社会现象学的深度解释当中。

二、从揭示文本结构走向批判社会权力结构

虽然按照斯坎内尔的观点,媒介话语分析可以分为意识形态的进路与实用的进路,二者都有独到的价值,但这本书中多数的研究者还是更青睐

① 戴维·格雷特巴奇:《谈话分析：英国新闻访谈中的中立主义》,载艾伦·贝尔、彼得·加勒特编:《媒介话语的进路》,徐桂权译,北京：中国人民大学出版社,2016 年,第 131-148 页。

② 帕迪·斯坎内尔:《媒介—语言—世界》,载艾伦·贝尔、彼得·加勒特编:《媒介话语的进路》,徐桂权译,北京：中国人民大学出版社,2016 年,第 210-211 页。

于揭示意识形态与权力关系的批判研究取向。贝尔和加勒特甚至在全书导言中将“批判话语分析”(critical discourse analysis)视为一个可以共享的、包含多种进路的基本框架。他们认为：“批判话语分析具有一个详尽的社会政治议程，一种揭示和见证那些潜藏在社会谈论方式之下的权力不平等关系的关切，尤其要揭示话语在再生产或挑战社会政治的主宰方面的角色。媒介是批判话语分析的一个特殊对象，因为它们显然在话语承载方面扮演了关键的角色。”①从学术知识产生的社会语境来看，20世纪世界局势动荡不安、政经结构变迁以及文明冲突等问题，给研究者提供了诸多研究对象，包括反思权力对于媒介的渗透和影响，研究者采取批判的意识形态的进路显然更能抓住这些社会的重大问题。

从话语分析的发展历程来看，批判话语分析源于批评语言学的研究。罗杰·福勒等语言学者尝试将批判理论与语言学的分析方法结合起来，揭示语篇中所隐含的意识形态领域的控制和统治关系，并研究语篇在再现和加强控制、统治中的具体作用。② 从20世纪80年代起，批判话语分析作为一种新路径出现并发展，其对“话语”的界定不再局限于口头和书面语言，而拓展至更广阔的社会语言的实践。受福柯等社会理论家的影响，研究者将话语视为在特定历史阶段产生的与社会实践关系密切的陈述，是社会生活的重要组成部分。在批判话语分析中，语言的使用目的受到极大关注，因为使用目的的差异导致了对意义的争夺，而对意义的争夺则是对现实利益争夺的反映，因此语言中的权力问题无法回避。诺曼·费尔克拉夫等学者越来越认识到，“语言使用中的变化形式是与广泛的社会文化过程联系在一起的”。③ 因此他们将语言学视角与社会理论的视角结合，将语言的文本分析与社会实践分析相结合，考察社会变迁过程中语言扮演的角色，注重从社会制度和社会构成这一较高层次寻求解释话语的原因，对隐藏在语言中的权力问题作更精细的经验分析，强调社会制度、社会变革与话语的互动关系和过程。在媒介话语分析领域，研究着重将媒介话语的生产与接收置于媒介组织和更大的社会语境中进行考察，代表作有范·戴克的《作为话语的新闻》④、费尔克拉夫的《媒介话语》⑤等。

---

① 艾伦·贝尔、彼得·加勒特：《媒介与话语：一个批判性的概述》，载艾伦·贝尔、彼得·加勒特编：《媒介话语的进路》，徐桂权译，北京：中国人民大学出版社，2016年，第5页。

② Fowler, R., Bob Hodge, B., Kress H., et al. (Eds.), *Language and Control*. London: Routledge, 1979.

③ 诺曼·费尔克拉夫：《话语与社会变迁》，北京：华夏出版社，2003年，第100页。

④ Van Dijk, Teun, A., *News as Discourse*. Hillsdale, NJ: Erlbaum, 1988.

⑤ Fairclough, N., *Media Discourse*. London: Edward Arnold, 1995.

在《媒介话语的进路》一书中，范·戴克和费尔克拉夫分别贡献了一篇体现其媒介话语研究思路的作品。在《媒介中的意见与意识形态》一文中，范·戴克认为，意识形态维系和再生产社会冲突、统治和不平等，因此我们有必要对其与媒介话语的复杂关系进行研究。他以《华盛顿邮报》一篇关于卡扎菲的评论文章为例，通过文本的细致分析和语境关照，深入揭示媒介文本（意见）背后隐藏的意识形态。研究发现，意识形态的话语主要在"我们 vs. 他们"的两极化策略中被实施，即正面的自我再现和负面的他者再现，其背后遵循的是"我们"的最大化利益建构的评价性逻辑。

在文章的结尾，范·戴克还给出了实用的意识形态分析建议：(1)检视话语的语境；(2)分析哪个群体、权力关系和冲突是被涉及的；(3)寻找关于"我们"和"他们"的正面和负面的意见；(4)清楚地说明预设和暗含的意义；(5)检视所有强调（或不再强调）两极化的群体意见的形式结构。此外，研究者还要系统考察媒介文本的背景、语境、意识形态范畴、两极化、隐匿和形式结构。这样才能超越媒介文本的描述层面，挖掘文本背后更深层次的社会内涵。①

作为批判话语分析的另一位主将，费尔克拉夫也认可从社会语境层面来理解话语，其基本思路是从文本、话语实践和社会实践三个层面来解析话语生产及其与社会权力的关系。在《媒介中的政治话语》一文中，费尔克拉夫将政治话语视为一种"话语秩序"——这个概念借鉴了福柯的思想，意指与既定的社会领域相关联的文类或话语，例如政治话语、经济话语等。费尔克拉夫关心的问题是：当代的政治话语秩序是如何被形构的？其变化的主要趋势是什么？通过对《今日》节目的个案研究，他发现，这种访谈节目似乎是一种民主化的运动，但它同时是一种制度化控制的民主化。尽管普通人的声音表达了对一些权威的偏离，但对话所体现的"商谈化"毕竟是自上而下嵌入的，普通人几乎不可能对它进行控制。这就说明，媒介话语并非完全平等的，往往代表某一群体和阶级的观点。②

费尔克拉夫还提出影响当代话语秩序的两种普遍趋势：话语的"商谈化"和话语的"市场化"。前者是指公共的话语秩序被日常生活（"话语世界"）的话语秩序的商谈实践殖民化，后者是指教育等公共服务领域以市场的话语实践模式来重构公共话语秩序。显然，这种趋势依旧在发生，其影

---

① 托伊恩·范·戴克：《媒介中的意见与意识形态》，载艾伦·贝尔、彼得·加勒特编：《媒介话语的进路》，徐桂权译，北京：中国人民大学出版社，2016 年，第 17-52 页。

② 诺曼·费尔克拉夫：《媒介中的意识形态：一个分析框架》，载艾伦·贝尔、彼得·加勒特编：《媒介话语的进路》，徐桂权译，北京：中国人民大学出版社，2016 年，第 114-130 页。

响是公共领域的压缩，娱乐话语和消费主义的盛行。

因此，话语研究者们并不仅仅停留在揭示文本结构的层面，他们还试图通过对媒介和话语实践的深层次阐释，找到形塑话语实践的诸种社会权力关系，理解它们在何种层面、以何种程度影响不同行动者的话语表达，从而体现出他们对社会正义的关切与社会权力的反思。正如费尔克拉夫所说，“批判承诺是从一个具体的话语和语言的视角出发，来理解人们的生活是如何被我们期盼或诅咒的社会形构所决定或限制的；它还突出既有实践的偶然性，并改变它们的可能性”。①

尽管如此，批判话语分析也曾遭受过相关批评，这本书导论的注释中对此有所提及：两位语言学家威多森和费尔克拉夫就曾在 *Language and Literature* 期刊上有过较为充分的论辩。② 威多森认为，批判话语分析背离了语言学分析的初衷，其本身就带有一定的意识形态预设，其分析过程不够客观中立。此外，批判话语分析还面临操作和分析上的困境，即如何将宏观的社会理论和微观的文本分析结合起来进行研究，这对话语研究者提出了很大的挑战。它要求研究者们必须熟知话语所处的社会与文化情境。在现实情况下，这些要求对于研究者来说较难实现，这也导致部分批判话语分析要么容易停留在描述的层面，要么会出现过度阐释的问题和困境。

三、媒介生产—文本—受众的动态建构过程考察

我们知道，语言学与话语分析的发展与 20 世纪下半叶结构主义的理论思潮密不可分。结构主义的观点认为，“人类和社会是通过语言的建构来完成实践活动的，社会实践可以被理解为通过约定方式来进行的表意活动”，“结构主义试图精确地表达它所研究的系统结构的各项规则，并认为这些结构规则是无意识的，潜藏在受制于规则的人们的知觉中”。③ 这种思想影响了人类学、社会学等多个领域的社会科学研究，同时被认为是传播研究的一个基础流派。

在结构主义的思想指导下，包括媒介语言研究在内的话语分析主要致

---

① 诺曼·费尔克拉夫：《媒介中的意识形态：一个分析框架》，载艾伦·贝尔、彼得·加勒特编：《媒介话语的进路》，徐桂权译，北京：中国人民大学出版社，2016 年，第 116-117 页。

② 相关文章参见 Widdowson, H., “Discourse analysis: a critical view”, *Language and Literature*, 1995, vol. 4(3), pp. 157-172; Fairclough, N., “A reply to Henry Widdowson's Discourse analysis: a critical view”, *Language and Literature*, 1996, vol. 5(1), pp. 49-56; Widdowson, H., “Reply to Fairclough: Discourse and interpretation: conjectures and refutations”, *Language and Literature*, 1996, vol. 5(1), pp. 57-69.

③ 陈卫星：《传播的观念》，北京：人民出版社，2008 年，第 115-116 页。

力于发现语言文本中内在的稳定不变的结构框架。例如，范·戴克早年的新闻话语分析就试图通过一个树形的新闻图示结构来把握新闻故事的基本叙述框架。[①] 在《媒介话语的进路》一书中，艾伦·贝尔的《新闻故事的话语结构》一文也延续了这样的思路，并通过引入叙事学的思路而呈现出新闻叙述的一般性框架。[②] 冈瑟·克雷斯、西奥·范莱文的《头版：报纸设计的（批判性）分析》则尝试对报纸版面设计的框架特征进行总结，从而揭示出“中心—边缘”“理想—现实”等相互关联的意义结构。[③]

然而，在批判话语分析的路径中，一个不可回避的问题在于：话语结构和社会结构究竟是什么关系？由此，研究者就不得不考虑行动主体在话语建构中的作用。在这本书中，范·戴克就认为，社会结构只能通过社会行动者和他们的意识与话语结构相联系，为此范·戴克特别强调“社会认知”所发挥的关键角色，它包括两个方面：一方面是社会共享的价值、规范、态度、观点和知识，另一方面是个人和语境的模式（经验、动机和计划）。[④] 它们影响了行动者的话语表达和社会实践。其他学者也不同程度地强调了行动者的作用，如费尔克拉夫在研究媒介的政治话语过程中，一个重要的工作就是辨认大众媒介政治中重要的行动者的主要类别。他认为，“所有这些类别的行动者都是媒体中争夺领导权的潜在支持者或反对者，或存在潜在的结盟和和解”。[⑤] 事实上，随着社会结构的变迁，以及各类行动者发挥的能动性，话语总是处在动态的建构和流变过程中。

要全面考察媒介话语的动态建构过程，其实并非易事。在这本书中，我们可以看到，话语研究者试图通过吸收文化研究和媒介社会学的思路来开拓研究的新领域，乃至涵盖媒介生产—文本—受众等多环节的动态建构过程。受文化研究大师霍尔的“编码/解码”模式的启发，媒介话语的生产研究和接受分析都可以成为动态考察的切入点。例如，凯·理查森在《符号与思索：通过电视诠释经济》一文中对受众的话语分析进行了探索。文章以 BBC 的一篇经济新闻报道为例，考察观众是如何回忆和理解这篇报

① 梵·迪克：《作为话语的新闻》，曾庆香译，北京：华夏出版社，2003 年。

② 艾伦·贝尔：《新闻故事的话语结构》，载艾伦·贝尔、彼得·加勒特编：《媒介话语的进路》，徐桂权译，北京：中国人民大学出版社，2016 年，第 53-84 页。

③ 冈瑟·克雷斯、西奥·范莱文：《头版：报纸设计的（批判性）分析》，载艾伦·贝尔、彼得·加勒特编：《媒介话语的进路》，徐桂权译，北京：中国人民大学出版社，2016 年，第 148-173 页。

④ 托伊恩·范·戴克：《媒介中的意见与意识形态》，载艾伦·贝尔、彼得·加勒特编：《媒介话语的进路》，徐桂权译，北京：中国人民大学出版社，2016 年，第 19 页。

⑤ 诺曼·费尔克拉夫：《媒介中的意识形态：一个分析框架》，载艾伦·贝尔、彼得·加勒特编：《媒介话语的进路》，徐桂权译，北京：中国人民大学出版社，2016 年，第 119 页。

道尤其是其中的经济成分的。研究主要聚焦于两个问题，一是文本的形式是以何种方式影响观众解读的；二是不同的受众对节目的解读是否存在差异，具体差异是什么。凯·理查森通过比较六组不同的受众成员的解读，发现：与大家预想不同的是，受众群体并没有赋予他们自身的价值观来进行解读。这就说明，文本和受众之间的关系其实颇为复杂，文本的解读会受到文本生产过程、受众的知识水平以及解读的情境等综合因素的影响。[①]

在媒介生产领域，尽管这本书的多篇研究涉及了媒介文本的生产过程，并联系到霍尔模式的“编码”时刻进行分析，但编者认为这方面的研究还比较匮乏，尚未成为研究的焦点。他们认为，其研究困境并非在于理论的建构层面，其核心难题在于能否进入媒介组织且被从业人员接纳。实际上，在20世纪七八十年代，就有一批英美的社会学者探讨这个“入场”的问题，即如何顺利进入媒介组织，有效地对编辑部的新闻生产进行实地调查。他们采取各种努力，试图从编辑部内部获取更多直接的经验材料和内部隐蔽的事实，由此产生了一批新闻生产社会学的研究成果。[②] 话语研究者也试图通过这种办法，从媒介话语的具体生产过程出发，观察媒介内部的生产运作。正如布尔迪厄所言，“如果将话语分析与人类学的描述糅合在一起，就是一个令人鼓舞的突破”。[③] 当然，两者并非等同，一个是去获取社会事实，另一个主要考察话语建构，那么问题随之而来：经验事实和话语建构能否区分？如何区分？两者又是何种关系？这些问题在不同的理论框架中亦有不同的理解，仍有待研究者探究。

四、结　语

《媒介话语的进路》一书英文版虽然面世已近三十年，但时至今日，该书仍然是媒介话语研究领域的一部经典文本，并具有学术史的标本意义。近三十年来，话语分析的理论与策略也在不断发展。比如，结构主义的思路正越来越被后结构主义的思路所替代，新的理论进路更强调话语结构的浮动性、不稳定性，在此基础上得以对话语的意义系统进行不断的再建构

---

① 凯·理查森：《符号与思索：通过电视诠释经济》，载艾伦·贝尔、彼得·加勒特编：《媒介话语的进路》，徐桂权译，北京：中国人民大学出版社，2016年，第174-196页。

② 例如，赫伯特·甘斯：《什么在决定新闻》，石林、李江涛译，北京：北京大学出版社，2009年。

③ 皮埃尔·布尔迪厄、华康德：《实践与反思——反思社会学导引》，李猛、李康译，北京：中央编译出版社，1998年，第348页。

与再阐释。[①] 尽管理论思潮不断发展，批判话语分析至今仍是媒介话语研究的一个基本取向，而这本书收录的文章今日来看仍是一组具有典型意义的学术地形图。正如牛津大学让·艾奇逊在该书封底的推荐语所言："对于任何试图理解'媒介话语'名下的多种进路的人而言，《媒介话语的进路》都是一个有用的入口。"

通过在学术脉络中梳理这些学术文本的意义，我们认为，本书反映了媒介话语的研究逐步从文本分析走向更深度的社会现象的解释，研究者着力于将媒介文本置于社会权力结构中进行分析与批评，并越来越关注涵盖媒介生产—文本—受众等多环节的动态建构过程。在这样的探索过程中，媒介话语研究呈现出日趋多元化的学术路径，以及跨学科的特别是与文化研究、媒介社会学交融的学术脉络。

当下，话语分析的策略对于中国的新闻传播学研究也颇具借鉴价值。中国新闻业正在经历双重转型：从外部来说，整个社会的政治经济结构处在复杂的转型过程之中；从内部来说，中国新闻业正出现传统媒体与新兴媒体此起彼伏以及整体舆论场重构等新的媒介生态特征。双重转型背景也给我们观察和分析新闻媒介与社会变迁的话语提供了重要契机。就意识形态的进路而言，话语分析可以通过特定的事件和情境，展现中国媒介场域的生态重构和权力关系问题，发掘隐藏在媒介文本中的价值观念和社会思潮；就实用的进路而言，目前新媒介环境下大量的弥漫在日常生活中的话语和沟通行为随处可见，这些看似无意识的日常沟通如何形成群体意识和社会意义还有待深入考察。

近年来，国内新闻传播学领域运用话语分析也有了新的变化：学者们逐渐尝试将话语研究和中层的理论概念进行结合。比如研究者们尝试使用"边界工作""抗争性公共领域""文化领导权"等理论概念来对接话语研究，相关研究既能反映宏观的社会变迁和行业生态，也能揭示行动者具体的表达内容和话语特征。因此，我们应将话语分析看作开放的研究领域。话语研究既需要有反映社会整体的宏观性命题，又要有展开分析的多元进路和可操作性理论概念及方法。而《媒介话语的进路》一书的出版，正有助于国内新闻传播学界进一步拓展对于媒介话语研究领域的认识，从而丰富中国媒介话语研究的工具库和研究思路。

---

① Torfing, J., "Discourse Theory: Achievements, Arguments, and Challenges", in Howarth, D. & Torfing, J. (Eds.), *Discourse Theory in European Politics: Identity, Policy and Governance*. New York: Palgrave Macmillan, 2004.

第二节　数字时代媒介话语研究的新特征与新趋势[①]

话语研究(discourse studies)是当代人文社会科学研究中一个重要的学术领域。大体而言,话语研究已经过四个阶段的发展：20 世纪五六十年代出现的语言学的语篇分析(discourse analysis),聚焦于静态的语篇结构；70 年代发端的批判语言学研究(critical linguistics),开始关注语言与权力的关系；90 年代兴起的批判话语分析(critical discourse analysis,CDA),以批判的社会理论立场(尤其是福柯的话语理论)来分析话语、权力与意识形态的关系；以及近十多年来拓展的批判话语研究(critical discourse studies,CDS),其所运用的理论视角和方法比 CDA 更为多元,研究对象更为广阔。[②] 与此相呼应,批判语言学研究、批判话语分析和批判话语研究的理论和方法都在媒介与传播研究中得到应用,产生了丰富的研究成果。[③] 如果说在 20 世纪 90 年代,媒介话语(media discourse)研究还是一个新兴的研究热点的话,那么,时至今日,媒介话语研究已成为各种传播学著作和论文中相当常见的研究策略。从学术共同体的认同度来看,媒介话语研究在话语研究领域和传播研究领域都获得了相当的认同。在话语研究领域,主流的话语研究期刊和代表性的话语研究文集[④]中都有媒介话语研究的一席之地。

虽然媒介话语研究日趋从新兴走向成熟,但依然存在一些值得省察的问题,其中最值得注意的是媒介话语研究的理论架构问题。从其学术来源来看,批判话语研究强调多元性和开放性,不追求具体且固定的理

---

① 本节与中山大学新闻传播学院硕士生罗琴芝、王子睿、刘逍懿、王璠、徐贝贝、冯致超、吴宝榕合作完成。

② 近十年来,范・戴克、沃达克等学者逐渐倾向于使用 CDS 的概念来取代 CDA 的概念,他们主张 CDS 不仅是一种研究方法,而是一个跨学科的,包含多种取向和方法的研究领域。参见 Wodak,R. & Meyer,M. (Eds.),*Methods of Critical Discourse Studies*. 3rd edition. London,UK：Sage,2015.

③ Fowler, R. , *Language in the News*. London, UK：Routledge, 1991； Bell, A. , *The Language of News Media*. Oxford, UK：Blackwell, 1991； Van Dijk, T. , *News as Discourse*. London：Routledge,1991；Fairclough,N. ,*Media Discourse*. London,UK：Edward Arnold,1995；Bell,A. & Garrett,P. (Eds.),*Approaches to Media Discourse*. Oxford,UK：Blackwell,1998；Matheson,D. ,*Media Discourses：Analysing Media Texts*. London：Open University Press,2005.

④ Handford M. & Gee,J (Eds.),*The Routledge Handbook of Discourse Analysis*. London：Routledge,2012；Flowerdew J. & Richardson,J. (Eds.),*The Routledge Handbook of Critical Discourse Studies*. London：Routledge. 2018.

论体系，这也是批判话语研究能够吸引诸多人文社会科学研究共同参与的主要原因。[①] 然而，作为一个具体的应用领域，媒介话语研究却不能没有基本的理论架构，否则难以成为一个自洽的研究领域。有学者认为，媒介话语研究需要涵盖媒介传播的四个环节——生产、表征、分发和接受，并从新闻媒介延伸到娱乐媒介和社交媒体。[②] 为此，研究者一方面需要拓展话语理论的视野，从而拓展对“话语”概念的理解，使其可以涵盖更丰富的媒介文化表征与意识形态分析。另一方面，需要研究者将媒介与传播研究的现有理论和方法与话语研究更好地结合，比如与新闻生产研究和受众分析的研究思路相结合，从而凸显媒介话语研究的学术特色。早在 1998 年出版的论文集《媒介话语的进路》中，两位编者已经指出，与大量的媒介文本的研究相比，媒介文本的生产与接受的研究相对匮乏。[③] 到今天，这一局面虽然有所改观[④]，但也并没有明显的突破。

在当下，随着新兴媒介的快速发展以及社会语境的变化，媒介话语研究的理论架构将面临进一步的挑战。从传受关系来看，传统的媒介话语研究将大众媒介上的话语作为分析对象，媒介话语的受众（读者、听众、观众）被认为是不在场的，他们不能对话语的生产者作出及时的反应。换言之，传统的媒介话语被认为是一种公开的、被操纵和被记录的互动形式。[⑤] 正因为媒介话语是被操纵的，其背后的权力关系才需要被揭示出来，批判话语分析才有用武之地。而今天，随着数字媒介和社交媒体的产生和发展，话语生产者与消费者的边界正变得模糊，网络社会中的用户可以进行即时互动，乃至参与话语的再生产。这种媒介形态与传受关系的变化正在重塑媒介话语的定义和边界，也要求研究者重新思考既有的媒介话语研究的理论架构。[⑥]

---

① 林东泰：《批判话语分析总论：理论架构、研究设计与实例解析》，台北：巨流，2019 年，第 283-284 页。

② Phelan, S.,“Critical discourse analysis and media studies”, in Flowerdew, J. & Richardson, J. (Eds.), *The Routledge Handbook of Critical Discourse Studies*. London: Routledge, 2018, pp. 359-371.

③ Bell, A. & Garrett, P. (Eds.), *Approaches to Media Discourse*. Oxford, UK: Blackwell, 1998; 艾伦·贝尔、彼得·加勒特编：《媒介话语的进路》，徐桂权译，北京：中国人民大学出版社，2016 年。

④ 例如 Tallbot, M., *Media Discourse: Representation and Interaction*. Edinburgh, UK: Edinburgh University Press, 2007.

⑤ O'Keeffe, A.,“Media and Discourse Analysis”, in Gee, J. & Handford M. (Eds.), *The Routledge Handbook of Discourse Analysis*. London: Routledge, 2011, p. 441.

⑥ 林东泰：《批判话语分析总论：理论架构、研究设计与实例解析》，台北：巨流，2019 年，第 262 页。

与此同时，在数字媒介实践的推动下，媒介物质性议题的涌现也对媒介话语研究产生了启发。以往的媒介话语研究更多将媒介内容作为其研究对象，而非媒介本身。虽然媒介是话语发生的场所，但只是再现社会文化结构的中介；媒介本身并没有自主性，只是社会结构的代理人。① 因此，研究者更多地将话语研究的焦点指向文本的意义，例如，通过将新闻事件的文本语境化与再语境化来诠释社会实践，至于媒介自身的物质性对于语境化过程的影响在过去的媒介话语研究中往往被忽略。然而，近年来，随着数字媒介技术理论研究的推进，媒介物质性的议题逐渐成为传播研究的热点②，媒介的话语与物质之间的关系也引起了学者的兴趣。有话语研究者试图将媒介的物质性分析加入话语分析的理论模型③，他们不仅关注媒介话语的构成，而且关注话语和意识形态生产的语境化过程及其物质成分，比如媒介物质如何鼓励或拒绝特定的行动和符号进入话语空间乃至构建社会。那么，这一研究趋向只是个别研究者的兴趣，还是会成为媒介话语研究的基本问题？也是个值得探讨的话题。

无论是传统的媒介话语研究理论架构的完善，还是数字化背景下媒介话语研究对新型传受关系以及话语—物质关系的再阐释，都是复杂的理论问题，并非本书可以完成的任务。因此，本书试图将研究目标缩小：通过考察近年来国际话语研究期刊中的媒介话语研究论文所呈现的特征，来检视媒介话语研究的现状与趋势，进而探讨媒介话语研究理论发展的可能性。具体来说，本节将以 *Discourse and Communication*、*Critical Discourse Studies*、*Discourse and Society* 三家 SSCI 期刊 2016—2020 年刊载的媒介话语研究论文为分析对象，从“媒介”“文本”和“语境”三个维度进行梳理和分析，试图总结出国际媒介话语研究的特征和趋势，并在此基础上进行理论的反思和探讨。

一、研究设计

（一）数据来源

本研究的数据来源为 Web of Science™ 核心数据库中的 SSCI 期刊。我们以“critical discourse analysis”和“media”作为主题，对 2016—2020 年

---

① 林东泰：《批判话语分析总论：理论架构、研究设计与实例解析》，台北：巨流，2019 年，第 301 页。

② 例如，Packer，J. & Wiley，S. B. C.，*Communication Matters*：*Materialist Approaches to Media*，*Mobility and Networks*. London：Routledge，2012；章戈浩、张磊：《物是人非与睹物思人：媒体与文化分析的物质性转向》，《全球传媒学刊》2019 年第 6 期，第 103-115 页。

③ Carpentier，N.，*The Discursive-Material Knot*：*Cyprus in Conflict and Community Media Participation*. New York：Peter Lang，2017.

的全部期刊进行检索。检索发现涉及媒介的话语研究发文量排名前三的期刊为《话语与传播》(*Discourse and Communication*)、《批判话语研究》(*Critical Discourse Studies*)和《话语与社会》(*Discourse and Society*)(如图 3-1 所示)。在这三家期刊中,《话语与传播》着重于组织传播和大众传播的话语研究,强调研究理论、途径和方法的多样性,从而避免局限于单一的学术派别或研究途径,其发表的文章主要来自话语传播研究的跨学科领域。《批判话语研究》主要发表批判性研究论文,以加深理解话语在社会过程、社会结构和社会变革中所起的作用,其出版的论文注重将批判性学术研究与实际问题和议程联系起来,对话语和社会动态之间的关系提出批判性的观点。《话语与社会》是一本社会学类期刊,主要探索话语分析与社会科学的相关性,重点研究话语及其背后隐含的社会政治和文化功能,其发表的文章大多来自话语分析以及社会科学领域的研究成果。

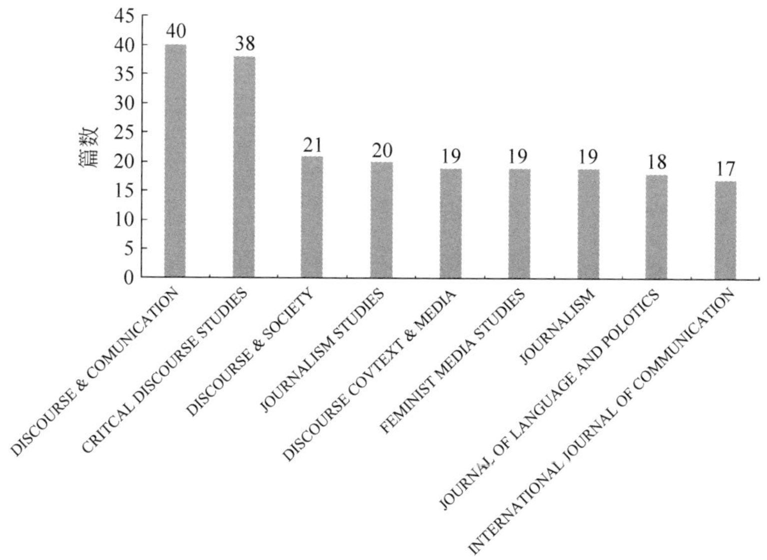

图 3-1　国际媒介话语研究发文量前 9 位的 SSCI 期刊分布(2016—2020 年)

为了确保数据来源的准确性,我们以上述三家期刊 2016—2020 年所刊载的话语研究论文为研究对象,通过精确的文献阅读和数据收集、整理,从中筛选出 199 篇与媒介话语相关的研究论文。其中,《话语与传播》有 81 篇,《批判话语研究》有 58 篇,《话语与社会》有 60 篇。我们将所检索文献的相关信息以纯文本文档的格式下载并保存下来,为数据的后期分析做准备。

(二) 知识图谱的可视化分析

在建立前述语料库之后,我们借助知识图谱软件,将国际话语研究文献的研究现状、热点进行可视化分析,从而呈现当前话语研究的图景。文献关键词能够较好地概括文章主题，鉴于在文献中经常出现两篇或多篇论文使用同一关键词的情况，通过关键词共现，结合社会网络分析等方法可以较为深入了解词语及其相互关系，并以定性和定量相结合的方法揭示特定研究领域的研究结构和研究热点，并且对研究领域的动态发展过程进行监测和跟踪。[①] 这一方法已成为文献计量学的常用方法。因此，通过核心关键词共现与社会网络分析的方法，对三家期刊 2016—2020 年的 199 篇文献进行分析和可视化展现，使用的软件主要有 Bicomb2.0、Ucinet6.199、NetDraw。

将 199 篇文献导入 Bicomb2.0 进行关键词统计，结合实际情况对相似关键词进行合并，如将“multimodal discourse analysis”与“multimodal critical discourse analysis”合并为“multimodal analysis”。在关键词选取上，为避免主观随意性，可以利用普赖斯公式确定领域核心关键词。[②] 计算后以 6 为阈值得到核心关键词如表 3-1 所示。

表 3-1　高频词列表

序号	关键词	词频	序号	关键词	词频
1	critical discourse analysis	63	15	gender	9
2	discourse analysis	34	16	populism	8
3	corpus analysis	23	17	racism	8
4	media discourse	22	18	facebook	8
5	multimodal analysis	16	19	discourse historical approach	7
6	ideology	16			
7	newspaper discourse	14	20	twitter	7
8	nationalism	13	21	stance	7
9	social media	13	22	identity	7
10	framing	12	23	discursive strategies	6
11	political discourse	12	24	refugees	6
12	representation	10	25	immigration	6
13	journalism	9	26	recontextualization	6
14	metaphor	9	27	news	6

在得到高频词阈值后，使用 Bicomb2.0 生成核心关键词的共现矩阵，将共现矩阵导入 Ucinet6.199 后，首先在“转换—对分”中将原来的多值关

① 唐果媛、张薇：《国内外共词分析法研究的发展与分析》，《图书情报工作》2014 年第 22 期，第 138-145 页。

② 刘奕杉、王玉琳、李明鑫：《词频分析法中高频词阈值界定方法适用性的实证分析》，《数字图书馆论坛》2017 年第 9 期，第 42-49 页。

系矩阵转换为二值关系矩阵，计算网络密度为 0.5163(>0.5)，证明核心关键词间相互联系紧密，影响比较突出。之后使用多值矩阵计算高频词的度中心度，利用二值矩阵计算中介中心度。为了能更直观地展示高频词节点的状况，利用 Ucinet 自带的可视化分析工具 NetDraw 绘制出核心关键词的共词网络图，节点的大小反映度中心度和中介中心度的大小，如图 3-2 和图 3-3 所示。

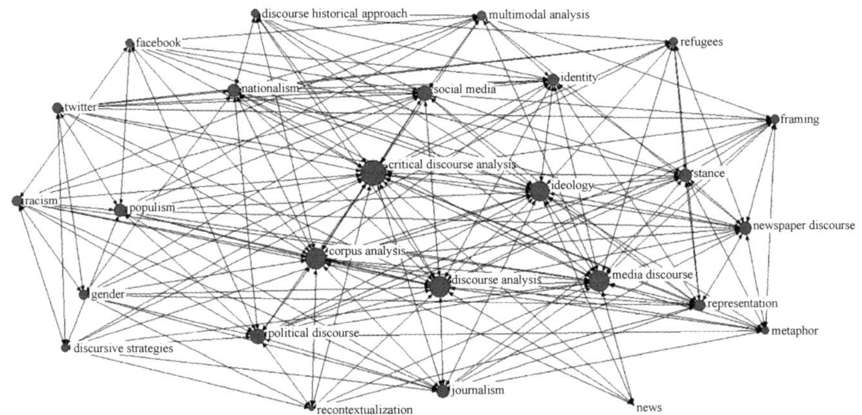

图 3-2　度中心度社会网络

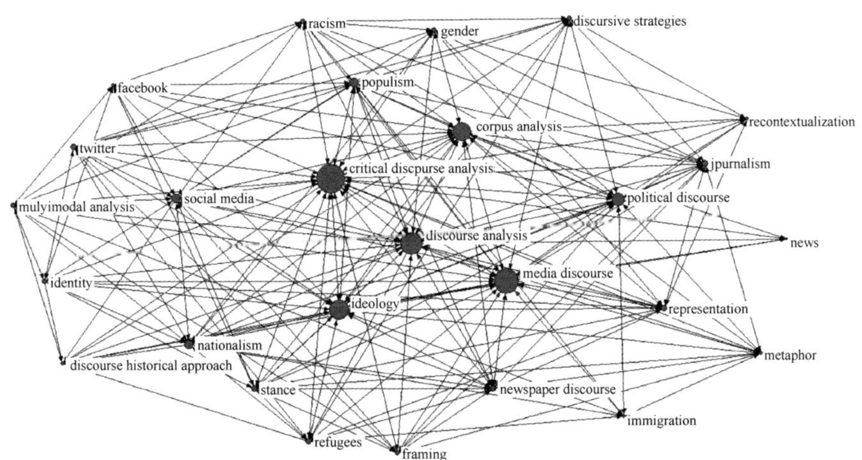

图 3-3　中介中心度社会网络

在社会网络中，度中心度用来刻画中心人物，通过网络可以看到"critical discourse analysis""corpus analysis""media discourse""discourse analysis""ideology""social media"等节点度中心度较大，在研究中处于核心地位，是当前研究的热点。中介中心度则能反映节点可能起到的重要中介作用，体现其控制其他节点的能力，在中介中心度社会网络中，“critical discourse analysis”“discourse analysis”“ideology”“media discourse”“corpus analysis”和“political discourse”等对其他节点的控制力较强，对于研究来说至关重要，而“discourse historical approach”和“news”中介中心度为0，则处于相对边缘的位置。

（三）扎根理论的聚焦编码

在上述文献可视化分析的基础上，我们还部分借鉴了建构主义的扎根理论方法的编码程序。所谓扎根理论方法（grounded theory method），是指通过对原始资料的分析，在此基础上提炼出概念、范畴，并最终形成理论的研究方法。用卡麦兹的话来说，“简单地说，扎根理论方法包括一些系统而又灵活的准则，让你搜集和分析质性数据，并扎根在数据中建构理论”[①]。我们按照卡麦兹版本的建构主义编码程序，从一组开放性的研究问题出发，进入数据收集、编码、备忘录写作、理论抽样和归类、撰写初稿等阶段，并不断地来回检视所得的数据。[②]

具体来说，本研究的编码程序由两个阶段构成。第一个阶段即前述初始编码。五位编码员从大量的原始期刊论文中筛选出199篇与媒介话语相关的研究论文，并在浏览这些论文后给每篇文章进行编码。编码表的类目包括：发表年份和期刊号、作者姓名、作者所在学校与院系、作者所在国家等基本信息，以及研究对象及主题、运用理论、研究方法、媒介和数据来源、分析时长、主要发现、关键词等文献内容。第二个阶段是聚焦编码，即对最显著和频繁的初始符码进行归类、整合，乃至将大量的数据组织起来进行理论编码。这个阶段由两位编码员来进行，经过多次整理和讨论后形成“媒介”“文本”和“语境”三个分析维度以及每个维度下的若干个具体概念。其基本框架如表3-2所示，并将在下一部分具体呈现。

表3-2　本研究的扎根理论编码框架

维度	理论维度	具体概念
媒介	显现的实体：媒介技术与机构	报纸、杂志、广播、电视、网站、社交媒体
	意义的空间：社会关系的中介	公共领域、媒介平台
文本	微观文本：语言、文字、图像等	新闻、广告、演讲、访谈、真人秀、帖子、视频

① 凯西·卡麦兹：《建构扎根理论：质性研究实践指南》，边国英译，重庆：重庆大学出版社，2009年，第3页。

② 凯西·卡麦兹：《建构扎根理论：质性研究实践指南》，边国英译，重庆：重庆大学出版社，2009年，第14页。

续表

维度	理论维度	具体概念
文本	宏观文本：意识形态、文化表征	民族主义、民粹主义、新自由主义、女权主义
语境	微观语境：日常生活	医疗、堕胎、性别、日常语言、婚姻、体育
	宏观语境：社会、文化与政治领域	选举、政治抗议、劳工纷争、经济危机、移民、宗教、民族认同、恐袭、国际关系、气候变化

二、研究发现

（一）媒介的拓展：从传统媒介到新兴媒介，从公共领域到数字平台

在传播研究中，关于"媒介"的理解主要包括"显现的实体"和"意义的空间"两种系谱。[①]"媒介作为实体"的系谱，包括传播学的实证主义学派和部分批判学派（如传播政治经济学），主要把媒介看作可经验、可感知的对象，一种显现的实存或发挥某种社会功能的社会角色和技术工具。"媒介作为意义空间"的系谱，则在认识论上把媒介看作一个意义汇集的空间和中介关系的隐喻（如媒介环境学将媒介作为人体的延伸）。这两个系谱的区分也可以成为我们反思媒介话语研究中的媒介观的重要尺度。

在本研究的样本中，以传统媒介（报纸、杂志、广播、电视）为对象的话语研究仍是主流，在数量上与数字媒介的研究平分秋色。这类研究主要采取"媒介作为实体"的观念，在技术与机构背景下对媒介的话语建构进行考察。由于传统媒介的技术物质性特征已成共识，几乎没有更多探索的空间，因此这类研究更为关注媒介内容的意义。它们主要将媒介看作政治、经济、文化和社会生活的呈现者，反映这些领域中的事物如何被构成和表达。具体来说，这些制度背景包括全国性媒体与地方性媒体、严肃媒体与大众媒体、主流媒体与反对派媒体、左翼媒体与右翼媒体等。在这个媒体身份区分的前提下，探讨不同类型的行动者在特定制度背景下，针对具体议题或事件所采用的话语策略与意义建构。例如，丹麦学者 Horsbøl 对 2015 年哥本哈根发生连环枪击案后媒体对事件的评论展开批判话语分析[②]，他选取了四家丹麦的全国性报纸进行分析，其中两家是右翼的报纸

① 胡翼青：《显现的实体抑或关系的隐喻：反思传播学的媒介观》，《国际新闻界》2018 年第 2 期，第 30-36 页。

② Horsbøl, A., "Public conceptions of publicness in the wake of the Copenhagen killings", *Discourse & Communication*, 2016, vol. 10(5), pp. 458-478.

(《周末报》和《日德兰邮报》)，两家是左翼的报纸(《政治报》和《信息报》)，以此涵盖不同的政治立场，同时也体现了北欧“民主法团主义”政党制度下的媒体特征。[①]

从“媒介作为意义空间”来看，传统媒介的话语研究中最主要的理论抽象乃是哈贝马斯的“公共领域”(public sphere)概念。“公共领域”虽然已是经典概念，不容易有理论的创新，但仍具有较强的解释力；它所指涉的政治意义空间，可以超越机构的具体性，把各种不同的媒介涵盖其中。仍以 Horsbøl 的文章[②]为例，他用“公共领域”的概念统摄丹麦不同立场的媒体，并集中于媒体精英对袭击事件的评论，包括媒体社论，或作家、学者、辩论家和知识分子的评论。该文旨在探讨袭击事件发生后丹麦公共领域中所阐述的“公共性”概念，发现公众对杀戮事件的反应包含着一些关键的、不同的，甚至部分相互矛盾的关于“公共性”的理解(包括西方文化的言论自由观、民主与自我节制的观念，多元文化社会中的宽容对话等)。类似地，Tolson 通过分析英国电视台如何引用脱欧公投的舆论进行报道，考察了民粹主义政治话语如何进入英国公共领域。[③] Beciu 等考察了罗马尼亚的报纸和电视台如何对移民政策议题进行建构，使其在公共领域中正当化。[④] 这些研究都表明，以传统媒体为典型的“公共领域”概念依然在话语研究中具有相当广的应用价值。

随着数字媒介技术的发展，近年来的媒介话语研究越来越多出现了基于新兴数字媒介的话语研究。在本节的研究样本中，“作为实体的媒介观”在数字媒介的话语研究中依然在延续，表现为对各种类型的数字媒介(如数字新闻网站、社交媒体、视频媒体等)进行具体分析，包括一定程度的物质性特征的分析(如 Twitter 的标签)。值得注意的是，与传统媒介话语研究侧重媒体生产者对媒介文本的主导性作用不同，由于新传播技术对于媒介的深度介入，基于数字媒介而展开的媒介话语研究更多呈现出对于媒介

---

① Hallin，D. & Mancini，P.，*Comparing Media Systems：Three Models of Media and Politics*. Cambridge：Cambridge University Press，2006.

② Horsbøl，A.，“Public conceptions of publicness in the wake of the Copenhagen killings”，*Discourse & Communication*，2016，vol. 10(5)，pp. 458-478.

③ Tolson，A.，“‘Out is out and that's it the people have spoken’：uses of vox pops in UK TV news coverage of the Brexit referendum”，*Critical Discourse Studies*，2019，vol. 16(4)，pp. 420-431.

④ Beciu，C.，Mădroane I. D.，Ciocea M.，et al.，“Media engagement in the transnational social field：discourses and repositionings on migration in the Romanian public sphere”，*Critical Discourse Studies*，2017，vol. 14(3)，pp. 256-275.

话语生产者之间互动关系的关注。在社交媒介中，话语的生产者与受众界限模糊，话语的即时互动成为可能，特定的受众基于特定议题的兴趣而聚集并形成在线社群，甚至成为某些社会与文化思潮（如民族主义、民粹主义）的集散地。因此，不少研究关注数字媒介的话语生产者与消费者或者用户之间是如何进行互动的，尤其关注这个媒介化互动的过程与民主参与的关系。例如，Baysha 考察了 Facebook 上乌克兰广场示威者与反示威者之间的话语斗争，二者如何将对方他者化乃至妖魔化，以及化解这种冲突的可能性。[①] 值得注意的是，这篇文章采用了一种话语—物质分析的方法，试图将 Facebook 上的话语与现实局势的变化联系起来进行探究。比较而言，Twitter 上的话语研究更多聚焦于推文本身，而不太涉及评论和互动，例如，Kissas 通过对美国总统唐纳德·特朗普和英国工党领域杰里米·科尔宾这两位"克里斯玛型"领导人推文的文本分析，揭示其中的民粹主义表演性。[②] 也有研究者将新闻媒体的报道话语与同一议题的 Twitter 推文联系起来进行分析，乃至探讨 Twitter 的议程设置潜力。[③] 这些研究表明，基于数字媒介的话语研究对于意义的关注不再限于"表征"（representation）的分析，而是向"互动"（interaction）过程的分析拓展。

在"媒介作为意义空间"的层面，话语研究者继续使用"公共领域"的概念，即把数字媒体视为一个新的公共空间。例如，Kopf 认为，维基百科（Wikipedia）不仅是一个网上百科全书，它的讨论页面（talk page）为维基的作者提供了交流的空间，甚至具有成为"跨国公共领域"（transnational public sphere）的潜力。[④] 通过对"欧盟"（European Union）这个词条讨论页面的话语分析，Kopf 肯定了其包含参与性和商议性的功能，也对其局限（如讨论者存在的偏见）进行了分析。总体上来看，欧美的话语研究者对于数字媒介，特别是社交媒介作为"公共领域"并没有太大的异议，但也保持审慎态度，并不认为它能达到哈贝马斯所期待的理想境界。

数字媒介的话语研究中出现的另一个重要的理论概念是"平台"

---

① Baysha, O., "Dehumanizing political others: a discursive-material perspective", *Critical Discourse Studies*, 2020, vol 17(3), pp. 292-307.

② Kissas, A., "Performative and ideological populism: The case of charismatic leaders on Twitter", *Discourse & Society*, 2020, vol. 31(3), pp. 268-284.

③ Quinn, F., Prendergast M. & Galvin, A., "Her name was Clodagh: Twitter and the news discourse of murder suicide", *Critical Discourse Studies*, 2019, vol. 16(3), pp. 312-329.

④ Kopf, S., "Participation and deliberative discourse on social media — Wikipedia talk pages as transnational public spheres? ", *Critical Discourse Studies*, DOI: 10. 1080/17405904. 2020. 1822896, 2020.

(platform)，特别是 Facebook、Twitter 被视为典型的社交媒体平台。“平台”的隐喻最初是由技术公司所提出，现在已经越来越广泛地被政界、新闻界和学术界所采纳。[①] 与“公共领域”相比，“平台”的概念更淡化规范性的色彩，而突出其作为基础设施的技术特点和大规模的数据交流的功能。这种客观的功能，也给政治与公共生活带来新的变化，包括积极或消极的面向。例如，Farkasa 等分析了 11 个伪装成生活在丹麦的穆斯林极端分子的 Facebook 页面，考察其帖子、图像、视频、评论所建构的种族主义话语，并将这种话语建构方式称为“平台化的对抗主义”(platformed antagonism)。[②] 这个研究提示我们，“平台”并不仅仅是一个算法技术驱动的虚拟空间，其所提供的技术基础设施既可能促进公共生活的交流，也可能带来新的冲突和斗争。但总体来看，数字媒介话语研究的“平台”概念主要还停留在描述层面，较少引入平台媒介与平台社会的理论展开深入分析。[③]

（二）文本的拓展：转向数字媒介的多模态文本与意识形态建构

文本(text)和语境(context)是构成“话语”的两个重要部分。由于不同研究路径的话语研究对“话语”的理解不同，其所定义的“文本”和“语境”也存在差异。大体而言，传统的话语分析可以分为两大取向：“作为语言的话语”(discourse-as-language)和“作为意识形态的话语”(discourse-as-ideology)或“作为表征的话语”(discourse-as-representation)，前者分析微观的语言文本和语境，后者分析宏观的社会文本和语境。

针对不同层次的文本和语境，话语研究需要采用不同的研究路径进行分析。例如，比利时学者卡彭铁尔与德克林曾以“话语”概念所指涉的文本与语境为标尺，绘制了广义的话语研究的地形图：传统语言学与修辞学处理的是微观的文本和语境，谈话分析及语篇分析渐次迈向中观的文本和语境，批判话语分析则将话语分析的对象拓展到宏观的社会领域与意识形态，而拉克劳和墨菲的“话语理论分析”甚至可以涵盖一切社会领域与社会对象。[④]

---

① Carah, N., *Media and Society: Power, Platform and Participation*. London, UK: Sage, 2021. p. 148.

② Farkas J., Schou J. & Neumayer C., “Platformed antagonism: racist discourses on fake Muslim Facebook pages”, *Critical Discourse Studies*, 2018, vol. 15(5), pp. 463-480.

③ Van Djick, J., Poell, T., de Waal, M., *The Platform Society: Public Values in A Collected World*. Oxford: Oxford Univerisity Press, 2018.

④ Carpentier, N. & De Cleen, B., “Bringing discourse theory into media studies: The applicability of discourse theoretical analysis (DTA) for the study of media practices and discourses”, *Journal of Language and Politics*, 2007, vol. 6(2), pp. 265-293.

上述路径在媒介话语研究中都可以得到应用，在本书的研究样本中也都有所体现。例如，有研究以功能语言学和语篇分析 Twitter 帖子的语法结构，以谈话分析法研究电视访谈节目，以批判话语分析和话语理论分析探讨 Facebook 上的民族主义、民粹主义等意识形态的建构。而且，研究者采用的路径并不限于上述几种，还有学者以语料库语言学来分析大量的媒介语言文本，以话语心理学来分析媒介的互动文本，等等。这些多元的方法及其涉及的不同层次的文本分析反映了媒介话语研究的丰富面向。

一个值得注意的动向是，越来越多的媒介话语研究使用了多模态话语分析（multimodal discourse analysis，MDA）或多模态批判话语分析（multimodal critical discourse analysis，MCDA）的方法。这个趋势与数字媒介环境下文本形式的拓展有关。过去，印刷媒介多以书写文字以及图像为主要文本形式；广播媒介注重听觉要素；而电视媒介以图像与声音相结合形成文本。如今，基于数字媒介生产的网络文本则包括文字、图片、声音和影像等多种形态，这种多模态在虚拟环境中的丰富存在使得意义创造的过程更加动态和互动。

在本书的研究样本中，有 20 篇论文明确采取了多模态话语分析或多模态批判话语分析的方法。其中，有的论文的研究对象仍是传统媒介的多模态文本，如 Serafis 等对希腊报纸关于“难民”和“移民”的文章标题和照片的种族主义意涵的分析[①]，Graakjær 对电视台的麦当劳广告 i'm lovin' it（我就喜欢）的音乐分析[②]，等等。但从总体来，数字媒介平台的多模态文本更加丰富和引人注目，并对媒介话语研究提出新的要求：一是需要将传统媒介话语研究已出现的多模态话语分析方法进一步发展，以适应数字媒介的新对象特征；二是多模态话语分析不仅限于微观层面的语言和图像文本，还要关注宏观意识形态与多模态文本的关系。从这两方面来看，多模态批判话语分析的应用值得重视。如果说多模态话语分析的贡献在于将意义的研究拓展到语言之外的多种表意模态，那么多模态批判话语分析则进一步关注社会活动者如何利用多种表意模态来实现其意图的社会活

① Serafis, D., Greco, S., Pollaroli, C., et al., “Towards an integrated argumentative approach to multimodal critical discourse analysis: evidence from the portrayal of refugees and immigrants in Greek newspapers”, *Critical Discourse Studies*, 2020, vol. 17(5), pp 545-565.

② Graakjær N. J., “Sounding out i'm. lovin' it — a multimodal discourse analysis of the sonic logo in commercials for McDonald's 2003-2018”, *Critical Discourse Studies*, 2019, vol. 16(5), pp. 569-582.

动，并对其包含的意识形态与权力关系进行剖析。[①] 对于媒介话语研究来说，多模态批判话语分析可以对话语和意识形态如何被语言和其他符号形式的媒介所承载，以及如何为特定的政治利益服务进行批判性审视。例如，Breazu & Machin 对于 Facebook 页面 1500 个帖子中有关罗姆人的话语展开分析，剖析其中的极右翼民族主义倾向[②]；Smith 对来自四个流行的社交媒体网站（Facebook、Twitter、Reddit、4Chan）的假新闻进行多模态批判话语分析，指出其对民主生活的危害。[③]

有学者指出，从“多模态话语分析”发展到“多模态批判话语分析”，不是研究对象无限拓展到各种表意模态，也不是将研究对象抽象地表述为表意模态的普通特征，而是将研究对象设定为可以依据具体语境加以利用的具体模态[④]，或可称为“符号资源”（semiotic resources）[⑤]。具体来说，媒介话语研究关注社会活动者如何借助符号资源来实现其传播意图。比如，在社交媒体环境中，一些研究关注文本的符号规则与行动者的话语建构之间的关系。Kreis 的研究认为标签改变了传统话语标记的方式，用户可以创建新的标签或使用新的标签，一些话语借由标签从而获得了可见性。这种话语标记表明了对话的开始，并且改变了社会关系。[⑥] 还有的研究关注社交媒介平台上一些政治运动和政治团体话语所呈现出的符号特征，以及随之引发的政治辩论模式的转变。Breazu & Machin 基于 Facebook 的研究指出将这些运动通过象征性的、简单的和两极化的叙述来传达的情感流，通过发布爱心、象征性的图像、表情符号，表达意识上的一致。[⑦] 可见，社交媒介功能、结构以及技术上的变化，改变了传统的话语实践及其文本特征。

---

① 田海龙、潘艳艳：《从意义到意图：多模态话语分析到多模态批评话语分析的新发展》，《山东外语教学》2018 年第 1 期，第 23-33 页。

② Breazu, P. & Machin, D., "Racism toward the Roma through the affordances of Facebook: bonding, laughter and spite", *Discourse & Society*, 2019, Vol. 30(4), pp. 376-394.

③ Smith, C. A., "Weaponized iconoclasm in Internet memes featuring the expression 'Fake News'", *Discourse & Communication*, 2019, vol. 13(3), pp. 303-319.

④ 田海龙、潘艳艳：《从意义到意图：多模态话语分析到多模态批评话语分析的新发展》，《山东外语教学》2018 年第 1 期，第 27 页。

⑤ Machin, D., "What is multimodal critical discourse studies?", *Critical Discourse Studies*, 2013, vol. 10(4), pp. 347-355.

⑥ Kreis, R., "# refugees not welcome: Anti-refugee discourse on Twitter", *Discourse & Communication*, 2017, vol. 11(5), pp. 498-514.

⑦ Breazu, P. & Machin, D., "Racism toward the Roma through the affordances of Facebook: bonding, laughter and spite", *Discourse & Society*, 2019, vol. 30(4), pp. 376-394.

与此同时，网络空间中政治和知识精英不再是唯一的文本叙事者，普通人在民粹主义、民族主义、新自由主义和女权主义等的意识形态话语中，也可以创造丰富的多模态符号资源。媒介话语研究在人—文本—媒介关系中进行探索，呈现出两个特点：一是虽然延续话语生产—消费的框架，但是受众被看作由数字媒介构成的物体系所组织和建构起来的能动群体，并且人与物相互嵌入。如 Chiluwa 关注激进主义和分离主义组织在其媒体与数字运动中把抵抗与威胁作为口号，以符合互联网文本的物质传播机制，进而吸引互联网中潜在的受众。[①] 二是关注多模态话语如何通过物质和空间实践来实现意识形态的传播。如 Kalim 分析了恐怖袭击后，社交媒体中巴基斯坦人的民族身份是如何使用图像、标签等多模态话语进行建构，并如何将这一身份具体化、实际化，形成一个排他的民族身份。[②]

（三）语境的"政治性"：从日常生活的冲突到社会与政治运动

从话语的"语境"维度来看，一般来说，语境的微观层面指日常生活的言谈与互动关系，而宏观层面指社会实践的政治、经济、文化等领域。前者主要采用语言学、修辞学、谈话分析等方法进行研究，其理论预设是将媒介和语言视为自然的日常生活现象；后者的典范则是批判话语分析，体现了对社会权力与意识形态实践的质疑和批判。[③] 不过，近年来，这样一种"日常生活"与"意识形态"的二分法也开始被挑战，一些研究者认为二者不能截然区分，因为日常生活中同样充满了多元意识形态话语的斗争。按照政治哲学家墨菲的观点，"政治性"(the political)不能被局限在某种特定的制度或某个特定的领域或社会层次中。它必须被视为内含于一切人类社会的一个冲突性的维度，并决定了我们的本体性境况。在这个意义上，"政治性"的含义从传统的制度化的政治拓展到更广阔的市民社会中的日常政治。[④] 这个观念与社会学家贝克的"亚政治"概念以及吉登斯的"生活政治"概念也是非常接近的。

在本书的媒介话语研究样本中，研究者关注的语境既有微观的日常生活，也有宏观的社会与政治运动，同时也都有"政治性"的体现。在日常生

① Chiluwa, I., "A nation divided against itself: Biafra and the conflicting online protest discourses", *Discourse & Communication*, 2018, vol. 12(4), pp. 357-381.

② Kalim, S., "#WeareUnited: cyber-nationalism during times of a national crisis: The case of a terrorist attack on a school in Pakistan", *Discourse & Communication*, 2019, vol. 13(1), pp. 68-94.

③ 帕迪·斯坎内尔：《媒介—语言—世界》，载艾伦·贝尔、彼得·加勒特编：《媒介话语的进路》，徐桂权译，北京：中国人民大学出版社，2016 年，第 197-211 页。

④ 尚塔尔·墨菲：《论政治的本性》，周凡译，南京：江苏人民出版社，2016 年。

活方面，医疗、公共卫生和健康传播是比较典型的传播语境，涉及不同行动者与媒介话语之间的关系，例如专家与媒介的关系——在医疗报道中专家如何在新闻媒体中重构叙述，使复杂的医疗问题能够为公众理解[①]；患者受到的媒介影响——如关注患者在医疗和社会语境中话语"失能"(disempowerment)的现象[②]；患者之间的社群身份建构及交流模式，如癌症患者在线交流中所使用的隐喻[③]。尤其具有"冲突性"和"政治性"的是关于堕胎的议题，这在西方国家涉及复杂的伦理争议。从天主教的保守主义传统来看，堕胎是对未出生者的谋杀，而从自由主义的世俗立场来看，这完全是个人选择的自由。围绕这些争议，从传统媒体的报道[④]到 Facebook 等社交媒体的辩论[⑤]都成为话语冲突的载体。另一个备受关注的话题是关于"性"与"社会性别"的呈现与表达，例如，Levon 等分析了南非媒体对于男性气质的再现，试图提供细致入微的性别争霸(hegemony)图景，超越主流与从属形式的男性气概之间的简单对立。[⑥] Wilkinson 分析了《泰晤士报》如何通过对"双性恋"的歪曲来进行话语建构，抹杀了"双性恋者"的社会存在。[⑦] 再者，关于语言的身份冲突也是日常生活中重要的政治话题。例如，英国右翼媒体要求居住在英国的移民必须讲英语(This is England，speak English!)，反映了一种语言上的意识形态霸权和反移民的政治立场。[⑧] 从 2020 年开始席卷全球的新冠肺炎(COVID-19)的命名也

---

① Armon，R.，"Expert positions and scientific contexts：Storying research in the news media"，*Discourse & Communication*，2016，vol. 10(1)，pp. 3-21.

② Bullo，S.，"Exploring disempowerment in women's accounts of endometriosis experiences"，*Discourse & Communication*，2018，vol. 12(6)，pp. 569-586.

③ Magaña，D. & Matlock，T.，"How Spanish speakers use metaphor to describe their experiences with cancer"，*Discourse & Communication*，2018，vol. 12(6)，pp. 627-644.

④ Mcdonnell，O. & Murphy，P.，"Mediating abortion politics in Ireland：media framing of the death of Savita Halappanavar Mediating abortion politics in Ireland：media framing of the"，*Critical Discourse Studies*，2019，vol. 16(1)，pp. 1-20.

⑤ Żuk，P. & Żuk，P.，"'Murderers of the unborn' and 'sexual degenerates'：analysis of the 'anti-gender' discourse of the Catholic Church and the nationalist right in Poland"，*Critical Discourse Studies*，2020，vol. 17(5)，pp. 566-588.

⑥ Levon E.，Milani T. M. & Kitis E. D.，"The topography of masculine normativities in South Africa"，*Critical Discourse Studies*，2017，vol. 14(5)，pp. 514-531.

⑦ Wilkinson，M.，"'Bisexual oysters'：A diachronic corpus-based critical discourse analysis of bisexual representation in The Times between 1957 and 2017"，*Discourse & Communication*，2019，vol. 13(2)，pp. 249-267.

⑧ Wright，D. & Brookes，G.，"'This is England，speak English!'：a corpus-assisted critical study of language ideologies in the right-leaning British press"，*Critical Discourse Studies*，2019，vol. 16(1)，pp. 56-83.

成为话语研究的对象，Prieto-Ramos 等分析了八家报纸（美国、英国、法国、西班牙各两家代表媒体）在 2020 年 1 月和 2 月在线发布的新闻的标题，揭示了在公共卫生危机和地缘政治竞争的复杂语境中，“命名”不仅传递信息，也划出了战线。[①] 世界卫生组织于 2020 年 2 月 11 日宣布新名称“COVID-19”后，以前在西方主流报纸上充满意识形态取向的污名化命名开始转变，《纽约时报》和《华盛顿邮报》的报道都审查了与新冠命名有关的政治争议，这暗示着世界卫生组织对这一疾病的命名逐渐渗透到媒体，认识到新冠肺炎的传播成为一场真正的全球危机，而不是一场“外国”的区域危机，也说明了在公共卫生危机背景下社会意义构建的动态性质。

在以上分析中，我们已经发现，一些日常生活的议题其实并不停留在微观层面，往往与宏观的社会与政治语境产生连接。与这些隐隐若现的生活政治议题相比，选举、政治抗议、劳工纷争、经济危机、移民、宗教、民族认同、恐怖主义袭击、国际关系等，则是典型的社会与政治议题，涉及政治、经济、民族、宗教、国际关系等不同领域的社会实践，而媒介话语成为这些社会实践的重要表征，乃至意识形态的再现。如前所述，这方面的一种重要趋势是社会行动者在数字媒介平台采用多模态文本形式来建构与传播民族主义、民粹主义等意识形态话语，并结合相关的时事背景展开。如 Kalim 基于巴基斯坦一次恐怖袭击之后社交媒介上关于巴基斯坦人身份危机的讨论，进行分析后发现社交媒体用户试图构建一个开明、温和的伊斯兰国家形象，并把自己与塔利班所代表的伊斯兰极端主义版本区分开来；研究还发现民族主义和网络空间之间存在着重要的相互作用，因为数字通信手段的新功能为用户提供了新的互动空间，使民族主义自下而上的话语得以构建和传播。[②] 除了这些典型的政治议题外，还有一些新兴的社会议题也成为政治商议和媒介话语的热点。例如环境政治，尤其是气候政治，是媒介话语斗争的一个重要的焦点。如 Kumpu 通过联合国气候峰会报道的分析，展示了其中的共识与分歧；而将气候政治简单化为“解决”与“不解决”的对立，是霸权政治的重要实践。[③] Liu & Li 对 2011—2014 年

---

① Prieto-ramos, F., Pei, J. & Chen, L., “Institutional and news media denominations of COVID-19 and its causative virus: Between naming policies and naming politics”, *Discourse & Communication*, 2020, vol. 14(6), pp. 635-652.

② Kalim, S. & Janjua, F., “#WeareUnited: cyber-nationalism during times of a national crisis: The case of a terrorist attack on a school in Pakistan”, *Discourse & Communication*, 2019, vol. 13(1), pp. 68-94.

③ Kumpu, V., “On making a big deal. Consensus and disagreement in the newspaper coverage of UN climate summits”, *Critical Discourse Studies*, 2016, vol. 13(2), pp. 143-157.

《中国日报》和《纽约时报》《泰晤士报》和《卫报》上关于中国雾霾的报道进行了语料库辅助话语研究，发现它们一致认为中国的雾霾是一种严重的空气污染，对中国居民有一定的影响，构成了政府必须解决的问题。中国的英文报纸更倾向于将其表述为一种对公众健康没有严重影响的天气现象，并为中国政府构建一个积极负责任的形象。英美的报纸则倾向于把它渲染成一种对健康有巨大影响的灾难，并构建中国政府的负面形象，以期向其施压，让其在气候变化方面承担责任。这种差异源于两种媒体背后的社会政治语境的不同。[①]

值得注意的是，当研究者对宏观层面的意识形态话语进行分析时，往往需要采用相应的宏观层面的话语研究路径，如费尔克拉夫的批判话语分析、沃达克的话语—历史分析、拉克劳和墨菲的话语理论分析等。比如沃达克认为，社会现象相当复杂，其间的因果链条如何串联，与语境有密切关系[②]；语境绝非仅指时空情境或情境架构而已，而是指涉历史、社会、文化解构与意识形态之间错综复杂的关系，攸关更为宽广的对文本或话语的理论阐释[③]。例如，Helal 分析了阿拉伯之春以后突尼斯人如何构建自身的身份话语，文章通过突尼斯的两家代表性媒体上 41 篇观点文章的话语—历史分析，发现突尼斯人的身份话语可以分为三种趋势：第一种是本质主义，将突尼斯人与美化的前阿拉伯—伊斯兰古典主义连接在一起；第二种是占据主导地位的同化主义，即突尼斯是一个"熔炉"，融合了不同的东方和西方民族语言传统；第三种趋势正在出现，但在数据中占据边缘地位，它将突尼斯纳入民主、尊严和自由的启蒙理想，认为民主是国家社会经济和道德剧变的灵丹妙药。这三种身份话语的发掘，都是基于具体的历史语境和社会语境的分析，并根据文本与话语交互关系的分析而呈现的。[④]

三、结语：从媒介化表征到媒介化存在的话语研究

至此，本节已从"媒介""文本"和"语境"三个维度对 2016—2020 年三

---

① Liu, M. & Li, C., "Competing discursive constructions of China's smog in Chinese and Anglo-American English-language newspapers: A corpus-assisted discourse study", *Discourse & Communication*, 2017, vol. 11(4), pp. 386-403.

② Reisigl, M. & Wodak, R., "The discourse-historical approach (DHA)", in Wodak, R. & Meyer, M. (Eds.), *Methods of Critical Discourse Studies*. 3rd edition. London: Sage, 2016, pp. 23-61.

③ 林东泰：《批判话语分析总论：理论架构、研究设计与实例解析》，台北：巨流，2019 年，第 207 页。

④ Helal, F., "The discursive construction of 'Tunisianité' (2011-2017)", *Discourse & Communication*, 2019, vol. 13(4), pp. 415-436.

家国际话语研究期刊的文献进行了特征和趋势分析。基本的发现是：

首先，从“媒介”维度来看，媒介话语研究的对象已跳脱出过去以传统媒介为主要载体的研究范围，越来越多地关注各种新兴数字媒体，尤其是各种类型的社交媒体。这种数字媒介的形态变化，不仅为媒介话语研究提供了更丰富的作为实体的研究对象，而且有助于其超越媒介文本的范畴，关注更丰富的传受互动过程中的话语建构。从媒介作为意义空间的层面来看，“公共领域”是媒介话语研究中最常见的一个理论概念，而且从传统媒体拓展到新兴媒介；同时，在数字媒介环境下，“平台”的概念越来越多地被接受，并可能持续地开辟新的想象力空间。而且，数字媒介环境下的话语研究更加看重新兴媒介的物质性特征，对于媒介物与话语的相互作用有更全面的考量。

其次，从“文本”的维度来看，研究者运用多元的话语研究方法来分析不同层次的媒介文本，反映了媒介话语研究的丰富面向。同时，越来越多的媒介话语研究使用“多模态话语分析”来探究数字媒介环境下形态丰富的文本、声音和图像；特别是“多模态批判话语分析”可以对话语和意识形态如何被语言和其他符号形式的媒介所承载，以及如何为特定的政治利益服务进行批判性审视，因而获得不少研究者的重视。

最后，从“语境”的维度来看，研究者关注的语境既有微观的日常生活（如医疗、性别、语言偏见等议题），也有宏观的社会与政治运动（尤其是民族认同、气候政治等议题），同时也都有“政治性”——内在于人类生活的冲突关系的呈现。宏观层面对意识形态话语进行分析时，需要采用相应的宏观层面的话语研究路径，如费尔克拉夫的批判话语分析、沃达克的话语—历史分析路径、拉克劳和墨菲的话语理论分析等。

那么，在数字媒介环境下，媒介话语研究的理论架构是否得到了进一步的完善或充实呢？从上述三个维度来看，我们必须肯定众多研究者的努力探索，为媒介话语研究这个领域不断地添砖加瓦，展示了持续发展的活力。特别是对于数字媒介环境下的新型的话语互动的研究，极大地拓宽了媒介话语研究的视野。对于数字媒介物质性特点的关注，也为话语—物质的关系探究提供了具体的分析。这些都为媒介话语研究理论架构的完善开辟了新的思路。

但是从这五年的研究文献来看，媒介话语研究的理论想象仍然存在开拓的空间。媒介话语研究的一个常见局限是：“我们的领域受到‘媒介表征’（media representation）这一概念的极大影响。当使用话语建构的概念时，许多传播和媒介学者会马上使用‘媒介表征’，聚焦于特定的社会现象如何在屏幕和书写的新闻文本中被再现或歪曲。这种将话语建构主义的本体论简化为媒介内容的倾向，把媒介置于话语建构场域的优先位置，而忽视了在话语建构的生产、维系和抵抗方面具有同样重要位置的其他社会场域（如教育、艺术、政治、宗教等）。"[①]

如何突破简单化的"媒介表征"的思维框架？其中一个努力的方向是从静态的媒介观，向动态的媒介实践观或媒介存在论转变。正如传播哲学家约翰·杜海姆·彼得斯在《奇云》中指出："大部分人将 medium 的概念限制在符号学意义层面，现代的人类—符号学转向丰富了媒介这一概念，这是有充分理由的。"按照这个说法，媒介话语研究也是建立在这种符号学的媒介观的基础上的。然而，彼得斯呼吁，"现在是我们将符号学这样的枝节插回该概念的自然根茎中去的时候了，只有这样才能实现媒介研究的新综合"。[②] 换言之，媒介话语研究需要从"媒介即表征"向"媒介即存在"，从"媒介作为意识形态提供者"向"媒介作为社会秩序的提供者"的本体论转化。当媒介话语研究不再局限于"表征"的层面，而着眼于更广阔的社会存在时，就有可能开启更丰富的分析维度，包括话语与物质、结构与能动的辩证关系。[③] 换言之，对于数字时代的媒介话语研究，既需要对其文本与语境进行分析，也需要考虑其与媒介物质性特点的关联；既需要关注媒介话语的结构、解构与再建构过程，也需要考虑媒介使用者在主体建构中的能动性。

在这方面，来自媒介环境学、媒介化研究、媒介学、媒介技术哲学等领域的前沿研究成果还没有被充分地吸收到媒介话语研究之中。[④] 以目前国际传播学界方兴未艾的"媒介化研究"为例，如果能以"媒介化"的概念重塑媒介话语研究的媒介观，或许可以为其打开新的研究思路。首先，从"媒介化"的视角来看，媒介不仅是实体的技术和机构，或一个静态的公共空间和平台，更是整个社会发展的推动力。按照德国学者克罗茨的观点，"媒介化"是当代的日常实践和社会关系日益由媒介技术与媒介组织所形塑的元

---

① 公丕钰、陈一鸣、徐桂权：《在话语—物质关系中探索数字媒介实践——对话国际媒介与传播研究学会主席尼科·卡彭铁尔教授》，《新闻记者》2023 年第 5 期，第 58 页。

② 约翰·杜海姆·彼得斯：《奇云：媒介即存有》，邓建国译，上海：复旦大学出版社，2021 年，第 57 页。

③ Carpentier，N.，*The Discursive-Material Knot：Cyprus in Conflict and Community Media Participation*. New York：Peter Lang，2017，pp. 66-75.

④ 胡翼青、王焕超：《媒介理论范式的兴起：基于不同学派的比较分析》，《现代传播》2020 年第 4 期，第 24-30 页。

过程。[①] 由此，人类社会正进入一个媒介高度渗透的“媒介化社会”。[②] 在深度媒介化社会中，“媒介逻辑”渗透社会的各个领域，形成了媒介化政治、媒介化宗教、媒介化文化、媒介化体育等新型的社会实践[③]，其中也包括了媒介化的社会语言实践[④]。在文集《媒介化与社会语言变化》中，编者提出了该领域五个值得探讨的研究方向：(1)媒介对日常语言变化的影响；(2)媒介语言对社会互动关系的介入；(3)大众传媒和数字媒介的语言变化；(4)媒介话语如何再现语言的变化；(5)少数语种的媒介空间。这几个方向涵盖了广泛的研究议题，对媒介话语研究也具有相当的启发。但媒介话语研究并不限于社会语言的研究，而涉及更广泛的社会文本和文化表征。而且学者所罗列的上述几个方向之间，仍然缺乏内在的理论关联。

有鉴于此，笔者尝试以费尔克拉夫经典的批判话语分析模型为参照，即媒介文本—话语实践—社会实践三个层次[⑤]，提出以“媒介化(存在)”概念为基础来发展媒介话语研究的理论架构(见图 3-4)。该框架也包括三个层次：媒介化的社会语境及其物质性；媒介化的话语行动与互动；以及媒介的(多模态)文本结构。

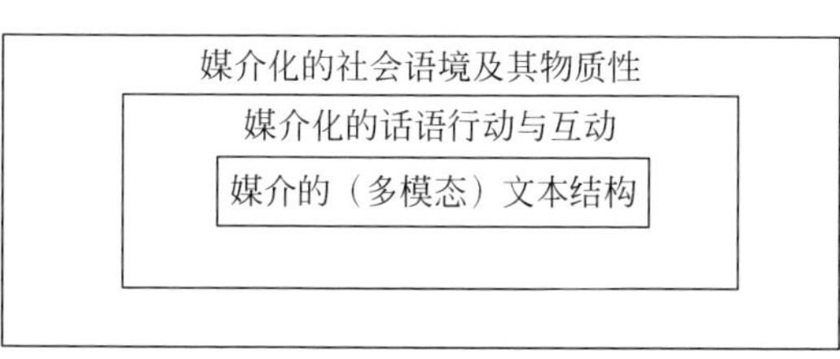

图 3-4　媒介化存在的话语研究框架

第一个层次是媒介化的社会语境及其物质性，强调当下的社会与政治实践都已经深刻地被“媒介化”的元过程所重塑。换言之，没有一个社会领域不受到媒介化的影响。因此，媒介化的社会与政治语境必须作为媒介话语研究的基本背景来考察，例如，民族主义、民粹主义等话语的研究必须考

---

① Krotz, F., "Mediatization, A Concept with Which to Grasp Media and Societal Change", in Lundby, K. (Eds.), *Mediatization: Concept, Change, Consequences*. New York: Peter Lang, 2009, pp. 21-40.

② Hepp, A., *Deep Mediatization*. London: Routledge, 2019.

③ Lundby, K. (Eds.), *Mediatization of Communication*. Berlin: De Gruyter Mouton, 2014; 施蒂格·夏瓦:《文化与社会的媒介化》，刘君、李鑫、漆俊邑译，上海：复旦大学出版社，2018 年。

④ Androutsopoulos, J. (Ed.), *Mediatization and Sociolinguistic Change*. Berlin: de Gruyter Mouton, 2014.

⑤ Fairclough, N., *Media Discourse*. London, UK: Edward Arnold, 1995, p. 59.

虑其与媒介化政治之间的关系。[①] 同时，这个层次的分析还要考虑其与媒介物质性的关联，例如，社交媒体的连接特征对于民族主义、民粹主义话语的支撑作用。由此，才能全面地分析数字媒介逻辑对于政治话语的重构作用，而不仅仅是简单地把媒介作为政治话语的传播管道。

第二个层次是媒介化的话语行动与互动。沿着媒介化研究的社会建构主义路径，媒介可以被理解为一个舞台设置与经验空间，为人类的话语行动和互动提供了表演的场所。这种"话语行动与互动"的思路[②]，突出能动主体如何使用符号资源展开多样的社会行动和互动关系，尤其为数字媒介环境下新型的用户互动和参与关系提供阐释的空间，从而打破过去简单化的文本生产—消费的单向逻辑。

第三个层次是媒介的（多模态）文本结构。在媒介数字化和融合发展的背景下，话语实践越来越呈现出多模态并存、高度互文性和多义性的特征。因此，媒介文本分析不能再局限于传统媒介的语言文本分析，而必须拓展至数字媒介上丰富多样的模态文本，全面考量静态与动态、语言与非语言、符号与非符号资源共存、共同建构意义的复杂形态。

以上三个维度的"理论架构"只是参照媒介化理论而形成的一个粗线条的概括，还相当的初步，并且它不需要成为一个严格、统一的分析框架，而是一个开放性的理论图景。其主要用意是：数字时代的媒介话语研究，需要从"媒介表征"的思维框架，向"媒介化存在"的思维框架转换，从话语—物质、结构—能动的辩证关系中开辟思路。无论是对社会语境及其物质性的阐述，还是话语的行动和互动层面的分析，或是文本结构层面的分析，都要全方位地考虑媒介化"元过程"之下，"媒介逻辑"的渗透或媒介化互动的"型塑"。由此，我们才能将媒介理论的发展与数字媒介的实践变化纳入研究视野中，为媒介话语研究激发新的想象力空间。

---

① Hallin, D., "Mediatisation, neoliberalism and populism: the case of Trump", *Contemporary Social Science*, 2019, vol. 14(1), pp. 14-25.

② Jones, R. H., Chik A. & Hafner, C. A. (Eds.), *Discourse and Digital Practices: Doing Discourse Analysis in the Digital Age*. London: Routledge, 2015.

第二部分
中国语境中公共生活媒介化的经验研究

第四章
从媒介呈现到媒介化参与
——中国语境中媒介话语变迁的基本脉络(2001—2020年)[①]

本书第四章至第九章是中国国家治理语境中公共生活媒介化的经验案例,特别关注近二十年来我国传媒在公共生活中的角色从过去主导的"报道者"(reporter)到社会多元主体之间的"中介者"(mediator)的变迁,以及相应的从"呈现"(presentation)到"参与"(participation)的媒介话语形态的变化。本章将首先对21世纪前二十年新闻媒介话语变迁的总体脉络进行描绘,并对其媒介生态的内在逻辑进行分析。之后的五章将分别围绕五个案例来探讨中国语境中的公共生活媒介化及其话语实践的具体特征。

本章由四节构成,总体上采取在"理论—经验—理论"之间进行往复阐释的思路。第一节从"话语—制度分析"的理论思路出发,勾勒出数字化背景下中国传媒变迁的媒介逻辑及其话语维度。在此框架下,第二节梳理出2001—2009年间以"媒介呈现"为主要形式的、新闻媒体逻辑驱动下的新闻舆论监督的趋势。第三节则探讨2010—2020年间以"媒介化参与"为主要形式的、新媒介技术赋权下的公众参与的特征。在这两个阶段历史经验梳理的基础上,第四节将对近二十年媒介话语变迁背后媒介生态的"四重逻辑"进行理论的再阐释。

第一节　数字化背景下中国的媒介—政治逻辑及其话语维度

如果把1978年中国启动改革开放作为一个时间节点,那么,中国媒介体系的发展脉络基本可以概括为:从一元化国家主导的媒介体系,到国家、市场与社会等多元权力分化的媒介体系演化。这个演化的过程,显然与经济改革后形成的社会主体日趋多元化,进而提出信息多元化诉求的背景相关。[②]

---

① 本章与中山大学新闻传播学院硕士生王丽晶合作完成。

② 陈卫星:《传播的观念》,北京:人民出版社,2008年,第294-295页。

到 21 世纪初，新闻学界已普遍认识到[①]，中国的媒介体系已主要包含三种运作逻辑。

（1）宣传逻辑：按照新中国成立以来建立的党报模式，媒介必须承担宣传党的路线方针政策、教育群众、指导工作的政治使命，以正面宣传为主，把握正确的舆论导向。这是国内所有媒体都必须遵循的主导逻辑。

（2）新闻逻辑：自改革开放以来，新闻界逐渐厘清了新闻与宣传的关系，出现了回归"新闻本位"的思想。在新闻职业逻辑下，新闻媒介是社会公器，必须为受众/公众服务，提供真实、全面、客观、公正的信息。

（3）市场逻辑：改革开放以来，随着传媒市场化改革的推进，媒介还同时遵循了市场逻辑：媒介机构具有商业属性，媒介的新闻生产必须遵循市场交换的原则，满足消费者的需要，并追求自身的利润最大化。

新闻业界与学界人士也普遍认识到，上述三种媒介逻辑之间存在一定的张力与冲突。尤其是新闻逻辑，在宣传逻辑与市场逻辑之间常常只有"碎片化"的局域呈现。[②] 但是，在建设"社会主义市场经济"的政治经济语境下，三种媒介逻辑仍能在实践中找到微妙的平衡状态，并在新闻话语生产中形成相应的宣传话语、新闻职业话语和市场话语。[③]

进入 21 世纪以来，随着互联网和数字传播技术对新闻业与社会发展的影响日益显著，人们逐渐认识到：在传统新闻媒体的三重逻辑之外，"技术赋权逻辑"正在成为当下媒介运作的关键驱动力。更确切地说，数字传播技术包含着一种"技术赋权"的逻辑[④]——数字技术已不仅是支撑媒介运作的基础设施，而且为新闻业的转型、政府的治理和公众的参与传播都赋予了创新和变革的力量。因此，可以从理论上推断，在数字化的媒介环境里，中国媒介—政治体系中包含的政治逻辑和媒介逻辑如表 4-1 所示。

首先，从政治逻辑来看，21 世纪以来"治理与善治"日益成为中国政治的主题。[⑤] 尤其是 2013 年党的十八届三中全会和 2019 年党的十九届四中

---

① 例如，田秋生：《市场背景下制约党报新闻生产的三重逻辑》，《国际新闻界》2009 年第 2 期，第 71-76 页；杨保军：《新闻观念论》，上海：复旦大学出版社，2014 年。

② 陆晔、潘忠党：《成名的想象：社会转型过程中新闻从业者的专业主义话语建构》，《新闻学研究》2002 年第 7 期，第 17-59 页。

③ Pan, Z. & Lu, Y., "Localizing Professionalism: Discursive Practices in China's media reforms", in Chin-Chuan Lee (Ed.), *Chinese Media, Global Contexts*. London: Routledge, 2003, pp. 215-236.

④ 郑永年：《技术赋权：中国的互联网、国家与社会》，北京：东方出版社，2014 年。

⑤ 俞可平：《治理与善治》，北京：社会科学文献出版社，2000 年；李泉：《治理思想的中国表达：政策、结构与话语演变》，北京：中央编译出版社，2014 年。

表 4-1　数字化背景下中国媒介—政治体系的政治逻辑和媒介逻辑

类　型	具体逻辑	媒介身份	受众身份
政治逻辑	国家治理逻辑	意识形态机构	人民、群众、公众、公民
媒介逻辑	宣传逻辑	政策宣传者	人民、群众
	新闻逻辑	信息传播者	接收者(读者/观众/听众)
	市场逻辑	媒介产业	市场、消费者
	技术赋权逻辑	平台/公共空间	用户、网民、公民

全会明确提出要“推进国家治理体系和治理能力现代化”。在国家治理现代化的框架下，一方面，“加快推动媒体融合发展、构建全媒体传播格局”是关乎新闻舆论工作成败的重大战略。在这样的政治逻辑下，新闻媒介是国家治理体系中重要的意识形态机构，新闻舆论工作强调“以人民为中心”，贯彻“群众路线”。另一方面，国家治理体系也重视公众积极有序的参与，尊重公民的知情权、参与权、表达权和监督权。因此，在国家治理逻辑中的“受众”身份中同时包含“人民”“群众”及“公众/公民”的维度。

其次，在媒介逻辑方面，新闻传媒包含着四种具体的子逻辑。(1)宣传逻辑：它仍将新闻传媒视为政策宣传者，将受众视为人民与群众。在这一方面，它与国家治理逻辑最能接合在一起。(2)新闻逻辑：它将新闻传媒视为信息传播者，而将受众视为信息接收者(读者/观众/观众)。由于国家治理需要真实报道的事实信息，新闻逻辑也能与国家治理逻辑较好地接合在一起。(3)市场逻辑：它将新闻传媒视为一个产业，将受众视为市场和消费者，这与国家治理逻辑中的市场经济理念是相吻合的。(4)技术赋权逻辑：它将媒介(尤其是数字新闻网站、社交媒体)视为一个互动平台，乃至公共空间，而将受众视为媒介的用户、网民，甚至是积极参与公共生活的公民。技术赋权逻辑与国家治理的逻辑，以及宣传逻辑、新闻逻辑和市场逻辑都可以接合在一起，因其作为一种“底层逻辑”，为数字媒介环境下的政策宣传、新闻传播和媒介经营都会带来巨大的变化。

技术赋权逻辑尤其增强了受众在公共生活中进行互动和参与的能力，并可能产生不同类型的受众参与的话语。从历史脉络来看，自 20 世纪 90 年代末以来，中国的互联网与市民社会出现共同演化的趋势。[①] 进入 21 世

① Yang, G., “The Co-evolution of the Internet and Civil Society in China”, *Asian Survey*, 2003, vol. 43(3), pp. 405-422.

纪，在互联网上出现了各种形式的"新媒体事件"和受众参与活动。[①] 新闻媒体则试图在国家与公众之间扮演某种"调停人"的角色。[②] 从媒介形态来看，在传统媒体鼎盛的时期，新闻媒体中的新闻评论就已经出现了一定程度的公民话语，即从公民立场出发，为公共利益展开理性诉求的话语。[③] 而在数字媒介环境下，网络平台的用户更是直接成为"公民参与话语"的生产主体，表达形式更加多元化，比如网民可以通过各种"自媒体"渠道独立提供消息和发表评论，其风格则呈现出理性与情感混杂的趋向。从拉克劳和墨菲的话语理论来看，基于主导政治逻辑的"国家治理话语"与基于技术赋权逻辑的"公民参与话语"的话语结构如表 4-2 所示。

表 4-2　国家治理话语与公民参与话语的结构

维　度	国家治理话语	（网络）公民参与话语
节点	国家	公民
主体位置	国家认同、民族认同	公民身份
构成要素	主流意识形态（社会主义民主政治、社会主义市场经济、和谐社会）	公民权利（知情权、表达权、参与权、监督权）
节点及构成要素	纵向关系：基于政治、经济和社会秩序形成的认同关系	水平关系：基于参与公共生活的公民素养形成认同关系

值得注意的是，虽然"国家治理话语"与"公民参与话语"能够较好地结合在一起。但一部分自媒体生产的公民话语由于缺乏理性表达规范的约束，话语风格相对来说更加偏激、情绪化，乃至变异为某种民粹主义的风格[④]，因而可能成为政府舆论引导的主要对象。在这个过程中，国家利用媒介化开展治理的能力也在不断地提升。[⑤] 正如杨国斌所注意到的，2013 年以来，随着国家的互联网治理以"文明净网"的形式展开，中国大陆的冲突

---

① 邱林川、陈韬文：《新媒体事件研究》，北京：中国人民大学出版社，2011 年；Zhang，W.，*The Internet and New Social Formation in China：Fandom Publics in the Making*. London：Routledge，2016.

② 曾繁旭：《传统媒体作为调停者：框架整合与政策回应》，《新闻与传播研究》2013 年第 1 期，第 38-51 页。

③ 徐桂权、任孟山：《时评作为一种利益表达方式：传播社会学的考察》，《开放时代》2010 年第 2 期，第 115-132 页。

④ 陈龙：《当代传媒中的民粹主义问题研究》，北京：中国广播电视出版社，2015 年。

⑤ Sun，W.，"Mediatization with Chinese characteristics：political legitimacy，public diplomacy and the new art of propaganda". in Lundby，K.（Ed.），*The Mediatization of Communication*. Berlin：De Gruyter Mouton，2014，pp. 87-108.

性网络群体性事件有所减少，以共识性为特点的新媒体事件有所增加。[①]这是“国家治理话语”统合“公民参与话语”以及消解“民粹主义”话语的一个体现。因此，尽管技术赋权逻辑驱动下的受众话语出现了多元化的声音，但总体上仍在“国家治理话语”的统合之下。这种技术赋权逻辑既能拓展社会活动的空间，同时亦被国家治理逻辑所吸纳的演化轨迹，在理论上与学者们曾经探讨的国家与传媒关系的“国家法团主义”(state corporatism)模型也具有一定程度的相似性。[②]

下面，我们将以被称为“微博元年”的 2010 年为界，将 21 世纪前二十年的媒介话语形态分为两个阶段。在第一个阶段(2001—2009 年)，传统新闻媒介仍然处于鼎盛时期，并在公共生活中扮演积极的内容呈现与表达的作用。此时，新闻媒体已开始数字化转型的进程，但其角色定位仍是事实信息的报道者。而在第二个阶段(2010—2020 年)，在新型的数字媒介技术赋权下，经过国家推动的媒介融合过程，传媒日趋转型为国家治理和公众参与的平台，成为主流意识形态话语建构、公共政策话语接合及社会情感沟通的中介者。这两个阶段媒介话语形态的具体变迁轨迹，也成为我们检视以上理论论述的经验素材。

第二节　媒介呈现：新闻媒体“三重逻辑”驱动下的舆论监督(2001—2009 年)

在这一节，我们将重点梳理 2001—2009 年间新闻媒体在三重逻辑驱动下在公共生活中的角色，并且着重聚焦于新闻媒体的“舆论监督”功能。在我国，“舆论监督”有广义和狭义之分：广义的舆论监督指公民通过公开形式对国家和社会事务进行监督的行为；狭义的舆论监督指新闻舆论监督，即人民群众通过新闻媒体对国家和社会事务进行监督的行为。[③] 本节中指的是后者。

按照学者展江的总结，世界各国主流新闻事业在新闻法和信息自由(政府信息公开)法的保护下，所从事的舆论监督的具体形式通常有以下三种：(1)大众传媒在第一时间以文字和图像的形式进行海量的客观报道，

---

① 杨国斌：《情之殇：网络情感动员的文明进程》，《传播与社会学刊》2017 年第 40 期，第 75-104 页。

② 潘忠党：《序言：传媒的公共性与中国传媒改革的再起步》，《传媒与社会学刊》2008 年总第 6 期，第 6 页。按照该文的解释，传媒领域的“国家法团主义”表现为：在国家这个公共政策制定与执行的场域，各利益团体——包括执政党——相互博弈，达成互依和互益的交换格局。

③ 马工程教材编写组：《新闻学概论》(第二版)，北京：高等教育出版社，2020 年，第 175 页。

力求使权力的运作置于众目睽睽之下，透明化、阳光化（这是一种看似隐性、实则常规的舆论监督形式）；（2）大众传媒以特殊的新闻文体和节目类型——调查性报道——深入揭露重要腐败案例和现象；（3）大众传媒以新闻评论（社论、个人时评）的形式，针对权力滥用导致的腐败所作的抨击和谴责。[①] 用本节的概念来说，日常的客观报道与调查性报道都属于媒介呈现的范畴，而新闻评论则是在此事实呈现基础上的意见表达。

21 世纪以来，上述三种新闻舆论监督形式在中国都有丰富的实践案例。展江教授将 2001—2009 年间中国新闻媒体的舆论监督实践划分为五个小阶段。[②]

2001—2002 年：电视确立在舆论监督中的强势地位。这个阶段中央电视台 1994 年创办的《焦点访谈》和 1996 年诞生的《新闻调查》在政府和民众中具有广泛影响。主要案例有《焦点访谈》栏目南丹矿难报道揭露当地政府和小矿主勾结，瞒报矿难死亡人数；《新闻 30 分》揭露南京冠生园陈馅月饼等。此外，《财经》杂志揭露“基金黑幕”引人注目；人民网“强国论坛”的开设，为实现网上舆论监督提供了一个途径。

2003 年至 2004 年 9 月：舆论监督全面推进，调查性报道独领风骚。这个阶段官方对舆论监督比较容忍，因此出现了近年来一个少见的舆论监督小高潮，其中最重要的案例是关于大学生孙志刚死亡案和全世界关注的 SARS 事件。2003 年记者节中央电视台推出的八大“风云记者”中，有 7 名是调查记者，说明当时舆论监督宏观环境的宽松。

2004 年 9 月至 2006 年：调查性报道的低谷与时评的崛起。有关部门下达文件，严格限制批评党政系统和官员，尤其是禁止媒体进行跨地区的舆论监督。尽管仍然有一些报纸揭露了一些地方腐败事件，但是大多数媒体放弃了这种工作。与此同时，时评作者粉墨登场，时评作者中媒体以外的知识人越来越多，有论者称之为“公民写作”时代，其中法学、政治学、经济学、历史学等专业背景的作者非常活跃。

2007 年至 2008 年 4 月：新闻评论持续繁荣，调查性报道复苏。“异地监督”的禁令没有取消，但已松动，部分媒体在积极恢复调查性报道，多集中在经济领域。2007 年调查性报道影响巨大，其中河南电视台关于山西“黑砖窑”的暗访最为轰动。《财经》杂志的“谁的鲁能”报道阻止了近数百

---

① 展江：《新世纪的舆论监督》，《青年记者》2007 年 6 月上，第 25 页。

② 展江：《舆论监督在中国的发展历程》，2009-10-08，http://www.aisixiang.com/data/30695-2.html。

亿国有资产的流失。其他重大案例有互联网和传统媒体关于厦门 PX 项目的报道和评论等。

2008 年 5 月至 2009 年：信息公开势如潮涌，舆论监督名至实归。汶川大地震过后，胡锦涛总书记在人民日报社考察工作时的讲话中指出，中国政府因及时公布震情灾情和抗震救灾情况，不仅“赢得了广大干部群众高度评价，也得到了国际社会好评”，并且“其中的成功经验值得认真总结”，要求将信息公开“形成制度长期坚持”。[①] 互联网开始在舆论监督中居于上风，在每起案例中几乎都发挥了中心作用，主要案例有“周老虎”事件、奶制品污染事件、贵州瓮安县“6・28”事件、周久耕天价烟表事件、云南晋宁看守所“躲猫猫”事件、杭州“富二代”飙车案、邓玉娇刺死官员案等。

通过上述阶段性的梳理，我们可以发现，新闻舆论监督与新闻媒体的三重逻辑都存在关联，但与政治领域的政策调整尤其密切相关。经过多年探索后，政府逐渐建立了正规化的信息公开条例，为新闻舆论监督的发展提供了制度条件。

从媒介形态来看，21 世纪以来互联网逐渐超越了报刊、电视等传统新闻媒体，成为舆论监督的主要载体。在过去的大众传播时代，“新闻舆论监督”指新闻媒体“代表”公众来监督公共事务和公权力的运作；而在互联网时代，网络媒体在公众参与中发挥的作用日益突出，使“舆论监督”扩大为广义的形式，成为真正的“公民监督”。

展江教授指出：观察分析近年来的诸多公共事件和公共议题，在处于社会转型时期的中国，公众参与基本皆具有“媒体驱动”(media-driven)的鲜明特点。换言之，当前的公众参与可视为“媒体驱动型公众参与”。我们可以参考传播效果研究中的“议程设置”模型，来总结媒体议程、公众议程和政府议程之间的关系(见图 4-1)。首先，从媒体议程来看，媒体是公众参与的发动机，正是媒体设置某项议题和框架，才有可能引发公众参与。其次，从公众议程来看，公众在日常生活中并不是完全受制于媒体议程的控制，公众也会自发设置公众议程，而媒体是公众声音的放大器。最后，从政府议程来看，政府进行民主决策时需要吸收公众的意见，媒体在其中的作用主要是全程检测政府行为和公众参与状况，给公众提供讨论的舆论平台，满足公众的知情权。当然，以上只是一个理想化的理论图景，现实中必须通过改善微观和中观的媒体环境以及制度，才能保障媒体功能的有效、

---

① 《胡锦涛在人民日报社考察工作时的讲话》，中国文明网，www.wenming.cn/specials/zxdj/gjwf/zyjs/201302/t20130225_1085148.shtml。

充分发挥。[①]

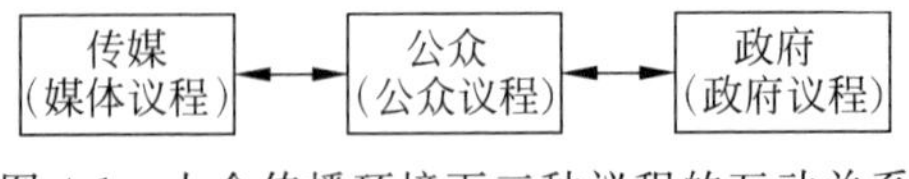

图 4-1 大众传播环境下三种议程的互动关系

笔者认为，以上模型较好地描绘了大众传播时代媒体、公众与政府的三角互动关系，也能在一定程度上阐释传统媒体与互联网媒体并行时期，新闻舆论监督的议程传递过程。然而，从 2009 年起，随着“微博”这种社交媒体的兴起，传统的新闻舆论监督过程开始发生颠覆性的变化。尤其是 2010 年开始，微博上的广大用户真正成为舆论热点的发起者和讨论主体，其产生的信息内容的影响甚至大于传统新闻媒体报道的影响。这时，我们就需要对大众传播时代的议程设置模型进行修正，或者提出数字媒介环境下拓展的政治传播网络模型。[②]

同时，我们也需要对“公众参与”的概念进行再思考。在政治学中，“公众参与”具有比较广泛的含义。比如，俞可平教授认为，公众参与“就是公民试图影响公共政策和公共生活的一切活动”[③]，那么，新闻舆论监督无疑是一种重要的公众参与形式。而在传播研究中，如本书第二章所讨论的，受众活动具有近用(access)、互动(interaction)、参与(participation)等不同的层次。在大众传媒环境下的新闻舆论监督过程中，受众往往只是作为读者，处于近用的层次。互联网门户网站和论坛的出现，使受众的互动性评论成为可能。而以微博、微信为代表的社交媒体的兴起，为大范围的受众参与提供了技术平台，从而为真正意义的“媒介驱动型公众参与”创造了机会。这也是我们以 2009 年/2010 年进行划界讨论的原因。

第三节 媒介化参与：新媒介技术赋权下的公众参与(2010—2020 年)

2010 年以来，随着微博、微信等社交媒体平台的兴起，网民在舆论事件中显示出巨大的力量。可以说，互联网的传播技术特征使得公众在舆

---

① 展江、吴麟：《社会转型与媒体驱动型公众参与》，《中国媒体发展研究报告》2010 年，第 121-147 页。

② 施蒂格·夏瓦：《文化与社会的媒介化》，刘君等译，上海：复旦大学出版社，2018 年，第 61-63 页。

③ 俞可平、贾西津主编：《中国公民参与—— 案例与模式》，北京：社会科学文献出版社，2008 年，第 1 页。

论中发挥的作用日益突出，公众能够通过跟帖、评论和用户原创内容(UGC)等方式进行互动、参与等层次上的受众活动。相较于大众媒介时代，公众拥有了更多意见表达的机会，舆论拥有了真正意义上的“公众参与”的性质，舆论的发展机制从以往的“传统媒体设置议程—网络舆论响应—传统媒体与网络舆论协同”的模式转向“网络平台舆论策源—传统媒体跟进”的新模式。[①] 由于政治、产业、技术的持续变革和交替作用，公众的媒介化参与(mediated participation)在不同时期有其不同的特征，本节将 2010—2020 年新媒介技术赋权下的公众参与划分为以下四个小阶段。

2010—2013 年：意见领袖与网络公共议题的联动。自 2009 年微博崛起后，大量记者、学者、商人、明星等拥有一定专业身份和社会资本的人士在微博中开设个人账号，因为拥有大量粉丝迅速成为拥有较大影响力的“大 V”，这些意见领袖在舆论的议题发展中发挥了重要作用。[②] 在这个阶段，媒体的力量已经转换为代表着机构媒体的意见领袖的力量，他们在新闻事件中常常将微博作为其发布新闻、表达观点的平台。其他网民常常在这些“大 V”的带领下聚焦于某个事件，进行意见表达或发布相关的新闻线索。例如，在 2010 年的宜黄拆迁案中，记者邓飞利用微博对其中的“机场围堵案”进行了“直播”；受到邓飞的启发，在其后的“抢尸案”中，部分网友和事件当事人也在微博上直播了事件。网民参与事件过程当中的“直播”在公众中凝聚起了一股“气场”，使得起初并没有直接传递到公众的“怨气”转化为了公众的“气场”。[③] 2011 年温州动车追尾事件中由媒体人发出的评论“中国，请停下你飞奔的脚步，等一等你的人民”等句子也一度成为互联网流行语，引起网民的关注和转发。在夏俊峰案中，郑渊洁和李承鹏这两位意见领袖通过发帖、发起投票、发表文章等方式向公众传达了自身观点，在唤起公众的同情与悲悯中起到了重要作用。[④] 由此可见，在传播技术发展初期，更具媒介使用技能和素养的群体在舆论参与中发挥着更为重要的作用。在这一阶段中，虽然党报党刊、市场化媒体和行业媒体依然在议程设置中起到重要作用，但一些媒体在报道或评论的立论上成了意见领

---

① 钟怡：《改革开放四十年社会变迁与舆论》，上海：上海人民出版社，2018 年，第 102 页。

② 曾繁旭、黄广生：《网络意见领袖社区的构成、联动及其政策影响：以微博为例》，《开放时代》2012 年第 4 期，第 115-131 页。

③ 吕德文：《媒介动员、钉子户与抗争政治：宜黄事件再分析》，《社会》2012 年第 3 期，第 129-170 页。

④ 袁光锋：《同情与怨恨——从“夏案”、“李案”报道反思“情感”与公共性》，《新闻记者》2014 年第 6 期，第 11-16 页。

袖的跟随者。[①]

2014—2016 年：意见领袖影响力下降，自媒体话语权持续增强。 自 2013 年 8 月公安部部署专项行动打击网络有组织造谣传谣，“大 V”的影响力逐渐下降，草根网民开始崛起。例如 2015 年的热点事件东方之星沉船案和“9・3”阅兵中，来自草根网友而非意见领袖的言论给人们留下了深刻印象，这意味着意见领袖影响力的逐渐下降。草根话语的崛起背景之下是官方话语的持续减弱，2014 年“东莞扫黄”事件中，网民对官方报道的无视和歪曲在一定程度上说明了官方话语和草根话语的隔绝。同时，2012 年以来逐渐兴起的以微信为代表的移动通信工具的出现对微博有明显的分流作用，微信带来的“客厅式”社交与微博“广场式”社交的不同之处在于，微信用户通常有着相似的社会学特征，因此，处于同温层的微信用户有其共同的利益诉求和关心的议题。[②] 在这样的状况下，草根群体的利益表达逐渐取代意见领袖的口舌之争。微信同时带来了“订阅号”这种信息获取方式的兴起，因为容易在具有相似利益偏向的群体中进行传播，公众号比较容易获得大量关注和点击。据《2015 年中国互联网舆情分析报告》，行业自媒体胜过主流媒体和机构媒体等类别，成为日均阅读量和被点赞数最高的公众号类别。[③]

到了 2016 年，公众在舆论参与中表现出了更为强大的力量，网民常常主动设置自议程，制造舆论事件，直接参与到政府议程中。例如 2016 年的帝吧出征、魏则西事件、雷洋事件，由网民所引发的舆论热潮直接影响了政府议程。除此之外，自媒体的作用在持续增强，在 2016 年的山东“问题疫苗”案中，一些医疗领域的自媒体或对耸人听闻的新闻标题提出了批评，或对问题疫苗进行科普，弥补了权威信息的不足。[④]

2017—2018 年：主流媒体和政府机构媒体影响力回升。 2017 年以来，随着媒体融合的持续展开和网络治理的常态化，主流媒体在新媒体平台上的影响力持续增强，例如《人民日报》在中国人民解放军建军 90 年之际推出的新媒体产品《快看呐！这是我的军装照！》，引发了网友大规模、现

---

① 祝华新、单学刚、刘鹏飞等：《2013 年中国互联网舆情分析报告》，载《2014 年中国社会形势分析与预测》，北京：社会科学文献出版社，2014 年。

② 钟怡：《改革开放四十年社会变迁与舆论》，上海：上海人民出版社，2018 年，第 61 页。

③ 祝华新、潘宇峰、陈晓冉：《2015 年中国互联网舆情分析报告》，载《2016 年中国社会形势分析与预测》，北京：社会科学文献出版社，2016 年。

④ 祝华新、潘宇峰、陈晓冉：《2016 年中国互联网舆情分析报告》，载《2017 年中国社会形势分析与预测》，北京：社会科学文献出版社，2017 年。

象级的参与，唤起了爱国热情。[①] 2018 年，主流媒体的影响力持续增强，《人民日报》、新华社、央视新闻在新浪微博上的粉丝数加起来接近 1.97 亿，新闻客户端的下载量累计超过 11 亿，拥有巨大的舆论影响力。此外，随着民意回应制度建设的持续推进，政府机构媒体在舆论场上的影响力上升，成为发布信息、回应舆论、提供服务的重要渠道。[②]

2019—2020 年：网络治理框架下参与主体多元化、社会议题多样化。 2019 年以来，在制度化的网络治理框架下，舆论中的参与主体更加多元，包括明星、名人、企业、政务机构媒体、网红主播、普通网民、专业媒体等都常常出现在网络舆论中，例如由视觉中国的“黑洞”照片版权争议、翟天临论文抄袭事件、短视频博主李子柒走红、西安奔驰女车主维权、《中华人民共和国民法典》通过等由不同主体引发的当年热点事件。另外，舆论的主题也日渐多样化，常常涉及不同地区、不同领域、不同群体，除了以往涉及民生的公共卫生、食品安全、社会安全等议题外，涉及互联网的共享经济、数据安全、网络游戏、网络教育等也引发人们关注。这些变化体现出目前舆论场主题与议题的多元化特点。同时，互联网主题传播汇聚更多的正能量，短视频和智能媒体对舆论生态的影响不断深化。[③]

经过以上的梳理我们可以发现，作为最大变量的技术已经赋予公众在舆论场上的自主权和话语权，公众参与成为舆论的主体。这个阶段的早期，拥有较高技术素养和较多社会资本的“大 V”们作为公众当中的意见领袖能够主导舆论的议题和方向，而后，随着技术的持续发展和社会环境的变化，“大 V”们的表达意愿逐渐减弱[④]，普通网民群体的音量逐渐升高，甚至显现出一定的民粹主义色彩。[⑤] 总之，新闻媒体不再拥有前十年间在舆论场中的中心地位，包括媒体、普通网民、学者、商人、明星、离职记者、自媒体、政府机构在内的任何人都可以成为新闻发布、新闻批评当中的一员（见图 4-2）。换言之，舆论的重心逐渐从媒体的呈现转向公众的参与，但媒体在其中扮演重要的中介角色。

---

① 祝华新、廖灿亮、潘宇峰：《2017 年中国互联网舆情分析报告》，载《2018 年中国社会形势分析与预测》，北京：社会科学文献出版社，2018 年。

③ 祝华新、廖灿亮、潘宇峰：《2018 年中国互联网舆情分析报告》，载《2019 年中国社会形势分析与预测》，北京：社会科学文献出版社，2019 年。

③ 同②。

④ 李彪：《舆论学教程》，北京：中国人民大学出版社，2020 年，第 32 页。

⑤ 郑雯，桂勇，胡佳丰：《网络民粹主义：内核、表征与发展趋势》，《青年记者》2020 年第 25 期，第 32-34 页。

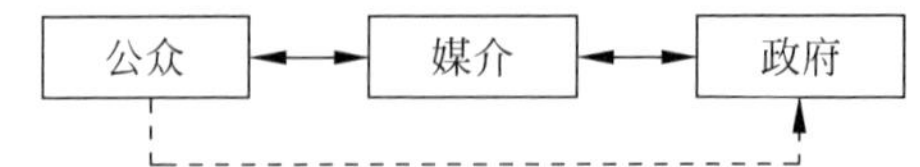

图 4-2　新型的媒介化背景下三种议程的互动关系

下面试图对议程设置的模型进行修正，以使其更加符合新型的媒介化背景下的议程互动状况(见图 4-2)。第一，从媒体议程来看，传媒为公众设置议程的能力已经大大减弱了，在很多时候，诞生于公众内部的意见领袖、舆论事件中的当事人、政府机构等会在设置公众议程中起到更为重要的作用。[①] 第二，从公众议程的角度来看，公众已经完全有能力依靠组织和行动的力量引发舆论热潮、制造舆论事件，直接影响政府议程。第三，从政府议程的角度来看，尽管存在着各种回应性不足的问题[②]，但政府的民意回应制度已经使得其能够自主利用技术平台直接与公众对话，接受公众的意见、建议和监督，主动将公众议程纳入政府议程当中。尤其是在一些突发的危机事件中，政府通过微博微信等政务媒体发布的情况通报、处理结果等信息对公众形成的影响力远远大于通过媒体发布的信息。[③] 但需要注意的是，尽管传媒对公众的议程设置能力降低，但主流新闻媒体作为党和国家宣传阵地中的重要组成部分，依然是政府向公众传递政治议程、进行政治动员的重要渠道。

由此来看，在技术驱动、媒体产业变革以及国家新闻舆论工作重心变化的背景下，公民的声音成为舆论表达中强大的力量，能够通过媒介化的过程而影响政府议程，同时又与国家治理体系保持良好的协同互动关系。学者王绍光曾将由民间提出公共议程的方式划分为民众参与程度较高的外压模式和民众参与程度较低的上书模式，以这个划分方式来看，现阶段的公众以外压模式参与的显著性更高，即在“焦点事件”影响下，大多数民众的关注和话语行动所形成的民意的压力，能够促使决策者调整政策方向。[④] 从目前的情况来看，随着传播技术的发展和国家治理能力的发展，公众参与通道已经越来越常态化，越来越平等地对大多数人敞开，但还存在着比较多回应性不足的问题。

---

① 谢耘耕、荣婷：《微博传播的关键节点及其影响因素分析——基于 30 起重大舆情事件微博热帖的实证研究》，《新闻与传播研究》2013 年第 3 期，第 5-15、126 页。

② 翁士洪：《网络治理能力视角下的政府回应效果研究》，《公共管理与政策评论》2020 年第 3 期，第 49-61 页。

③ 谢耘耕、荣婷：《微博传播的关键节点及其影响因素分析——基于 30 起重大舆情事件微博热帖的实证研究》，《新闻与传播研究》2013 年第 3 期，第 5-15、126 页。

④ 王绍光：《中国公共政策议程设置的模式》，《中国社会科学》2006 年第 5 期，第 93-99 页。

第四节　近二十年媒介话语变迁背后的“四重逻辑”再阐释

至此，我们大致梳理了2001—2020年间我国公共生活中新闻媒介话语变迁的基本趋势。上述梳理当然不能反映媒介话语的所有议题和各种具体话题形态，而只是围绕“舆论监督”和“公众参与”两个主题，结合媒介技术形态的演变，进行概览式的描绘。在此经验材料的基础上，本节试图对近二十年媒介话语变迁背后媒介生态的“四重逻辑”进行再阐释，包括：(1)宣传逻辑，从“新闻宣传工作”到“新闻舆论工作”的发展；(2)新闻逻辑，从“职业新闻”到“液态新闻”的演变；(3)市场逻辑，产业重构背景下“商业主义”话语的兴起；(4)技术赋权逻辑，数字技术赋权下公众成为参与传播的主体。

一、宣传逻辑：从“新闻宣传工作”到“新闻舆论工作”的发展

舆论管理一直是中国共产党的重要工作内容，报刊和舆论在党的形成、发展过程中起到了重要作用。一方面，“坚持党性原则”一直是舆论工作当中的硬核地带，舆论始终都是为治国理政、巩固党的执政地位和合法性服务的工具①；另一方面，在不同的时期，随着形势的变化，中国共产党的舆论管理同样也经历一个不断变化的过程。按照官方的表述，党的舆论管理经历了从“新闻宣传工作”向“新闻舆论工作”的转变②，也有学者将这种转变称为从“宣传1.0”向“宣传3.0”的转变③，或者将其归纳为政党的“一元型沟通”向“整合型沟通”的转变④，以突出舆论管理的方式从单一向多元变化的过程。

从20世纪90年代报纸开始实行市场化改革开始，舆论管理就开始发生了一些转变。在“坚持党性原则”这一总体理论的统筹下，报纸开始引入各种创新业务实践，“舆论监督”作为一种新的业务实践，也被正式引入新

---

① 张志安、晏齐宏：《当代中共领导人舆论观及其变迁逻辑》，《当代传播》2018年第2期，第4-12页。

② 习近平：《坚持党的新闻舆论工作的正确政治方向》，载《论党的宣传思想工作》，北京：中央文献出版社，2020年，第181-189页。

③ 刘海龙：《全球语境下中国宣传模式嬗变及其逻辑》，《二十一世纪评论》2020年第6期，第21-37页。

④ 苏颖、于淑婧：《权威性沟通及其变革——中国共产党百年政治传播制度变迁研究》，《政治学研究》2021年第4期，第50-63、156页。

闻工作实践中，成为这一时期最重要的新闻实践主题。但是其实中国语境下的“舆论监督”从一开始就是一个模糊的概念，它有的时候体现为政府和媒介对社会现象的选择性呈现，有时候又体现为媒介对政府或社会现象的批评。总的来说，报纸的舆论监督其实依然是一种政府利用媒介的治理行为，是为了在市场经济环境下更好实行“党性原则”而引入的新的业务实践。[①] 这一点从《焦点访谈》类节目的记者、编导的论述中可以体现：“以社会的稳定、有利于发展、从大局出发”“不要去触及那些政府根本就解决不了的问题……因为这个问题如果不解决老百姓的意见会越来越大”。[②] 实际上，报纸的市场化改革指的就是“如何引进一些新型的操作方法在市场经济条件下实行这些基本原则，而并不是以另一种体制来替换原有的体制”。[③]

到了2003年以后，舆论管理手段随着时代发展又出现了新的变化。为了应对改革中出现的各种问题，政府逐渐形成了以“科学发展观”为核心的治国理念，以往的“总体性支配”方式逐渐往“技术性治理”转变。[④] 虽然“意识形态导向”依然是舆论管理工作的“硬核”地带，但在这种“法治化、规范化、技术化、标准化”治理理念的要求下，舆论管理的多重向度也逐渐体现出来。政府开始加快完善“新闻发布制度”与“民意回应制度”等标志着宣传工作“创新”和“飞跃”的制度，尤其是“民意回应制度”，“蕴含着工作方向、内容、对象、方式的重大变化”[⑤]，可以将其看作一种独具中国民主特色的制度安排，意味着意识形态的接受不再是单一的自上而下，而是转变为建立在民主价值上的民意表达、回应和接受。

自2009年开始，人民网舆情监测室开始每个季度发布一次地方政府网络舆情应对能力排行榜数据报告。从这个时候开始，在绩效考核和指标要求下，政府以各种形式对民意进行搜集、回应和鼓励，民众开始参与到舆

---

① 孙五三：《批评报道作为治理技术——市场转型期媒介的政治—社会运作机制》，《新闻与传播评论》2002年，第123-138、281、291页。

② 郭镇之：《从“焦点访谈”类专题报道看舆论监督作用》，打印稿，转引自孙五三：《批评报道作为治理技术——市场转型期媒介的政治—社会运作机制》，《新闻与传播评论》2002年，第123-138页。

③ 潘忠党：《新闻改革与新闻体制的改造——我国新闻改革实践的传播社会学之探讨》，《新闻与传播研究》1997年第3期，第62-80、96-97页。

④ 渠敬东、周飞舟、应星：《从总体支配到技术治理——基于中国30年改革经验的社会学分析》，《中国社会科学》2009年第6期，第104-127、207页。

⑤ 中共中央宣传部舆情信息局：《舆情信息工作概论》，北京：学习出版社，2006年，第43-44、89、150-151页；转引自苏颖、于淑婧：《权威性沟通及其变革——中国共产党百年政治传播制度变迁研究》，《政治学研究》2021年第4期，第50-63、156页。

论的表达中。2016 年以后，中央政府出台了一系列要求对舆论进行收集、回应的文件，之后网络民意回应逐渐走上正式化的轨道。面对新形势，习近平总书记在 2016 年 2 月 19 日党的舆论工作座谈会上的讲话中提到"坚持以人民为中心的工作导向，尊重新闻传播规律，创新方法手段，切实提高党的新闻舆论传播力、引导力、影响力、公信力"。党媒、机关媒体在"传播调适"后也成为舆论表达当中的一员，开始以增加情感化表达、营造亲密性或以民众的视角进行组织动员等多样化的姿态参与到舆论表达中，从而通过这些方式夺回舆论的主导权。①

总之，大致在 2009 年以前，舆论管理工作以"新闻宣传"的观念为主，主要通过媒体宣传党的路线、方针和政策，或引进一些新的业务手段对以专业媒体为主体的新闻实践进行创新，其目的都是更好地贯彻新闻媒体的党性原则，实现意识形态统筹。而 2009 年以来，随着国家治理手段的总体更新和现代化治理的目标要求，舆论管理工作开始发生转变，同时包含了意识形态统筹和鼓励公众参与两个向度，既坚持新闻媒介是国家治理体系中重要的意识形态机构，同时也认可公众参与的重要性，尊重公民的知情权、参与权、表达权和监督权。

二、新闻逻辑：从"职业新闻"到"液态新闻"的演变

在 1978 年以前，新闻从业者在媒体的行政归属下，主要受到宣传话语的影响，新闻工作基本等同于宣传工作。1978 年党的十一届三中全会以来，中国的新闻改革经历了"高扬新闻规律"、引进信息观念、重新确认新闻事业的双重属性、迈向多元结构等多次跨越。② 在这个过程中，新闻从业者的职业理念也开始发生变化，产生了一种糅合西方新闻职业话语与中国传统知识分子责任感的强烈职业使命感，这一职业理念处在与"坚持党的基本原则"等的不断协调中③，但已经产生了有异于传统宣传观念的职业新闻理念的成分。《南方周末》2000 年第一个记者节的社论是这一时期新闻从业者对自身角色看法的典型代表："给弱者以关怀，让无力者有力，让悲观者前行"，"当我们把真相告诉公众，我们不仅表达了记者的愤怒，更表

---

① 龙强、李艳红：《从宣传到霸权：社交媒体时代"新党媒"的传播模式》，《国际新闻界》2017 年第 2 期，第 52-65 页；张志安，章震：《党团关系视野下新机关媒的传播调适研究——以@共青团中央微博为个案》，《现代传播(中国传媒大学学报)》2021 年第 4 期，第 47-53 页。

② 李良荣：《新闻学概论》(第七版)，上海：复旦大学出版社，2020 年，第 347-355 页。

③ 王海燕：《自治与他治：中国新闻场域的三个空间》，《国际新闻界》2012 年第 5 期，第 14-20 页。

达了社会的良知”。这些表述反映了记者们对传媒功能、角色的看法，成为这一时期部分新闻工作者们所遵循的一种理念。[①]

从新闻生产的过程来看，专业化的新闻媒体都有着其标准的生产流程、分发流程，在过去的舆论监督中发挥着巨大的作用。尤其是在1995年都市报崛起以后，由于符合现代化进程中的市民利益需求和精神需求，能够从市民立场出发提供政策变化、经济发展、灾难、战争等硬新闻，并满足市民对名人逸事、市井奇事的好奇心，以都市报为代表的纸媒从传统读者眼中可有可无的存在转变为市民生活中不可或缺的存在，迅速占领了市民生活和注意力。[②] 记者及新闻媒体成为舆论力量的强大推动者和制造者。

从那时起，媒体的角色逐渐发生了转变：既是“党的喉舌”，又是“社会的喉舌”。[③] 其最重要的表征就是在2000—2009年爆发的多个公共事件和群体性事件中，新闻媒体扮演了极为重要的角色。媒体不仅为公众提供利益表达和意见聚合的平台，促进公众进行社会参与；还在个人表达缺乏制度支持、民间组织力量薄弱的情境中充当着国家、社会、个人互动中的重要中介，通过联通个人的困扰与政治、法律、体制议题，将“生活政治”与“解放政治”交织起来，推动着制度变革和社会观念进步。[④] 可以说，这一时期的职业媒体掌握着强大的话语权，大众媒体成为“中国社会体制性利益表达管道中最重要的一环”。[⑤]

而在2009年以后，以微博为代表的Web 2.0互联网技术的崛起，不同的主体开始参与到新闻生产中，以往通过组织化机构和专业记者进行生产和传播的新闻演变为多主体、多中心的社会化动态实践。[⑥] 通过提供新闻线索、联系新闻当事人、发表评论和批评等，公众得以参与到新闻的生产中，包括公众、事件当事人、新闻从业者、前媒体人在内对新闻的讨论反过来也成为影响组织化的新闻机构进行新闻生产的决定性因素，新闻的形

---

① 陆晔、潘忠党：《成名的想象》，《新闻学研究》（台湾）2002年第2期，第17-59页。

② 孙玮：《中国现代化进程中的都市报——都市报的产生及其实质》，《新闻大学》2003年第4期，第7-13页。

③ 曾繁旭：《社会的喉舌：中国城市报纸如何再现公共议题》，《新闻与传播研究》2009年第3期，第93-100、110页。

④ 孙玮：《中国“新民权运动”中的媒介“社会动员”——以重庆“钉子户”事件的媒介报道为例》，《新闻大学》2008年第4期，第13-19页。

⑤ 吕德文：《媒介动员、钉子户与抗争政治：宜黄事件再分析》，《社会》2012年第3期，第129-170页。

⑥ 张志安：《新闻生产的变革：从组织化向社会化——以微博如何影响调查性报道为视角的研究》，《新闻记者》2011年第3期，第41-47页。

式、新闻的生产传播逐渐趋于“液态”。[①]

其中，值得一提的是，以往的职业记者在离开职业新闻机构以后重新参与新闻的实践。以调查记者为例，从2012年媒体遭遇商业危机开始，由于对部门管理和个人收入的不满，大批调查记者离开了原来的媒体机构。调查显示，这些前调查记者有45%选择行业内转型、22.1%选择自主创业。[②] 而无论是行业内转型还是自主创业，原先的职业媒体人依然会以“自媒体人”的身份参与到新闻的生产、传播和批评中，在“职业新闻人”与“非职业新闻人”之间来去自如。“前媒体人”参与新闻生产传播的方式有四种：一是将其长期以来对某个行业、问题的深入了解与其他资料和社会网络交叉验证，整合成一篇凸显某一问题症结的“报道”；二是凭借特有的新闻敏感从海量的信息中发现线索，通过“爆料”的方式呈现问题，通过问题的呈现将其余行动主体囊括到问题的传播与解决中；三是通过对新闻报道进行评议，廓清新闻报道的规范、伦理与坚守等问题；四是不固定周期的随机报道。[③]

这些“前媒体人”的参与不仅模糊了新闻的职业边界，形塑了新的新闻生态系统[④]，而且经常因为提供的信息所具有的重大价值，引起公众的重视和强烈反响。媒体人既有的人力资本和身份权威也能够使得他们在社会化媒体中以自己的身份和职业技能调动公众的参与。即使是在个人所面对的遭遇中，媒体人或前媒体人也能通过在社会化媒体中即时发布不带个人主观情绪的情况描述将自身的遭遇与公共议题联系起来，并及时对各种各样的消息进行转发和回应来保持事件热度，以此引起公众的关注和重视，在公众的参与中获得象征性“授权”，推动体系变革。[⑤]

总的来说，在去中心化的“液态新闻业”媒介生态背景下，过去掌握着主导话语权的传统新闻媒体逐渐失去了其以往的地位。具体表现是：一方面，传统媒体不再具有为公众设置新闻议程的主导能力，新闻或资讯的

---

① 陆晔、周睿鸣：《“液态”的新闻业：新传播形态与新闻专业主义再思考——以澎湃新闻“东方之星”长江沉船事故报道为个案》，《新闻与传播研究》2016年第7期，第24-46、126-127页。

② 曹艳辉：《“双重推力”与“单维拉力”：中国调查记者的职业流动研究》，《新闻大学》2019年第7期，第53-67、122-123页。

③ 陈立敏：《从“记者”到“积极行动者”：前媒体人的新闻参与研究》，《新闻大学》2021第5期，第66-80、123-124页。

④ 张志安、汤敏：《新新闻生态系统：中国新闻业的新行动者与结构重塑》，《新闻与写作》2018年第3期，第56-65页。

⑤ 李红艳、李硕：《社会化媒体中的“代表”实践——基于新浪微博“急救门”事件的分析》，《现代传播(中国传媒大学学报)》2017年第5期，第47-51页。

获取更多受到朋友圈的点击量、过往所表现出来的兴趣等因素影响，而未必在于新闻本身所具有的重大性或冲突性新闻价值；在算法主导的社交媒体中，公众甚至能够通过共同点击、传播、讨论制造热搜，从而设置新闻议程。[①] 另一方面，意见领袖成为在公共事件中设置公众议程、影响公众讨论的议题和方向的主要角色[②]；在一些网络上的热点事件中，掌握着话语权的往往是事件的当事人或者名人，以及负责事件调查、执法和处理的政务微博，而传统媒体不再成为大家获取信息的主要节点，但仍在信息网络系统里发挥重要的中介作用。[③]

三、市场逻辑：产业重构背景下"商业主义"话语的兴起

从新中国成立到1992年实行全面市场化改革前，我国的传媒产业基本处于计划经济体制之下，没有自身的经营权，经济收入依靠财政拨款。1978年开始实行"事业化管理、企业化经营"的"双轨制"后，少量媒体能够通过发行获得一些收入。直到1992年市场化改革之后，我国的传媒产业才走上自主经营管理的道路，广告收入成为传媒经营最主要的收入。从这个时候开始，新闻媒体的经营体制发生了改变，在经营上拥有了更大的自主权。新闻媒体面临的最大压力变成了能否依靠内容质量和特色赢得读者的青睐，从而实现广告费的增加。[④]

在这个背景下，我国新闻业的职业话语在报纸的市场化改革中生长起来，以满足受众市场的需要。[⑤] 但在一些学者看来，真正的新闻从来不应该是买卖，商业模式中生长起来的新闻职业话语从一开始就是不牢靠的。[⑥] 2012年报业危机后新闻业转型的话语趋势，印证了其中的风险：新闻职业话语让位于商业主义话语。[⑦]

---

① 王茜：《批判算法研究视角下微博"热搜"的把关标准考察》，《国际新闻界》2020年第7期，第26-48页。

② 王晗啸、李成名、于德山等：《基于上下文语义的网络议程设置研究——以红黄蓝事件为例》，《国际新闻界》2020年第4期，第77-97页。

③ 谢耘耕、荣婷：《微博传播的关键节点及其影响因素分析——基于30起重大舆情事件微博热帖的实证研究》，《新闻与传播研究》2013年第3期，第5-15、126页。

④ 周茂君：《我国传媒产业经营政策及其影响》，《武汉大学学报（人文科学版）》2001年第2期，第244-249页。

⑤ 陆晔、潘忠党：《成名的想象》，《新闻学研究》（台湾）2002年第2期，第17-59页。

⑥ 彭增军：《主义与生意：新闻模式与商业模式的悖论》，《新闻记者》2018年第1期，第70-75页。

⑦ 李艳红、陈鹏：《"商业主义"统合与"专业主义"离场：数字化背景下中国新闻业转型的话语形构及其构成作用》，《国际新闻界》2016年第9期，第135-153页。

自 2012 年以来，传统新闻业遭受了巨大的产业危机。从最基本的盈利状况来看，报纸的主要生存来源广告费在 2011 年达到顶峰，之后连年大幅下滑。报纸广告收入由 2011 年的上升 11.2% 到 2012 年陡然下降 7.3%，2013 年又继续下降 8.1%，到 2014 年报纸广告的降幅为负 18.3%，2015 年的情况更是严重，下滑达 35.4%，呈现出“断崖式下滑”的状况。[①]

面对新闻业的产业危机，在欧美新闻界，业界和学界的专业人士常常对问题的本质、原因、解决的办法等存在“盈利危机话语”“结构危机话语”和“观念危机”等不同的判断。[②] 然而在中国，大多数专业人士都将新闻业危机诊断为“盈利”的危机，并以商业主义框架作为解决办法，开出解决药方。[③] 为了在危机中转型、恢复盈利，新闻媒体纷纷在新的传播平台开设了自己的微博和微信公众号，无论是都市报还是党报都努力试图在微博、微信、移动客户端上建立自己的传播矩阵，在这些新型传播介质中，新闻媒体的首要任务就是吸引受众的注意力和点击。新闻从业者开始改变以往“权威把关人”的专业角色，变成了与新闻受众更为平等的“好友”，以符合社交媒体使用者态度和习惯的“动态”和“互动”等进行价值甄选和改写新闻，生产“软新闻”和“标题党”。[④]

总之，在市场逻辑驱动下，新闻“受众”的观念更多地被“消费者”“用户”的观念所取代，“新闻”被“产品”所取代，“告知”被“服务”所取代，商业主义话语几乎统合了新闻业转型期间的所有话语。[⑤] 这意味着市场逻辑在新闻业转型中日益发挥主导性作用，新闻的价值规范和新闻从业者的专业角色定位也由此被改写。[⑥]

在产业重构背景下，传媒创新与传媒创业成为新兴话题。但有学者指出，在传媒行业的边界日益模糊的语境下，以颠覆性创新为内核的传媒创业活动在推动产生全新行业实践形态的同时，也在传媒体制、行业实践和

① 中国投资咨询网：2016 中国报业发展报告，2017-05-02，http://www.ocn.com.cn/chanye/201705/hbvix02152417.shtml。

② 王辰瑶：《反观诸己：美国“新闻业危机”的三种话语》，《国际新闻界》2018 年第 8 期，第 25-45 页。

③ 李艳红、陈鹏：《“商业主义”统合与“专业主义”离场：数字化背景下中国新闻业转型的话语形构及其构成作用》，《国际新闻界》2016 年第 9 期，第 135-153 页。

④ 刘昌德：《小编新闻学：社群媒体与通讯软体如何转化新闻专业》，《新闻学研究》(台湾) 2020 年第 1 期，第 1-58 页。

⑤ 李艳红、陈鹏：《“商业主义”统合与“专业主义”离场：数字化背景下中国新闻业转型的话语形构及其构成作用》，《国际新闻界》2016 年第 9 期，第 135-153 页。

⑥ 刘昌德：《小编新闻学：社群媒体与通讯软体如何转化新闻专业》，《新闻学研究》(台湾) 2020 年第 1 期，第 1-58 页。

行业理念等方面，形成了对传媒公共性的冲击。研究者将当下广义的传媒创业项目分为高度新闻性和低度新闻性两种类型。其中，低度新闻性的传媒创业项目（如垂直类专业信息产品）以提供更宽泛意义上的内容或信息为基础而寻求商业回报，因此与传媒公共性的关联较弱。而以高度新闻性为特征的创业项目（如各种移动新闻信息产品）由于涉及新闻这一公共信息产品的生产，因而面临更为严格的公共性要求。对于以传统媒体机构为代表的窄义传媒业，依然需要在体制框架内进行创新机制的设计，并回归公共性传统。[①]

四、技术赋权逻辑：数字技术赋权下公众成为参与传播的主体

自互联网出现以来，其为政治、经济、文化及公民生活所带来的影响、希望和限度就成了学者们讨论的重要话题。[②] 尽管从社会建构论的角度来看，技术始终受到政治经济力量的形塑，承载着“乌托邦想象”的互联网也处在“再封建化”的危险当中。但对于舆论表达而言，互联网带来了重要的改变，最为重要的意义就是赋予了个体“可见”的权利。[③]

就网络的结构特征而言，互联网中节点的度服从无标度分布的特征，即很少有一个节点能够占据中心位置，大部分节点所处位置相同。[④] 通过为不同个体提供展演的机会，“可见”这一以往属于少部分人的特权扩展到了每一个人，互联网上不再有一个唯一叙事能够统合所有的表达和观点，公共领域的范围得到了延伸。[⑤] 因此，在互联网中，从舆论的主体来看，舆论不再是“四分之三”或者“三分之二”人数的意见，即使是“少数人的意见”也可以成为有力的舆论；舆论的客体从“公共事务”转变为个体能够唤起公众普遍利益和认同心理的事务；舆论的本体从可以感知到的意见转变为各种可见或者不可见的态度、意见、情绪表达的展演和争论。[⑥]

---

① 曾繁旭、王宇琦：《传媒创业语境下的传媒公共性：困境、张力与前景》，《西南民族大学学报（人文社科版）》2019 年第 7 期，第 130-136 页。

② 詹姆斯·卡伦、娜塔莉·芬顿、德斯·弗里德曼：《互联网的误读》，何道宽译，北京：中国人民大学出版社，2014 年。

③ Dayan，D，“Conferring visibility：visibility seekers and media performance”，*International Journal of Communication*，2013 (7)，pp. 137-153.

④ 张立、刘云：《网络舆论传播的无标度特性及其衰减模型的研究》，《北京交通大学学报》2008 年第 2 期，第 67-70 页。

⑤ 孙玮、李梦颖：《“可见性”：社会化媒体与公共领域——以占海特“异地高考”事件为例》，《西北师大学报（社会科学版）》2014 年第 2 期，第 37-44 页。

⑥ 姜红、开薪悦：《“可见性”赋权——舆论是如何“可见”的？》，《苏州大学学报（哲学社会科学版）》2017 年第 3 期，第 146-153 页。

英国学者汤普森认为，电视机出现以后，福柯的“全景敞视监狱”中观看者和被观看者的位置发生了调转，少数人被放置到了被观看的位置上，因此“可见性”成了一种特权，虽然观看者因此拥有了对媒介中被观看者的权力进行制约的力量，但始终需要为能否在媒介中“可见”进行斗争[①]；而互联网赋予了每一个人最大限度上的可见性[②]，人们害怕的从“是否可见”变为“是否不可见”[③]。因此，权力对于信息的控制和操纵等试图一元化再现信息和意见的手段已经无法奏效，所有的信息和意见都面临着大众的检视，面临着可能的质疑、补充和修正。[④] 权力主体无法再自上而下、单向性地为公众设置议程，在互联网中公众议程在媒体、名人明星、公众的交互过程当中形成。[⑤]

典型的表现是，以往的传统媒体对社会的监督主要集中在民生、环保、企业生产等领域，很少涉及对于政府公权力的监督，但互联网的出现使得公众能够依靠自身的力量设置公众议程，针对由于政府工作人员的权力腐败造成的不公来制造舆论，直接质疑和监督政府。事实上，在过去所爆发的网络事件中，大部分都造成了官员下台和相关人员问责的结局，而且在2008年以后，互联网上的舆论压力使得政府越来越趋向于采取调查、澄清谣言、接纳民众诉求等积极处理的方式进行回应，而非以封锁消息、拒绝媒体或拒绝和歪曲真相等不利于问题解决的方式来处理公众的意见。[⑥] 公众的舆论力量不仅能够实现对公权力的监督，还推动了政府舆论处理方式的变革。

因此，在互联网时代，公众议程显示出其对政策议程强大的影响能力。如果说在过去，我国党和政府的政策议程设置方式主要是以决策者为主的“关门模式”或者“动员模式”，那么过渡到现在，随着公众、相关利益群体、专家发挥作用的能力越来越大，尽管以精英群体为代表的“智囊团”“内参

---

① Thompson，J. B.，*The media and modernity*：*a social theory of the media*. Palo Alto：Stanford University Press，1995.

② 约翰·B. 汤姆逊，《媒体新视界》，徐方赋译，《马克思主义美学研究》2009年第1期，第117-132页。（本书中此作者均译为汤普森。）

③ Bucher，T，Technicity of attention：constructing attention in social networking sites，Cultural Machine，2012，vol. 13，pp. 1-23，https：//culturemachine. net/wp-content/uploads/2019/01/470-993-1-PB. pdf.

④ 尹连根：《结构·再现·互动：微博的公共领域表征》，《新闻大学》2013年第2期，第60-68页。

⑤ 翁士洪、张云：《公共议程设置中微博舆情互动的社会网络分析》，《武汉大学学报（人文科学版）》2016年第1期，第109-118页。

⑥ 钟智锦、曾繁旭：《十年来网络事件的趋势研究：诱因、表现与结局》，《新闻与传播研究》2014年第4期，第53-65、126页。

模式”仍然是政策议程设置的常态，但公众参与程度较高的“压力模式”越来越频发，成为我国政治变迁的重要表征。[①] 以公众为主体的“压力模式”受到互联网当中自媒体的催化，通过聚焦那些以往的政策当中沉淀下来的问题所引发的“焦点事件”，自媒体将公众议程引入政策议程中，推动政策的变革。[②]

尼科·卡彭铁尔将普通人参与政治决策过程的参与强度按受众参与程度的高低划分为四个等级：一是仅仅被告知而没有任何发言权，这仅仅是接近而非参与；二是可以表达意见和感受且能够被决策者倾听，这也仅仅是互动而非参与；三是可以对决策过程产生影响，这是最低限度的参与；四是所有主体可以平等地共同决定某一事项，这是高层次的参与。[③] 以参与传播理论而言，中国语境下，在互联网崛起后，公众在决策过程中获得了其主体性地位，尽管不能达到所有主体平等地决定某一事项的层次，但以公众议程对政策议程之影响的表现形态而言，公众已经超越了接近和互动的层次，至少进入了最低限度的参与阶段。

总的来说，互联网所带来的最大限度的“可见性”使得舆论的主体、客体和本体、发生发展和结果都发生了巨大改变；同时，互联网所释放出来的民意的力量，使得政府不得不随时面对和回应社会改革与发展进程中所爆发出来的各种矛盾，甚至对一些政策进行修订以回应舆论，公众拥有了其参与传播的主体地位，显示出对政策议程一定的影响力。这使我们看到技术与社会的复杂互动关系：一方面，技术镶嵌在既定的社会环境中；另一方面，技术本身的特点和演化逻辑的自主性常常使得其能够拥有推动政治和经济变革的力量。

五、结　语

至此，本节依据 2001—2020 年媒介话语变迁历史经验的梳理，参照媒介逻辑的概念，对我国媒介生态的“四重逻辑”进行了再阐释，从而在中国语境中丰富了“媒介逻辑”的学术内涵。在这个过程中，媒介话语表现出从“媒介呈现”到“媒介化参与”的演化趋势，这也是接下来的五章所进行的案例研究的基本脉络。第五章和第六章将基于 2005—2008 年的医疗改革报

① 王绍光：《中国公共政策议程设置的模式》，《中国社会科学》2006 年第 5 期，第 93-99 页。

② 陈姣娥、王国华：《网络时代政策议程设置机制研究》，《中国行政管理》2013 年第 1 期，第 28-33 页。

③ 公丕钰、张晋升、詹扬龙等：《参与传播：国家治理研究的新向度——瑞典乌普萨拉大学尼科·卡彭铁尔教授访谈》，《国际新闻界》2018 年第 7 期，第 163-176 页。

道和时评话语的案例研究，探讨国家与社会治理的公共议题在新闻媒介上的呈现形式，以及在此基础上公众的媒介化表达方式。第七至九章则基于2017—2020年的三个案例来展开“媒介化认同”“媒介化治理”和“媒介化情感”三个主题的探讨，从这三个侧面来反映“媒介化参与”的趋势，由此来更细致地考察数字媒介环境下公共生活的话语变迁。

第五章
媒介呈现：社会转型背景下的新闻议题建构
——2005—2007 年国内报刊医疗改革报道的话语分析[①]

引　言

在当代中国传播研究中，媒体、民意与政治变迁的关系是一个备受关注的话题。一般认为，在西方民主国家，人们可以通过选举来探讨民意和政策制定之间的关系，例如议程设置研究是与选举民主的政治、社会背景密切相关的。[②] 而在中国，选举过程的差异则构成研究民意和政策制定之间关系的最大难题。[③] 因此，如何描述与解释中国社会变革中的民意表达及其传播空间，是研究者必须面对和反思的课题。

从中国改革开放的过程来看，我们所要考虑的问题框架可以分析为两点：第一是从经济改革到社会改革、从经济政策到社会政策的历史性转变[④]；第二是媒介的性质和功能转换问题，在基本趋势上表现为“从生产主体多元化到利益主体多元化的媒介化过程中去寻找一个社会意识多元互动的传播网络”，“在大众传媒自身加入市场经济以后，增加了社会的厚度，大众传媒在调解国家与社会关系的同时本身也是被国家调解（管理和调控）的对象”，其权力性质也“由简单的政治权力而向经济权力和政治权力的重叠”[⑤]转变。这些复杂的变化过程“体现出新与旧以及不同意识形态的相互依存，使得学者们难以用简单的词汇概括中国的现状”[⑥]，进而要

---

① 本章修订自徐桂权：《社会生产、媒介呈现与言论表达——当前中国公共议题建构的一种考察路径》，台湾《新闻学研究》2009 年第 100 期，第 221-252 页。

② Dearing, J. W. & Rogers, E. M., *Agenda-Setting*. London: Sage Publications, 1996.

③ 唐文方：《中国民意与市民社会》，广州：中山大学出版社，2008 年。

④ 王绍光：《从经济政策到社会政策的历史性转变》，载周建明、胡鞍钢、王绍光主编：《和谐社会构建：欧洲的经验与中国的探索》，北京：清华大学出版社，2007 年；胡鞍钢、王磊：《从经济改革到社会改革，从经济建设到社会建设》，载周建明、胡鞍钢、王绍光主编：《和谐社会构建：欧洲的经验与中国的探索》，北京：清华大学出版社，2007 年。

⑤ 陈卫星：《传播的观念》，北京：人民出版社，2008 年，第 294-295 页。

⑥ 潘忠党：《有限创新与媒介变迁：改革中的中国新闻业》，载陶东风、周宪主编：《文化研究》，桂林：广西师范大学出版社，2007 年，第 7-25 页。

求我们对中国的媒体改革和社会转型进行动态的分析与更深刻的理论抽象。

在此背景下，本章尝试从经验研究入手，对当下中国媒介话语生产的方式与过程进行探讨。本章进一步的目的是在经验研究的基础上，探寻更一般层次的有关民意与传播空间的理论解释。为此，本章尝试引用知识社会学的理论视角与关系主义的方法论，对社会结构转型（社会存在）与媒介话语（社会知识）的关联展开分析，并由此就中国民意研究提出一些理论层次的思考。

第一节　社会转型与传媒的生产：知识社会学的视角

尽管用简单的词汇概括中国媒体的现状是困难的，但是作为一种理论研究，我们又不得不选取某种特定视角以及相应的逻辑起点来引导叙述的线索。本研究在理论构筑方面受到张赞国教授和他的同事提出的"中国新闻作为社会知识"之观点的启发。[①] 他们认为，自中国实行改革开放以来，在国家、市场与社会的复杂作用下，原来作为党政机关宣传喉舌的新闻媒介，其自身运作和所承担的社会角色与功能都已经发生多重的变化，原有的"新闻作为意识形态宣传"的理论模式已经不能充分有效地阐释当下的社会现实。他们提出的新观点认为：中国的新闻媒介使公众获得变动的国内和国际环境的认知，乃至形成共识，因而已经成为社会知识的仓储。笔者认为，该论述的意义不仅在于提出了这样一个关于中国媒介角色的全新认识，而且其所采用的研究框架，即知识社会学的框架，也是相当具有启发性的。如今，面对仍在不断推进的社会变革，这一分析思路以及由此推出的"新闻作为社会知识"的命题是否依然具有解释力，或者能否通过经验研究而得到进一步的检验和发展，并给予新闻从业者和研究者思维的启迪？这也是本章尝试探讨的问题。

从知识社会学的视角出发，我们将其与本研究相关的基本认识概括如下：(1)知识社会学的方法强调一种整体的理解，从而超越某个团体或党派的意识，"这样，思想社会学史的任务便是：不带党派偏见地分析实际存在的社会状况中的一切可能影响思想的因素。这种以社会学为方向的思

---

① Chang, T. K., Wang, J. & Chen, C. H., "News as social knowledge in China: The changing worldview of Chinese national media", *Journal of Communication*, vol. 44(3), 1994, pp. 52-69.

想史注定为现代人提供经过修正的关于整个历史进程的观点”。[①] (2)知识社会学认为社会的各种力量决定着在特定的时间点上何种知识类型如何在社会中得以培养。在一个社会当中，不同知识的形成取决于人们观看事物的视角，以及影响其立场的社会方位。在新闻领域中，新闻采集与呈现是通过许多新闻工作的协作而进行的社会活动，国家或资本并不必然地控制着媒体，但国家与市场作为一种宏观的社会结构，在一定程度上决定着新闻从业人员的认知和行为。[②] (3)知识社会学认为一个社会必须通过有效的传播方式而恰当地发挥功能。新闻提供了一种作为文化边界和社会建构的知识，从而维持着社会关系的整合；它必须根植于社会化的宏观实践，而非微观的个体偏好。从政治意义而言，我们也可以将这种文化形式称为“公共知识”：在民主国家，“新闻的力量不是从它对受众的直接影响中获取的，而是从一种认为公民从它那里获得的认识总是有效的信念中获得的。这种信念被可行的民主政治证明是正确的。新闻界的力量在一种以此信念为特征的政治文化中发展”。[③]

对于中国改革和社会转型的研究来说，知识社会学的视角提示我们在进行传媒生产的分析时，需要在国家、社会、市场相互作用的结构性背景下来考察媒介内容是如何呈现的，即中国新闻是如何成为社会知识的。依照知识社会学的思路，新闻从业者与公众所处的社会方位将影响到他们对于新闻内容的判断以及对于自身所处的社会的理解。那么，分析中国新闻媒介在当下社会中的角色，就必须从社会结构的探究着手。

社会学家的研究认为：1949 年后中国建立起来的是一个总体性社会，即一种结构分化程度很低的社会。在这种社会中，国家对经济以及各种社会资源实行全面的垄断，政治、经济和意识形态三个中心高度重叠，国家对政权实行全面控制。在改革近 30 年的时间里，中国从一个计划经济国家转变为一个市场导向国家，经济发展的同时也引发了大量新的社会问题和矛盾，如国家、垄断集团精英、民间精英与社会大众之间的角逐，以及各种新旧社会要素的尖锐对立和冲突。长期积蓄的社会矛盾将在当下和未来

---

① 卡尔·曼海姆：《意识形态与乌托邦》，黎鸣、李书崇译，北京：商务印书馆，2000 年，第 79 页。

② Park, R., “News as a form of knowledge: A chapter in the sociology of knowledge”, *The American Journal of Sociology*, vol. 45(5), 1940, pp. 669-686; Tuchman, G., *Making news: A study in the construction of reality*. New York: Free Press, 1978; Neuman, W. R., Just, M. R. & Crigler, A. N., *Common knowledge: News and the construction of political meaning*. Cambridge: Cambridge University Press, 1992.

③ Schudson, M., *The power of news*. Cambridge: Harvard University Press, 1995, p. 21.

一段时期随时找到突破口而爆发，中国社会因此被推向了所谓的“高风险社会”。[①]

根据这样的观察，有学者进而提出，“社会的生产”是中国基本的“转型问题”。用社会学的术语来说，中国的市场改革指从“再分配”体制向“市场”体制的转变。市场转型必定引发基本社会群体（阶级结构）的演变，也促成“社会”的发育和成长。如何从改革前的体制，即国家吞没市场和国家吞没社会的状态，走向国家、市场和社会三者分立、相互协调乃至以社会为最终目标，约束国家与市场的状态，是改革必须面对的基本任务。[②] 尽管社会学中有多种社会概念，但在这个阐释路径中，“市民社会”的优先是一个不争的事实。[③] 与此同时，“公民权”的概念正在中国语境中兴起，每个阶级都在通过争取自己的公民权而培育自己的市民社会。[④]

张赞国等以“后毛泽东时代”的社会结构分析为依据，认为媒体是形成合意的场域。[⑤] 但从目前的情况来看，笔者认为：新闻作为社会知识，不仅形塑着共识，同时也是酝酿某种“参与性”乃至“抗争性”的潜能。传播的政治经济逻辑也表明：“（权力的）收编与合法化过程并非总是一帆风顺的，相反地，沟壑与矛盾存在于预想与现实、承诺与兑现之间。在这些裂口和缝隙中，流动着批评的洪流和抗争运动。”[⑥]对于中国的维权运动，他们的实践意义就在于：“通过主张社会权利和基本民权，中国社会的公民意识开始复苏，公民权利正在被逐渐争取和实现。”[⑦]然而，这种参与或抗争如何在传媒的舞台上得以呈现，仍需要具体的考虑。

---

① 孙立平、李强、沈原：《中国社会结构转型的近中期趋势与潜在危机》，载李培林、李强、孙立平等著：《中国社会分层》，北京：社会科学文献出版社，2004 年。

② 沈原：《市场、阶级与社会：转型社会的关键议题》，北京：社会科学文献出版社，2008 年；卡尔·波兰尼：《大转型：我们时代的政治与经济起源》，冯钢、刘阳译，杭州：浙江人民出版社，2007 年；Burawoy，M.，“For a sociological Marxism：The complementary convergence of Antonio Gramsci and Karl Polany”，*Politics & Society*，vol. 31(2)，2003，pp. 193-261.

③ 郭于华、史云桐：《马克思主义与社会——布洛维〈社会学马克思主义〉的启示》，《开放时代》2008 年第 3 期，第 141-151 页；Janoski，T.，*Citizenship and Civil Society*. Cambridge：Cambridge University Press，1998.

④ Marshall，T. H.，*Citizenship and social class*. London：Pluto Press，1992；沈原：《市场、阶级与社会：转型社会的关键议题》，北京：社会科学文献出版社，2008 年。

⑤ Chang，T. K.，Wang，J. & Chen，C. H.，“News as social knowledge in China：The changing worldview of Chinese national media”，*Journal of Communication*，vol. 44(3)，1994，pp. 52-69.

⑥ Golding，P. & Murdock，G.，“Theories of communication and theories of society”，*Communication Research*，vol. 5(3)，1978，pp. 339-356.

⑦ 吴强：《社会权利的由来——读马歇尔的〈公民权与社会阶级〉》，《21 世纪经济报道》2007 年 4 月 16 日，第 35 版。

为此，本章尝试参照“呈现—表达”两个向面进行经验性的考察。所谓“呈现”(presentation)，是从知识社会学中社会建构的观点出发，考察传媒的报道呈现了何种社会现实(reality)；在新闻议题的呈现过程中，媒介身处的社会结构及各种社会力量是如何产生作用的。所谓“表达”(expression)，则是探讨公众如何通过传媒参与公共事务的言论表达，及其更深层的舆论发生与控制机制。本章提出这两个向面，在一定程度上受到社会学家帕克对传播的“参考”(referential)与“表达”(expressional)两种功能的区分的启发。① 这种区分无疑带有理想类型的色彩，实际的传媒话语生产中并非截然分开，因而在此只是权宜的研究策略。本章选取2005—2007年国内报刊的医疗改革报道作为新闻呈现的个案，并根据时评作者群体的访谈材料，进行言论表达的经验分析。② 本章的最终目的是以该研究为入口，在中国社会转型与国家、社会与市场关系的背景下，探讨当下传媒话语生产与社会知识建构的实践逻辑。为明白起见，我们将上述基本要素之间的关系展示为图5-1，作为本节的小结。

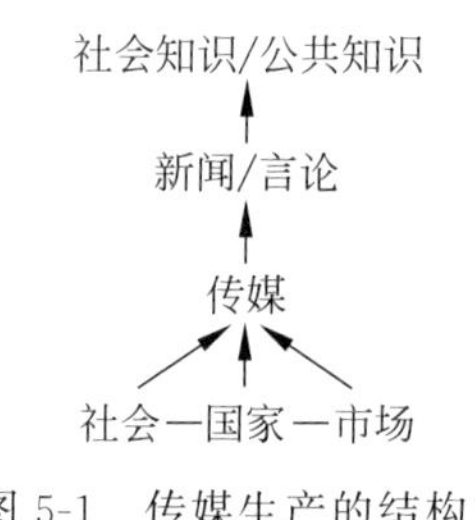

图5-1　传媒生产的结构图

第二节　研究设计与研究方法

本章选择医疗改革报道作为研究个案，其问题意识源于2004年以来国内媒体与舆论关于中国改革反思的报道和讨论。据媒体回顾：“这场争论由国企产权改革发端，从经济学界迅速扩展到整个学界，并通过网络等媒介，上升为全社会广泛参与的一场关于改革开放何处去的大讨论。舆论普遍认为，这次大讨论是继1982年到1984年的第一次大争论、1989年到1992年第二次大争论之后的‘第三次改革争论’。与前两次不同的是，这次争论全面走向公开，化为全社会的一次反思，并引起海外对中国改革方

① Park, R., “News as a form of knowledge: A chapter in the sociology of knowledge”, *The American Journal of Sociology*, vol. 45(5), 1940, pp. 669-686.

② 本章重点关注媒介呈现的向面，关于媒介表达的维度的向面，详见本书第六章。

向和力度的争论和解读。大多数人认为，这是一次有益的争论，当真理和误解都暴露在阳光下时，社会发展的前路逐渐清晰。”[①]

然而，在一些学者看来，这场争论的过程和参与者的态度却并不那么让人乐观。例如，社会学者孙立平教授认为：“目前改革的共识已经基本破裂，改革动力在很大程度上已经丧失；从某种意义上说，中国的改革已经到了一个十字路口。”[②]同时，他还指出：“当前改革反思的争论蒙上了一种很强的意识形态的色彩；过于意识形态化的争论会将对改革的反思引向一种危险的方向。这是因为，意识形态化的讨论不仅会使本来可以澄清的问题复杂化，给实践留下的选择空间和弹性也越来越小，而且会导致社会中主要断裂带的形成，从而使得形成新的改革共识和动力更为困难。”[③]那么，我们是否可以追问：在中国改革反思的讨论中，新闻媒介在这种“意识形态迷雾”当中是否负有责任？媒介内容是如何呈现的？媒介的角色应当何为？而实际的表现又是如何？

媒体、舆论与中国改革之间的连接，无疑是一个非常复杂的话题。因此，本章只选取其中一个具体议题，即医疗改革及其报道和相关舆论作为分析对象——这也是媒体所称的关涉公众利益的三大民生话题之一(教育、医疗、住房)。中国医疗改革的争议始于 2005 年夏，先有原卫生部一位司长表态“市场化非医改方向”，后有国务院研究机构称“医改基本不成功”。[④] 医改基调突然变奏，立即引起媒体和社会舆论的普遍关注和持久讨论，并促使整个改革的反思进一步浮出水面。

医疗改革失败的争议始于 2005 年夏，但是至此，医疗体制改革已有 20 多年的历史(《财经》2007 年第 24 期对这一段历史有专门的回顾)。综观这场医改争论，其核心问题是“二十多年医疗体制得了什么‘病’?”这个生病的“身体”就是医疗卫生体制，实际上更是国家、市场与社会的关系，“如果将向所有社会成员提供医疗保障这一社会政策，视为国家能否有效地进行社会控制的一种政策技术手段的话，那么国家以何种方式介入其中、最终效果如何，是医改‘中国病’在当前所面临的最重大的政治经济学问题”。[⑤]

① 李梁、许桐珲：《2004—2006“第三次改革论争”始末》，《南方周末》2006 年 3 月 16 日，第 1 版。

② 孙立平：《改革到了哪一步?》，《经济观察报》2005 年 10 月 11 日，第 43 版。

③ 孙立平：《破解改革反思的意识形态迷雾》，《南方都市报》2006 年 3 月 21 日，个论版。

④ 曹海东、傅剑锋：《中国医改 20 年：不成功不能简单归罪于市场化》，《南方周末》，2005-08-04，http://news.sohu.com/20050804/n226561589.shtml。

⑤ 羽良：《医改之痛——转型中国面临的社会政策危机》，《董事会》2005 年第 9 期，第 70-71 页。

从舆论传播的角度来看，当前关于医疗改革及其失败的争论，一个基本的事实是人们认为从效率的目的出发失去了公平和正义，从而引起舆论反弹。在此过程中，大众传媒作为一个社会冲突与调解的场所，对于舆论的嬗变具有不可忽视的作用。在知识社会学的视野下，社会结构的变化与新闻、舆论的发生正是息息相关的。由此我们提出了如下的研究问题：国内报刊医改报道呈现了何种“现实”，具有何种特征？在此议题的呈现过程中，媒介身处的社会结构如何产生作用？其发生机制是怎样的？

为解答以上问题，本部分采用质化的文本分析进行研究。在材料收集方面，本研究选取的对象包括：(1)《人民日报》《中国青年报》和《北京青年报》三家日报。这种选样能够涵盖不同类型的日报，并对它们的表现进行系统的比较：《人民日报》是党中央的机关报，是绝对权威的官方媒体，带有显著的政治色彩；《中国青年报》是共青团中央的机关报，是具有重大影响力的传统大报，在医改报道中尤其表现出积极的参与姿态；《北京青年报》可以作为一个都市报的代表，在当地具有较大的市场和影响力。(2)《经济观察报》《南方周末》《财经》等有较大影响力的财经类、时政类周报和期刊。这类选样与第一类相比，出版周期更长，更可能进行有一定深度的调查性报道，因此，本研究可以涵盖多样的报道文类。以上报刊的总体特征是都对舆论有较大的影响力，往往还承担了设置媒介议程的角色，也就是说，它们的报道往往被其他报纸或网站大量转载，因此，通过对它们的研究较能够把握医改议题的整体传播过程。

本研究将上述材料的时间范围限定为自 2005 年 6 月 20 日“媒体报道市场化非医改方向”的开始至 2007 年 12 月。在这期间，媒体和官方多次流传医改方案将于“年内”(2006 年/2007 年)出台，直到 2007 年 12 月 26 日，医改方案报告才首次在全国人大常委会会议上进行审议，但这仍然只是一个框架性的报告。从现实情况来看，两年多的医改讨论可能也仅仅是个“开端”。对于这个事关民生的重大公共议题，媒介与舆论一定会持续关注下去，政府有关部门也称会在更大范围内征求各界意见。在这个意义上，本章也仅仅是从新闻传播研究的角度对该议题进行阶段性的初步探讨。

在媒介文本之外，本研究还采用了深度访谈法和文献研究法作为辅助。本研究的受访者包括相关媒体的记者、编辑、评论员，以及相关政府部门的工作人员。本章也参考了在出版物和互联网上公开发表的文献数据，以及相关的研讨会的记录，从而力图通过对多方面数据的分析来呈现这个传播过程。

医疗改革作为一个公共议题，涉及政府、媒体、公众以及不同利益群体之间的复杂关系，因此，本章尝试引入政治话语分析的进路，对其政治过程中的行为者、话语类型及话语秩序进行梳理。[①] 按照公共政策研究中多源流框架（The Multiple-Streams Framework）的观点，代议制国家的公共议程建立过程包括三个方面：（1）问题的识别，即政府官员和公众如何将其注意力集中到需要解决的问题上；（2）政策建议的产生，即政策建议在专业人员中产生、讨论、重新设计以及受到重视的过程；（3）政治事件，包括公众情绪、压力集团间的竞争、选举结果、政党或者意识形态在国会的分布状态等。当问题、政策和政治三条"溪流"在关键的时候汇聚在一起，并与"政策之窗"即表达建议的最好机会相吻合时，项目就有可能提上决策议程。[②] 考虑到中国语境下媒介与政治的差异，笔者并不先验地认为上述"问题""政策""政治"三条"溪流"可以自然地融合起来，而只是尝试沿着这三条可能存在的线索，考察媒体话语实践的具体特征，以及各种社会力量在其中的作用与过程。

第三节 医改议题的媒介呈现：基于文本的分析

一、问题聚焦与公正诉求

首先在"问题溪流"中，一般认为，新闻媒体可以通过使用"冲突框架"报道争议性的议题，这既是媒体依据基本的新闻价值观选择报道的内在要求，也是新闻作为"公共知识"必须担当的呈现出全面的社会真相的义务。在现实语境中，冲突框架在新闻报道与评论中都得到呈现。例如，2005 年 6 月 20 日，《中国青年报》发表《市场化不是改革方向 我国医改悄然转舵?》的报道，其传达的信息与之前一直占主导的市场化改革的口号迥然相悖，引起舆论的巨大反应和媒体跟进报道、评论，可被视为医改讨论的开端。即使是语调向来较为平稳的《人民日报》，也于 2005 年 6 月 30 日刊发《广东医疗听证 激辩四大焦点》的报道中，对"激辩"中的各方意见逐一进行叙述。这些报道显然对于问题的聚焦起到积极的作用。

"悲情叙事"的叙述手法在近年媒体对社会问题的报道中频繁出现，尽

---

① Fairclough，N.，"Political discourse in the media：An Analysis Framework"，in Bell，A. & Garrett，P.（Eds.），*Approaches to media discourse*. Oxford：Blackwell Publishers，1998，pp. 142-162.

② Kingdon，J. W.，*Agendas，alternatives，and public policies*. 2nd ed. New York：Harper Collins College Publishers，1995.

管无法排除媒体为赢得市场而有意操作的可能，但从文本的论述逻辑来看，“悲情主义”的框选确实只是一种策略手段，“苦难故事”背后真正的价值取向乃是对社会公正的诉求，新闻媒体甚至在其中担当了“社会”向“国家”公开表达的中介。这一手法在医疗改革报道中使用却导致较大的负面效果，一定程度上要归因于媒体在问题聚焦上的偏颇。无论是医改方向还是医患关系，根本的问题都在于制度，但医院和医生往往在报道中成为被动的行为者，从文本接受的角度来看，对医院行业的负面理解也就容易成为读者的优先解读方式。

从 2007 年起，媒体开始更多地关注医患关系的调整。例如《中国青年报》发表了《医患关系何日不再是社会痛点》(2007 年 3 月 9 日)等多篇相关报道。该报医改报道的主要策划人告诉笔者，他们的报道重点确实从医改方向转向医患关系，因为这是现实形势与公众利益的需要。2007 年 11 月 22 日，《南方周末》也发表了题为《医院院长：从医改对象到医改参与者》的报道，也同样表现了在媒介话语权配置方面对公正性的考虑。

二、政策争论与话语分裂

《中国青年报》2005 年 7 月 29 日的报道《国务院研究机构最新报告说“中国医改不成功”》是引发医改讨论的又一导火索。该报当日还有三篇同一主题的报道，对报告课题组参与者葛延风等进行了采访，以及对报告进行解读。从次日起，该报告迅速被《北京青年报》等媒体报道，引起公众强烈的反响。经过近一年的报道和讨论后，2006 年 6 月 22 日和 23 日，《中国青年报》发表了北京大学李玲教授主笔的《北大课题组宿迁医改调研报告》，再一次引发舆论的高潮。据了解，这是在《中国青年报》发表了宿迁医改的报道后，李玲向该报编辑表示要亲自进行调查，最后的报告也首先交给该报发表。该报编辑特意在“编者按”中作出说明：“宿迁医改一直在全国媒体和专家的争议中进行。如果宿迁的改革被肯定，那么这种以产权改革为核心的、市场化为主导的医疗卫生改革模式，将会成为‘市场派’的有力说辞。反之，‘政府主导派’则在这场争论中找到批判的靶子。也就是说，对宿迁医改的评价，事关我国的医改方向的选择……对于医改这样一件涉及国计民生的大事，政府、媒体、专家学者都应该持更谨慎的态度。”

纵观这两年间的医改报道，这两份报告最有组织性地传达了政策分析专家的研究结果。此外，不少专家学者通过接受媒体采访或撰写评论，发表个人对于医改政策的分析与建议。例如，北京大学周其仁迅速在《经济观察报》上对同事李玲的报告提出质疑，后来又在该报专栏上连续发表了

41篇医改系列评论。2006年12月7日，清华大学公共管理学院博士后研究员魏凤春在《21世纪经济报道》上发表了一份《宿迁医疗体制改革考察报告》，对宿迁医改给予积极评价。“清华版”与“北大版”报告结论的迥然差异使医改争议进一步延续。

然而，尽管各方的观点都在媒体中得以呈现，却未必能与政府决策者真正有效地沟通。在舆论已形成高潮之时，主管部门依然“三缄其口”，其后官方承认公立医院失位等问题，但更希望舆论“来点具体建议”。与之相比，具有一定民意表达性质的人大代表和政协委员甚至更有机会向决策者进言，但从媒体报道来看，这些分散的表达比较缺乏“政策共同体”或“话语社群”所要求的组织性。因此，我们难以对现实语境中的“政策溪流”进行确认。

就政策争论本身的话语而言，有学者批评报道争论本身存在片面的“框选”和过多市场化与反市场化对立的“意识形态”因素，而应当将现实的利益关系作为理性反思和讨论的对象。医疗改革失败及其争论，是公众对改革以来决策者试图以经济方式解决所有问题的反弹。公众通过媒介表达出强烈的公正诉求，而将原先主导的经济逻辑置于边缘，但价值层面的简单对立显然无法推进事实层面的问题解决。按照一些学者对争论本身的批评，对于现实社会中的利益博弈，媒介更有必要对问题本身采取“实用”的话语表达姿态，才有可能在官方话语与民间话语间作出调解，以及在不同群体的利益诉求之间找到一个存在共识的平衡点。

在这方面，在业内被视为专业主义实践典范的《财经》杂志在医改报道中延续了其“独立采访、独家报道、追求翔实公正”的风格。例如在《九套方案博弈》(2007年11月16日)一文中，记者明白地写道：“九套医改方案调动了国内外的资源和智慧，也反映了来自不同方向的权力和利益之争。”这一判断十分犀利，却是有充分信息支撑的，包括医改方案涉及的各个层面的格局和争议，并且还有“一位医改课题承担者”的引语：“大家都在努力推动尽早向社会公示方案，但直到今天在很多问题上仍然还未达成一致，多方博弈背后是各自利益的捍卫。”此外，《财经》也以评论的方式表达自己的观点，例如在2007年最后一期(12月24日)中，该刊推出了“新医改期待”的“年度特别话题”，主编胡舒立在《医改需要“人和”》一文中强调“冷静辨析体制之弊，公正地看待医生的贡献、作用与职业困境，当为启动医疗改革的重要起点”。作为言论，该文直抒胸臆，不但无损杂志客观、公正的风格，也表现了其应有的社会关怀。

三、象征秩序与社会博弈

对于官方“不争论”的态度和“来点具体建议”的要求，在医改讨论中一直有积极表现的《中国青年报》曾组织一系列全国各地较有特色的医疗改革尝试的调查报道作为响应，包括以平价为特点的“新疆模式”、以公立医院私有化为特点的“宿迁模式”、以“小区化”为特点的“大庆模式”等。该报在“编者按”中声明，“每种模式都有自己的优点，也都有自己的缺点”，“供读者判断，给决策者参考”。综观《中国青年报》在医改讨论中的表现，既有相当比重的批评报道，也有对决策层提供的建设性意见，显示出其努力“担当这个特殊历史时期的忠实记录者”的角色定位。作为中央机关报的《人民日报》和市场化媒体的《北京青年报》则更多地按照各自“常规”的新闻价值标准进行报道，例如《人民日报》比另外两家报纸更重视传达国家新农村建设与发展农村医疗卫生的信息，而《北京青年报》比另外两家报纸更关心小区医疗服务方面的政策，以满足当地市场的信息需求。

但是，以上差异只是国内不同类型媒体间的比较。与西方媒体保守的“新闻常规”相比，中国媒体几乎对社会上出现的任何问题都有很强的从社会结构和社会深层原因分析的倾向，各报对医疗改革的报道大体也是如此。追究其中的原因，是由于当时的中国社会处于转型过程之中，各种社会矛盾较为突出，政府与政治制度的合法性很大程度上建立在其对实际问题的解决能力之上，即“绩效合法性”。[①] 在现实的局限条件下，媒体报道的组织性既是执政者约束的结果，也是媒体在有限空间内发挥能动性的表现。从以上情况来看，虽然媒介话语能够建构出民意表达的集体想象，对决策者施加舆论的压力，但仍难以凝聚“政治溪流”所需要的动员力量。比如，虽然有些媒体对一些地方性的实验进行了报道，但中央的权威是至上的，地方媒体的话语资源比较有限。并且，按照民主政治的要求，医疗卫生体系建设作为一项关系国计民生的社会政策必需经过公共选择的过程；不仅仅限于公共讨论，而更强调要将公共讨论的内容纳入立法过程当中，最终形成具有充分合法性的法律规范。虽然《中国青年报》和《北京青年报》都曾报道过出台《中华人民共和国卫生法》的建议，但这样的呼声并没有得到积极的响应。原卫生部的框架性的医改方案也经过相当长时间的“利益协调”后才于 2007 年年底进入全国人大审议，“供需兼补”的方案即其“协商”的初步结论。由此来看，媒体的报道以及在社会利益“博弈”过程

---

① 赵鼎新：《社会与政治运动讲义》，北京：社会科学文献出版社，2006 年，第 283-284 页。

中参与讨论，很大程度上构成了一种象征性的话语秩序，其主要功能是社会关系的整合，但尚不具有实质的参与决策能力。不过，从为时两年多的医改讨论来看，政府方面对这个公共政策的制度已经表现出罕见的审慎，这不能不说是国内公众参与史上的一个积极变化了。

至此，本部分的基本发现是：现实语境中的媒体医改报道能够采用冲突框架揭露公共问题，引发舆论的关注；新闻媒体为公众与政策分析专家提供了一定程度的公共表达空间，在社会博弈中传达出社会公正与利益均衡的诉求，其中，注重问题本身的"实用"的话语姿态对于利益关系的分析和共识的重建显得尤为重要；医改议题的媒介话语所建构的象征秩序体现了社会博弈中话语权力的分配格局，并为进一步的社会参与创造了可能条件。但是从总体而言，媒介话语并未真正达到进入"政策之窗"的效果。

从知识社会学的角度来看，我们不仅要了解不同社会方位、社会场域对人们认知的影响，更试图超越不同社会团体的意识，从而获得一种总体性的认识。时任《中国青年报》经济部主任的董时女士虽然较早地策划了该报的医改报道，但她强调各个媒体在这场医改讨论中都有贡献，包括与政府、公众之间的互动都是有机的运动过程。[①] 问题在于，这种"有机运动"的具体过程和发生机制是怎样的呢？从"新闻作为社会知识"来看，这种有机运动就是一种社会知识的建构过程，即"社会的各种力量决定着在特定的时间点上何种知识类型如何在社会中得以培养；在新闻领域中，新闻采集与呈现是通过许多新闻工作的协作而进行的社会活动"。在这个意义上，媒体的"呈现"功能在医改报道中已得到凸显。

在新闻实践当中，记者对"盲人摸象"的寓言有切身的体会和困惑："我们的采访往往就是瞎子摸象，怎么知道这个事情的起末到底是什么样的情况？"董时认为："记者在报道这个事件的过程中最后他的报道和事件同步发展，不是一次就能把事情报道清楚，另外还有一个编采的互动。所有媒体的出版都是连续性的，所有新闻事件本身也是发展的，可以通过连续报道弥补前面报道的不足。你要尽量靠近事实，真相没有人敢说，只要尽量靠近真相，尽量还原新闻事实，你相当于读者的心态、读者的眼睛。"[②] 这也是对新闻的社会建构过程的直观体会，只不过，知识社会学在解释新闻生产过程时更强调社会结构与实践逻辑的关联性的分析。

事实上，在这场改革讨论中，媒体也会不断地反思自身的社会角色和

---

① 作者访谈：董时，《中国青年报》经济部主任，2007 年 12 月 21 日，北京。

② 同上。

社会方位，从而为自身的行为提供正当的依据。例如时任《经济观察报》总编辑的仲伟志对该报的报道立场作出了如下阐述："我们的读者以专业财经人士和商务人士为主，兼有各类良好教育背景的读者群，他们是这个社会的精英，我们的方向、定位必须与这个读者群的需求相匹配。问题在于，'公平'和'效率'究竟谁先谁后，困扰了中国三十年的改革开放，这也是本报所有报道与评论必须面对的课题。我们对个体有悲悯，对强权要抨击。这种中间偏左的立场，使我们与大部分成长中的中产阶级站在一起。但是，我们也应该更富专业精神，我们一贯是主张所谓好的市场化改革的，不能有'劫富济贫'的倾向，不能让'强势与精英总是有错'的观念先行，不能使主观情绪影响事实的陈述与理性的分析。我们需要梳理所有对国家和社会进步有贡献的人们应得的权益分配。我们希望这种中间偏右的姿态，能够保证我们成为一张有高度的报纸。我们对包括医疗改革在内的所有报道，都是这个立场。我们的基本立场，在周其仁的文章里得到了体现。"①立足于更宏观的社会变迁的背景，我们认为，"传播的表现要义是在社会转型当中寻求新的调解形式，重新定义政治与经济、国家与社会、个人与社会共同体的关系，多元化的利益主体和多元化的信息需求是对应的。调解的本性是在社会化的过程中把既定社会的公共空间加以结构，建立一个传播体制意味着在传播活动的参与者之间培育一种相互理解的主体间性"②。

第四节　结论与讨论：媒介呈现的意义与局限

在中国民意研究领域，尽管社会变动下激发的公共问题层出不穷，但已有的研究对于民意过程、机制依然罕有理论的整合而显得零敲碎散。本研究依据知识社会学的思路，尝试将传媒话语生产置于国家、社会与市场关系的背景中进行关联的考察。

本章以2005—2007年国内报刊的医疗改革报道为分析个案，以知识社会学视野中的新闻生产理论为叙述框架，对新闻议题的建构进行了细致的话语研究。本研究的基本发现是：在社会转型的背景下，媒体医改报道能够采用冲突框架揭露公共问题，引发社会舆论的关注；新闻媒体为公众与政策分析专家提供了关于医疗改革的公共表达渠道，在社会博弈中传达

① 邮件访谈，仲伟志，《经济观察报》总编辑，2007年12月23日。

② 陈卫星：《传播的观念》，北京：人民出版社，2008年，第268-269页。

出社会公正与利益均衡的诉求，其中注重问题本身的“实用”的话语姿态对于利益关系的分析和共识的重建显得尤为重要；医改议题的媒介话语所建构的象征秩序是社会关系的整合，从中反映出社会博弈中的话语权力分配格局，并为进一步的社会性参与创造了可能条件。

在医改报道的个案分析中，仍有一个悬而未决的问题：经过社会力量的影响以及媒体生产的把关之后，呈现在公众面前的内容在多大程度上反映了民意？这个问题无论通过媒体内容的分析还是对新闻从业者的访谈，都不能得到完满的解释。我们只能说，有社会责任感的媒体根据职业要求以及公共利益的考虑，尽可能地呈现事实的真相。按照舒德森的阐释，“新闻媒体应当向公民提供公正与全面的信息，应当提供条理分明的框架来帮助公民理解复杂的政治世界，应当以能使公民获得理解与采取行动的方式来分析和解释政治”。[①] 这些要求与“意识形态化”的表达正是迥然相异的，并且应当成为我们行动的导向。但在现实语境中，媒介议题的呈现只能成为社会利益博弈过程中一种有限的传播行为，上述意义上的“公共知识”[②]只能得到碎片与局部的体现。

① Schudson, M., *The power of news*. Cambridge: Harvard University Press, 1995, pp. 28-29.

② 徐桂权：《新闻：从意识形态宣传到公共知识——知识社会学视野下的媒介研究及其理论意义》，《国际新闻界》2008 年第 2 期，第 35-39 页。

第六章　媒介表达：社会转型背景下新闻时评的话语诉求

——基于 2008 年报刊时评文本的话语分析[①]

引　言

改革开放以来，中国媒介的运作方式及其社会角色发生了多重的变化，其中一个引人注目的现象是新闻职业话语所要求的操作层面的事实和意见分离正在成为共识；一元化意识形态写作的评论文体走向衰落，价值与观点多元化的时评空前繁荣。[②] 已有不少学者和业界人士肯定了时评在塑造参与型的公民文化方面的意义。[③] 但是，媒介的言论事实上如何在公共生活中发挥作用？时评作者自身对社会转型的理解以及各种社会力量与他们的相互关系如何？这些问题尚需细致的实证分析和理论阐释。

同时，本章还需考虑的一个背景是 21 世纪初社会转型与公众利益表达的关联。20 世纪 70 年代末以降，中国改革开放的政策措施带动了社会经济快速发展。但是，至 90 年代后期，全民受益的政策方案几乎不复存在，改革进程已经演变到这样一个地步：每一种政策的出台都无法照顾大多数人的利益，而是一部分人得到的同时有一部分人失去。这种局面的形成，源于中国社会步入社会分层、利益分化阶段。各个社会群体利益相对独立的局面，造成改革进程的更加艰巨与相对缓慢。[④] 这种现实压力反映在大众传媒之上，即各个利益阶层对大众传播资源进行争夺，期待通过媒介的议程建构，得到自身利益群体的呼应，对其他利益群体的支配，以及对公权力部门的游说。换言之，传媒上的议题和意见与社会群体的利益表达

---

① 本章修订自徐桂权、任孟山：《时评作为一种利益表达方式：传播社会学的考察》，《开放时代》2010 年第 2 期，第 115-132 页。

② 展江：《舆论监督在中国》，英国《金融时报》中文网，转引自 http://www.ftchinese.com/story.php?storyid=001029090，2009 年 10 月 9 日访问。

③ 例如，陈卫星：《社会调解的话语光斑（序）》，载椿桦：《舆论尖刀》，广州：花城出版社，2007 年。

④ 陆学艺主编：《当代中国社会阶层研究报告》，北京：社会科学文献出版社，2002 年；李培林、李强、孙立平等：《中国社会分层》，北京：社会科学文献出版社，2004 年。

之间存在着相互建构的传播逻辑。

有鉴于此，本章试图超越业务分析层次，通过时评作者的眼光来审视社会的变迁，同时，在社会变迁的语境下反观言论表达的社会意义。在下文中，我们首先在理论层面将时评视为一种利益表达的象征行动。在经验层面，我们对若干时评作者进行访谈，并结合报刊上的一些言论文本进行分析，再以社会科学的语言来阐释他们的“实践逻辑”①。通过这样的研究方式，我们试图展现出媒介化表达与社会语境之间的逻辑连接。

第一节　从宣传到利益表达：“时评热”的社会功能

通常来说，时评是通过对新近发生的新闻的信息来传达见解、思想以影响他人的一种新闻评论样式。然而，时评不仅是一种传媒的文体，它还扮演了承载舆论的角色。展江认为，“舆论监督”有三种主要形式：海量的日常报道、调查性报道与新闻评论。进入21世纪以来，国内新闻报道的尺度松紧不定，新闻评论却呈现持续发展之势，甚至一度有“新闻萧条下的时评繁荣”之说：在政治性批评受到限制的环境中，以《南方都市报》《新京报》为代表的都市报和其他市场取向媒体利用时评开展另一种舆论监督，形成了较大气候，主要批评对象包括政府的公共政策和垄断行业的行为等。②

如果将眼光放宽到整个近代报业史，按照学者秋风的看法，中国曾有三次“时评热”③：第一次“时评热”是由1896年在上海创刊的《时务报》掀起的，并且一直持续到整个晚清时期。第二次“时评热”是20世纪40年代，以《大公报》《观察》的评论为代表。从1998年开始，中国兴起了第三次“时评热”，《中国青年报》《南方都市报》是其中较早开辟时评专栏专版，且长期坚持、发挥了较大影响的媒体。到2003年，所谓“新民权运动年”，时评作为一种公众的媒介化表达的评论样式，已经基本成型。

这三次“时评热”都发生于社会大变动时代，“社会问题丛生，具有不同理念、价值的知识分子通过时评这样一种观念快餐品，将自己所认同的理念、价值及据此形成的解决具体问题的方案，传达给公众，在公共空间进行

---

① 皮埃尔·布尔迪厄：《实践与反思》，李猛、李康译，北京：中央编译出版社，2004年。

② 展江：《舆论监督在中国》，英国《金融时报》中文网，转引自 http://www.ftchinese.com/story.php?storyid=001029090，2009年10月9日访问。

③ 秋风：《在激情的时代理性地言说》，载何雪峰主编：《热言中国——中国新闻时评精选（第一辑）》，广州：南方日报出版社，2007年。

竞争"[①]。三者的差别主要也在于其所要回应的时代问题的不同。何雪峰认为，这一次"时评热"可追溯到 1992 年邓小平同志发表南方谈话后重新启动市场化改革：与此同时，中国也进入了阶层分化明显，利益博弈加剧的时代，一方面教育、医疗、住房、养老以及国有资产流失、贫富差距过大等民生问题越来越严重，另一方面以权贵资本为特征的特殊利益集团日渐形成，"改革正在过大关"[②]。

在社会利益主体多元化的趋势下，过去传统党报上一元意识形态主导的官方社论显然已经不能满足公众的信息需求和表达愿望。相反，市场化媒体上风格与观点多元化的新闻时评在解读新闻、针砭时弊方面表现更为突出，因而越来越受到广大读者的欢迎。就评论的功能属性而言，这种变化的实质在于从"宣传"到"利益表达"的功能转换。

所谓"宣传"，按照传播研究先驱、政治学家拉斯韦尔的看法，"它仅仅指通过重要的符号，或者更具体但是不那么准确地说，就是通过故事、谣言、报道、图片以及社会传播形式，来控制意见"[③]。在 1949 年至改革开放前，中国大陆建立起的是一个"总体性社会"，即一种结构分化程度很低的社会，国家对各种经济和社会资源实现全面垄断。[④] 在这种社会体制中，媒体成了国家的宣传机器，评论的主要功能是向群众灌输党和国家的意识形态和政策方针。1978 年启动经济和社会改革以来，媒体与评论的宣传功能依然存在，但其权力性质已"由简单的政治权力而向经济权力和政治权力的重叠"转变，"在利益交换和功能互补的前提下，从生产主体多元化到利益主体多元化的媒介化过程，是寻找一个社会意识多元互动的传播网络，而不是一个单一性的权力关系或者是线性的因果关系。"[⑤]

在这种社会转型的背景下，"利益表达"成为政治传播研究的重要议题；从社会功能的角度来说，"利益表达"是传播的"社会协调"功能的具体表现。[⑥] 在西方发达国家，"利益表达"（个人和团体向政治决策者提出要

---

① 秋风：《在激情的时代理性地言说》，载何雪峰主编：《热言中国——中国新闻时评精选（第一辑）》，广州：南方日报出版社，2007 年。

② 何雪峰：《公民写作时代与中国时评》，载何雪峰主编：《热言中国——中国新闻时评精选（第一辑）》，广州：南方日报出版社，2007 年。

③ 哈罗德·拉斯韦尔：《世界大战中的宣传技巧》，北京：中国人民大学出版社，2003 年。

④ 孙立平、李强、沈原：《中国社会结构转型的近中期趋势与潜在危机》，载李培林、李强、孙立平等：《中国社会分层》，北京：社会科学文献出版社，2004 年。

⑤ 陈卫星：《传播的观念》，北京：人民出版社，2008 年，第 295 页。

⑥ 哈罗德·拉斯韦尔：《社会传播的结构与功能》，载张国良主编：《20 世纪传播学经典读本》，上海：复旦大学出版社，2005 年。

求的过程）和利益综合（将要求转变成一般政策选择的过程）具有相对独立的结构对应物。典型的利益表达是在传媒和一系列多少是有组织的利益集团中获得最有效的沟通，利益综合则主要通过政党来实现。[①] 而在中国，如何实现党、国家和社会关系“三位一体”的权力组织网络之间的良性互动成为一个现实的挑战。[②] 尤其是2004年以来，媒体上掀起了新一轮的“改革开放何处去”的大讨论，“这是一次基于利益冲突、利益关系而发生的一场关于公共政策的争论；这次的论争主要不是基于意识形态，而是基于利益关系”[③]。媒体在这场争论及许多公共事件中扮演的公共话语平台的角色越来越引起人们的重视。[④]

一些社会学家、政治学家将传媒与其他利益表达方式一同进行了分析，比如有研究者认为，利用大众传媒（报纸、期刊、电台和电视等）进行利益表达是一种“有组织、无结构”的表达模式：说它“有组织”，是因为官方把大众传媒视为“党的喉舌”和政府的“传声筒”，把它当作对公众实行思想控制的工具，为实现这一功能而对大众传媒实行极为严格的监控；说它“无结构”，是因为媒体反映的对官方形成某种压力的要求，在政治系统内其实并没有正式的机构来接纳和采行，它们还不可能真正成为社会大众自由表达意愿和要求的有效途径。[⑤] 这样的分析层次分明，然而，它没有充分考虑传媒系统本身的分化（如市场化媒体的兴起），也忽略了传媒特殊的传播属性。

在英国社会学家约翰·B. 汤普森看来，传媒的一个特质就在于象征意义的生产。[⑥] 汤普森的传播社会学理论吸收了奥斯汀的语用学和布尔迪厄的场域理论的观点，认为传媒的功能不仅是传递信息，其话语表达本身就是一种行动，并具有象征性的权力；大众传播通过象征形式的生产与传输，以及传媒信息的构建、接收和占用，不断地进行着社会语境的象征性再生产。由此来看，言论表达既是在“说话”，也是在“做事情”，即“以言行事”，从而在无形中对社会运作，特别是公权力部门的运作施加了象征性的作用。在这个意义上，我们可以将传媒上的时评视为一种利益表达的象征

---

① 布里埃尔·阿尔蒙德、宾厄姆·鲍威尔：《比较政治学：体系、过程和政策》，曹沛霖等译，上海：上海译文出版社，1987年。

② 景跃进：《如何扩大舆论监督的空间——〈焦点访谈〉的实践与新闻改革的思考》，《开放时代》2000年第5期。

③ 孙立平：《破解改革反思的意识形态迷雾》，《南方都市报》2006年3月21日。

④ 这里的“公共”指具有广泛的参与性和公开性，但尚不构成政治意义的公共领域。

⑤ 冯繁：《当代中国政治利益表达的方式及其特征》，载《当代中国研究》2007年第4期。

⑥ 约翰·B. 汤普森：《意识形态与现代文化》，高铦等译，南京：译林出版社，2005年。

行动。时评是一种象征行动，这意味着传媒的言论未必能直接对政策产生影响，然而，其在公开环境中建构的象征秩序，将对决策者形成舆论的压力。

接下来，试图考察几个具体问题：如果说从“意识形态之争”到“利益之争”是对当前媒介话语的经验观察，那么，意识形态的宣传话语是否已经退出媒介平台？如果不是，它又以何种方式得以延续？利益表达的时评话语主要围绕哪些议题而展开？其话语表达的正当性(legitimate)何在？具体表现方式如何？对于利益表达与社会转型的关系，时评作者是如何理解的？对于这些问题，我们将借鉴媒介社会学的研究思路，在实证层面进行具体分析。

第二节 研究设计与研究方法

所谓媒介社会学或新闻生产社会学，指的是关于传媒内容制作过程的社会学分析，包括传媒生产的政治经济学分析、新闻工作的组织网络分析和媒介文化的分析。[①] 新闻工作的组织分析的一种具体研究方式是将媒体传播者视为一个有着共同价值取向的“诠释社群”或“话语社区”，考察专业群体如何将其工作理念投诸现实的“话语实践”[②]。中国目前处于急剧的社会转型期，改革开放以来所累积的各种社会问题已经足够复杂而内含爆发力，并且随着媒体的商业化，深度的新闻解读与观点竞争成为一个市场卖点。在这个社会背景下，当前的时评已具备作为话语社区的研究价值。

但是，目前的时评是属于一个有着基本共识的话语社区，还是呈现更加多元或碎片化的分布？从已有的观察和文献来看，当前国内报刊主要存在党报党刊(如《人民日报》等机关报)和市场化报刊(如《南方都市报》等都市报)两大类型(中间有不同程度的复合形式)。那么，前者更可能延续意识形态宣传的话语，比如每年中国新闻奖报纸通讯社类获奖评论中，出自这些党报党刊的评论占较大比重，并以反映官方既定的主旋律为重点。而后者，在制度和业务层面具有相对较多自主发挥的空间和动力，因而更有可能促成公众的利益表达。因此，市场化报刊的时评及其撰稿人是我们主

---

① 迈克尔·舒德森：《新闻生产社会学》，载[英]詹姆斯·库兰、[美]米切尔·古尔维奇主编：《大众媒介与社会》，北京：华夏出版社，2006年。

② Zelizer, B., “Journalists as Interpretive Communities”, *Critical Studies in Mass Communication*, vol. 10, 1993, pp. 219-237.

要的研究对象。

本章具体的研究方法是深度访谈和文本分析。我们在 2008 年陆续对 20 余位经常在市场化报刊上发表时评的作者进行了访谈，了解他们对言论表达及当下社会转型的看法。“进入田野”有赖于我们的“线人”及其提供的人脉关系，包括报告人“滚雪球”式的引荐。同时，我们会在访谈前检索受访者的文章，主要考虑高水平和较有影响力的作者，并兼顾不同职业身份(媒体编辑、评论员、教师、律师、自由撰稿人)和不同学科背景(经济学、法学、文史、艺术等)。基本的访谈问题包括他们有何写作动机，如何理解时评的作用和社会意义，如何判断言论表达的自由程度与把关过程，如何看待舆论与权力及公众利益的关系，等等。

深度访谈可以了解时评作者“怎么想”，文本分析则有助于进一步了解他们“怎么写”。

我们将 2008 年《南方周末》评论专栏中“一周高论”的上榜评论作为分析对象。这是一个该报邀请媒体同行操作的栏目，他们精选一周内国内报纸评论及少量网络评论精华，并予以点评，试图让读者能在短时间内通览一周的精彩观点。我们还将与此操作方式相近的该报每年评选的“年度十大评论”涵盖在内，其宣称的评判标准是“见识、反响、技巧”“当说必说、言之有物、评审推荐”。这里反映的同行认可是我们以此为样本的主要理由。

从“社会网络”的观点来看，这些上榜媒体与作者之所以能够相互认可，显然是因为他们具有相近的社会认知和价值立场。并且，这些上榜媒体也大多是市场化媒体，作者们多是职业评论员、专栏作家和学者，即社会身份具有相近性。由此，我们基本可以认定这些时评作者属于同一个“话语社区”。我们访谈的时评作者中有 12 位曾是“一周高论”的上榜作者，这些访谈中所得的见解有助于我们提出和论证文本分析的假设。

总体上，我们采取的是一种媒介社会学的话语分析路径，即将上述评论和访谈材料都视为文本，并置于当下社会转型与媒介生产的语境中进行解读。话语分析可以在三个向度上进行：文本向度，关注文本的语言和议题分析；话语实践向度，说明文本生产和解释过程的性质；社会实践向度，倾向于关注社会分析方面的问题。[①] 下文也将围绕这三个向度展开。

---

① 诺曼·费尔克拉夫：《话语与社会变迁》，殷晓蓉译，北京：华夏出版社，2003 年。

第三节　时评作为媒介化的利益表达：基于文本与访谈资料的分析

一、时评文本的基本议题与正当性建构

时评文体是在 20 世纪 90 年代末复苏的。而在此前的 20 世纪 80 年代，知识分子表达言论的主要文体是报告文学和杂文。报告文学独特的文本架构是新闻性和文学性的有机结合，“文化热”与“新启蒙运动”中的知识分子通过这种“事实演绎”的方式展开社会批评。[①] 与此相似，20 世纪 80 年代的杂文主要从文化视角来讨论社会问题，更加大众化。这两种文体，相对于一元化意识形态写作的官方社论而言，都是替代性的“边缘”文体，在观点表达上与主流话语拉开一定的距离。

经过 20 世纪 90 年代的过渡期，报告文学和杂文逐渐式微，时评文体后来居上，到 2000 年后成为时代的强音。与前二者相比，时评的主要特色是用现代社会科学的理性工具——经济学、社会学、政治学、法学等学术资源来对社会现象，特别是制度性问题进行分析、评论；从时间段来看，90 年代，时评主要运用经济学话语，强调政府和社会的关系，要求政府划出一个边界、有一定的规则；2000 年之后，法学、政治学话语越来越多，主要关注权利和权力、利益调整。[②] 这种知识化的表述，有助于容纳更多具有思想性的深刻的分析，满足人们的社会认知与利益表达的需要。

我们试对《南方周末》2008 年“一周高论”以及年初和年终两个“年度十大评论”涉及的 160 篇文本进行分析，考察这个话语社区中有哪些活跃的媒体，以及时评作者关注哪些基本议题。经统计，这一年的上榜评论来自 38 家报刊和 9 家网站(这体现了媒介融合的趋向，因而我们也将其涵盖在内)，在这些来源中出现较多的媒体有《南方都市报》30 次、《新京报》13 次、《东方早报》13 次、《中国青年报》12 次、《潇湘晨报》9 次、《珠江晚报》6 次、《经济观察报》3 次、《21 世纪经济报道》3 次、《上海商报》3 次、《燕赵都市报》3 次。除《中国青年报》是团机关报外，这些媒体基本上是市场化媒体。

我们根据文章中最突出的判断，区分出两大类别：侧重具体利益问题

---

① 郭忠实、陆晔：《报告文学的“事实演绎”：从不同历史时期的文本管窥中国知识分子与国家关系之变迁》，《传播与社会学刊》2008 年第 6 期，第 167-192 页。

② 作者访谈：Q，学者，2008 年 5 月 6 日，北京；M，独立撰稿人，2008 年 6 月 10 日，北京。

分析的评论以及侧重价值观念分析的评论。[①] 相近议题合并后，结果如表 6-1、表 6-2 所示。

表 6-1 侧重具体利益问题分析的上榜评论

<table>
<tr><th>领域</th><th>议题</th><th colspan="2">数量</th><th>领域</th><th>议题</th><th colspan="2">数量</th></tr>
<tr><td rowspan="3">政治</td><td>监督政府权力运作</td><td>16</td><td rowspan="3">29</td><td rowspan="5">社会问题</td><td>住房问题</td><td>5</td><td rowspan="5">20</td></tr>
<tr><td>揭批政府部门利益</td><td>7</td><td>医疗卫生问题</td><td>5</td></tr>
<tr><td>政治改革建言</td><td>6</td><td>劳动者与底层公民权益</td><td>4</td></tr>
<tr><td colspan="2">经济分析(财税、金融、企业等)</td><td colspan="2">25</td><td>三农问题</td><td>4</td></tr>
<tr><td colspan="2">体育管理</td><td colspan="2">3</td><td>教育问题</td><td>2</td></tr>
<tr><td colspan="2">其他</td><td colspan="2">4</td><td colspan="2">合计</td><td colspan="2">81</td></tr>
</table>

表 6-2 侧重价值观念分析的上榜评论

<table>
<tr><th>议　题</th><th>数量</th><th>议　题</th><th>数量</th></tr>
<tr><td>民主政治与公民权利的观念</td><td>20</td><td>外交观念</td><td>5</td></tr>
<tr><td>司法公正的观念</td><td>12</td><td>批评民粹思想</td><td>4</td></tr>
<tr><td>批评道德沦丧、倡导道德观念</td><td>8</td><td>文化观念</td><td>3</td></tr>
<tr><td>信息公开的观念</td><td>7</td><td>批评民族主义</td><td>2</td></tr>
<tr><td>言论自由、思想自由的观念</td><td>6</td><td>批评政府宣传公关</td><td>2</td></tr>
<tr><td>体育精神</td><td>6</td><td>其他</td><td>4</td></tr>
<tr><td>合计</td><td colspan="3">79</td></tr>
</table>

从这些议题可以看出，《南方都市报》等市场化媒体的时评关注政治、经济与社会领域存在的各种问题，直面各种社会矛盾和利益冲突；倡导民主政治与公民权利等现代价值观念，并且不同意见可以进行辩难，体现了一定程度的意见多元化的倾向。

但是，仅根据这样的议题分布，我们尚不能得出从“意识形态之争”到“利益之争”的判断：一方面，有关公权力的运作及社会问题的分析占据了一半的比重；另一方面，思想观念的讨论也有一半的议题，意识形态领域的议题并非不言自明。那么，这里涉及价值判断的议题中包含了哪些基本的意识形态话语，它们又如何与利益表达的具体问题形成连接？

就此，我们采用建构主义的话语分析法[②]，将以上时评的内容解构，然

① Crespi, I., *The Public Opinion Process: How the People Speak*. New Jersey: Lawrence Erlbaum associates publishers, 1997, pp. 70-72.

② Gamson, W. A. & Modigliani, A., “Media Discourse and Public Opinion on Nuclear Power: A Constructionist Approach”, *American Journal of Sociology*, vol. 95, 1989, pp. 1-37.

后再试图重构为基本框架。通过文本的梳理，特别考察这些文本在何种立场上、为谁说话，我们归纳出三种"意识形态集束"(ideological packages)，包括隐喻、框架和范例(如表 6-3 所示)。这些基本框架平常心照不宣，却为评论者和读者预设了一种观察社会的角度，并为其话语表达提供了正当性依据——它既符合某种客观的准则，又获得了社会的认可。

表 6-3　时评中的三种意识形态集束

意识形态	隐喻	框架立场	显示手法/范例
官方话语	群众	党和政府是为人民群众利益服务的	"总理温家宝说，没有一个肯听取意见的政府会垮台"
市场话语	消费者	市场经济要保障生产者与消费者的正当利益	"保民生""保就业"更重要 "蒙牛事件凸现中国商业文明缺失"
公民话语	公民	民主法治社会的公民具有自由表达等政治权利	"相信选票的力量" "虎照鉴定：公开过程比公布结果更重要"

首先，"官方话语"通常是在党报党刊出现的，市场化报刊为了吸引读者，必须采取更活泼的写作手法，较少采用"官方话语"。但市场化报刊时评有时为了寻找"体制内"的正当性理据，也会使用一些政策语言，如党的十七大报告的"四权"论述。2008 年"年度十大评论"第一名的《散步是为了遇上可说服的市长》(2008 年 1 月 14 日《南方都市报》社论)写道："总理温家宝说，没有一个肯听取意见的政府会垮台！不肯听取意见，所指难道不正是长官们不可说服的强硬？如果不问今日权力之来源，总理所言无疑意在表明，公共权力的运作，必须要有最起码的可说服性——无论它是源于官员个人的开明自律，还是源于执政党纪律的内部约束，可以说服都是权力公共性的最低要求。"这篇评论本身有自洽的逻辑，援引官方权威论述，则进一步增强了文章的说服力。

其次，"市场话语"是指从经济理性的逻辑出发来分析问题的话语方式。由于经济发展是当下中国的基本目标，因而有关财税、金融、企业等问题的市场话语具有相当的比重，并围绕生产者和消费者利益建构了正当性理据。同时，市场话语必然无法回避法治、监管等更大的"政治经济学"问题。例如，"年度十大评论"第七名的《蒙牛事件凸现中国商业文明缺失》(张立伟，《21 世纪经济报道》2008 年 11 月 8 日)写道："当前的经济困局，集中暴露了中国部分企业家、经理人的契约精神与道德操守的恶劣，如浙江出现企业主逃逸潮，这是企业对员工与债权人权利的漠视，不以'破产'

这种合法的市场退出机制，而是转移资产并一跑了之，将责任抛给政府和社会。"这篇评论上榜的理由在于它不仅分析了"蒙牛"个案，而且说出了普遍的"中国市场经济之怪现状"。

最后，"公民话语"是市民社会所有成员广泛参与民主社会所使用的集体话语。公民话语的表达从公众的立场出发，着眼于公共利益（"公共利益"的基本界定在于受益者为公众，而非私人）。公民话语的正当性主要来自现代政治理念。同样是《散步是为了遇上可说服的市长》一文，其中还论述道："如果直接以现代政治的语言发问，则因为民主之下的权力来源，公众不必说服政府而政府必自动服膺公意。"这里的话语主体是"公众"，依据是"民主"观念，而"政府"是"必自动服膺公益"的客体。如果说厦门与上海市民的"散步"是有形的利益表达，那么媒体上的时评则是依据"权力公共性"的正当性理据，进行了一种象征层面的公众利益表达。近年来，这种基于公众立场的表达越来越多，不胜枚举。

我们访谈的不少时评作者也相信，时评的使命是要超越狭隘的个人利益，为大众与公共利益发言。在表达方式上，"公民话语"要求作者们采取理性的方式进行分析，一方面使自己的观点和论证具有说服力，另一方面也是为了平复大众中存在的某些狂热、偏激的情绪。一位时评作者认为："我们讲理性、建设性的时候，就需要超越情绪性的东西；因为人通常会为欲望、利益、诉求这些东西支配，不会站在公共的立场上去考虑问题。他只会说从我的角度看这个事情会怎么样。但这个事情其实很容易分清楚。比如一个业主跟物业公司打交道的时候，他肯定是考虑自己的利益怎么样，说这些人太坏。但他读你文章的时候肯定可以分清楚，如果你能给他有启发的话，比如从制度的角度来分析为什么物业公司这么横。你不能只说这些公司太坏了，这就只停留在那个层次，这样的文章我认为其实没有意义。"[①]时评作者十分清楚，言论必须直指社会利益、社会分歧的要害，才能在公众当中获得回响。他们在言论表达的形式与内容上都下了功夫，优秀的时评作品往往是深刻的理性分析与恰好的技术处理的结合体。但是，这并不意味着"偏激"的文本就没有逻辑；作为媒介，其可以平衡的方法，是把两个对立或几个不同的所有"偏激"的评论都刊发出来，供读者看清其中可能存在的道理。

总结起来，三种"意识形态集束"下的时评表达分别从"体制内""市场"与"公意"中获得正当性。"公民话语"的成长尤其引人注目，因为它是一种

① 作者访谈：Q，学者，2008年5月6日，北京。

有更广大民意基础的“社会言论”。社会学者张静[1]指出：“评价性的社会言论能够反映社会成员对他人及社会行为的正当化逻辑，它的背后是社会公正观念支撑。而社会成员广泛共享的公正观念，不仅能够反映社会意识形态和价值原则，而且能够影响人们对制度规则的认同和服从秩序。所以，它可能透视出分享、认同、关心和参与等公民性的发展迹象。”时评的“公民话语”正反映这样一种“社会公正观念”，体现了社会意识的发展动向；同时，它又是经过把关的言论，从而折射出媒体的价值取向与表达策略。下面，我们还将结合具体的事件分析，对时评话语的呈现作进一步考察。

二、“公共事件”中的话语表达：“权力—利益”与正当程序的交织

在日常实践中，时评写作的观念是通过具体事件的表达而表现的。近年涌现出不少较有影响的“公共事件”（这个概念尚未有明确定义，一般指经媒介报道、引起公众普遍关注的事件，并且通常关乎社会公正等公众议题），如2008年的华南虎事件、奶制品污染事件，这些事件起因不尽相同，但在舆论当中，我们至少可以发现一些共同特征：一是从评论的方式来看，各方媒体对一个事件进行密集的、持续的关注。二是从评论的内容来看，它们大都表达了某种正义的诉求，以及公众对公权力部门的不信任。最后，从时评文本的内在逻辑来看，这种“不信任”正是“公民话语”的正当性建构所产生的一个社会意识的对立面。

约翰·汤普森的一个观点可以对这种“不信任”的“公民话语”进行解释：随着现代社会能见度的提高，政治丑闻越来越频繁地成为民主社会中的媒介化事件。[2] 政治丑闻往往发生在“正当程序的逻辑”（the logic of due process）与“权力的逻辑”（the logic of power）的交织之处：前者指政治权力的行使遵守法律规定，表现为公开而包容；后者指权力被暗中操纵，并排斥外在的监督。当隐秘的权力遇到公开的要求，丑闻就产生了，其实质是名誉和信任处于危急关头时的象征权力斗争。当政治人物在这种象征权力斗争中落败，丧失名誉和信任，其政治命运亦将毁于一旦。尽管中国的政治体制与汤普森分析的语境不尽相同，但目前也越来越多地出现了近似的权力丑闻事件。这些内含信任危机的公共事件反映到文本中，则

---

① 张静：《社会言论：正当性理据的变化》，载《洪范评论》第8辑，北京：中国法制出版社，2007年。

② Thompson，J. B.，*Political Scandal*. Cambridge：Polity Press，2000.

表现为正当程序与权力—利益关系（事实上“权力”总是与“利益”问题勾连）的纠缠。

以华南虎事件为例，该事件被报道后，许多媒体都给予了关注。华南虎事件的最大看点是，尽管各方对照片真伪提出各种质疑和论证，当地政府却认为“保护濒危华南虎这样一个机会稍纵即逝，我们不能把时间浪费在无意义的争论上”，引起舆论激化。事件的要害渐渐从有无华南虎、照片是否为真，转变为背后有何权力与利益勾结，政府如何给出一个说法。因此，媒体上呈现出如下两种基本论述（下面的例子仍以“一周高论”的文章为主；《南方周末》的评论没有参加评选，但我们为了分析更全面，会适当地补充一些来自《南方周末》的评论）：

1. 事件中的利益关系：“据报道，‘拍虎英雄’是一个老猎人，也怕虎，但为了挣钱就不怕了。这个逻辑用在不惜造假追逐利益的任何地方或者部门身上，我觉得也很贴切：毕竟，利益猛于虎呀！”（令狐补充：《利益猛于虎》，《南方周末》2007 年 10 月 24 日）

2. 公布真相的正当性：“‘让权力在阳光下运行’，这里的‘运行’指的是其过程也必须置于阳光之下。围绕‘华南虎照’鉴定，如果过程信息不能公开，未来的结果信息无论是什么，都难免引起社会质疑……在虎照鉴定的政府信息公开问题上，需要积极作为的不仅是两级林业部门，相关的法定监督者也应依法作为。”（江渚上：《虎照鉴定：公开过程比公布结果更重要》，《新京报》2008 年 6 月 17 日）

以上论述，一方面批评地方政府行为的实质是利益驱动，遮蔽了事实的真相，另一方面则强调媒体与公众的知情要求具有正当性，两相对照，已经构成了“丑闻”的条件。在这种情况下，当地政府仍在众目睽睽之下，试图拖延处理和寻找替罪羔羊。那么，舆论的施压是否徒劳无功？一些受访者就此说道：“这个事情发生了，让大家明白是怎么回事，那么对政府杀伤力是很大的；不需要官方的道歉，大家就是对你的纠错能力失信了。”[①]“像华南虎这样的事件，更多的人不是相信权力，而是嘲笑、敷衍、无奈都有。”[②]换言之，这种不信任的象征性表达就是一种社会抗议。虎照真相最终披露出来后，有受访者认为，“言论的穷追猛打显然发挥了主导作用，能够得到今天的结果，不能不说是舆论的胜利”[③]。

---

① 作者访谈：S，专栏作家，2008 年 5 月 6 日，北京。

② 作者访谈：X，律师、大学教师，2008 年 5 月 7 日，北京。

③ 作者访谈：C，《信息时报》评论版主编，2008 年 7 月 18 日，广州。

同样，在奶制品污染事件的评论中，我们也可以发现权力—利益的逻辑与正当程序的逻辑的交织。

论述一：媒体包庇无良企业——应让公众报道真相

媒体必须从潜规则的制约下挣脱出来，敢于向公众报道一切，让公众了解真相，了解一切可能存在的威胁，这样的媒体才是阳光媒体、干净媒体、专业的媒体。拥有这样的媒体，我们才能重建社会免疫系统。否则，无良企业就仍然防不胜防，我们就仍然连自己的孩子都不能保护。那么我们今天拥有的一切，又有什么意义？（笑蜀：《无良公关凸显媒体病变》，《南方周末》2008 年 9 月 17 日）

论述二：政府监管不力——政府应实行严格审查

我们是普通老百姓，我们不是鉴别奶粉的专家，我们可以信任的就是企业的良心，以及国家相关部门的监督。但突然间，本应该让我们信任的东西在我们眼前烟消云散，化为乌有。我想，如果相关部门能够像审查电影一样来管理奶粉质量的话，一定不会出现今天这种局面。（刘仪伟：《请像审查电影一样管理奶粉》，《新闻晨报》2008 年 9 月 22 日）

论述三：政府道歉是套话——政府应向受害者道歉

这份来自石家庄市政府的道歉，最令我感到震撼的是，出了这么大的食品安全事件，面对成千上万的受害儿童和家长，我们的这个市政府所想到的，居然首先是政治敏感、政治高度，而人命关天这种做人的起码底线，理所当然被排在次要和附属的地位上。而所表达的歉意，首先是对给上级机关惹麻烦的内疚和恐惧，至于受害者的生命损失，中国国家形象的损害，中国制造的内在伤害，都在其次，甚至根本就排不上。（张鸣：《南方都市报》，《政府道歉的标准文本》2008 年 10 月 3 日）

论述四：政府以行政替代司法——事件处理应遵循司法程序

在中国，长期以来，治国者似乎过分偏爱行政手段，而忽视司法手段……表面上看起来，这样的办法似乎较有效率，似乎能够兼顾各方利益。但以行政替代司法的办法终究无法摆脱一个致命缺陷：由于手段与问题的错位，行政手段注定了不可能有效地解决问题。权益受到侵害的消费者现在所要求的是及时的、具体的、看得见的正义，行政手段显然无法提供这种正义。（秋风：《处理毒奶事件，不能以行政代替司法》，《南方都市报》2008 年 11 月 8 日）

在以上任一论述当中，都包含了正反两面的逻辑。在这类内含信任危机的公共事件中，媒体通常对官方的言行进行连续报道和评论，加上网络舆论场的互动、声援与施压，大有不追究到水落石出决不罢休之势，即试图通过“正当化”的象征表达揭发不正当的权力—利益逻辑。应当看到，这种内含信任危机的公共事件频频出现也具有社会进步的积极意义，因为“不信任”本身是民主社会的常态，“民主的成分越多，就意味着对权威的监督越多，信任越少”[①]。

从媒介生产的角度来看，这种“不信任”成为媒体话语的“常规”之后，“权力—利益”的逻辑与“正当程序”的逻辑的对立就具有积极的“策略性仪式”的意义。“策略性仪式”的概念原本用于描述西方媒体“客观报道”的保守做法[②]，一些华人学者则为其赋予积极的意义，即指在民主化过程中，媒体将偏离正常实践的工作方逐渐吸收到组织的架构里，久之习惯成自然[③]。这种描述也适用于中国大陆市场化媒体的新闻评论，即其合法争议的言论与策略性表达已逐渐“常规化”，并为读者所接受。正如《南方周末》评论员笑蜀所言，“评论在市场化媒体的快速崛起推动了许许多多的公共事件，这种公共辩论、公共讨论恰恰是当下中国最紧缺的一个公共产品”[④]，因而，这种“常规化”表达亦得到了社会的支持。

三、国家与社会之间：权力与权利的策略性调解

市场化媒体的时评可能成为具有正当性的利益表达方式，并且已在许多公共事件中形成了具有舆论压力的话语运动。但严格来说，“市场化”并不必然导致“公共化”。一家财经媒体的评论员透露：评论的禁区有两个，一是政治禁区，二是不能批评与媒体有连带利益关系的公司，即政治权力与经济权力。但就目前的言论格局来看，市场化媒体一般更多地与形成中的“社会”站在一起，这一方面是因为“社会”本身就是受众市场，另一方面也体现了媒体专业化的努力。[⑤]

不过，新闻媒体事实上经常是处于一个民意与官意的两难境地。广州的一位评论版编辑说：“一方面，每个媒体要取悦于它所定位的读者，这本身也是一种责任，媒体必须对他的读者负责，像商品一样满足读者的需求；另一方面也不可能不受官意的影响。有时候党的宣传部门会发通知给你，

---

① 马克·E.沃伦：《民主与信任》，吴辉译，北京：华夏出版社，2004年，第1页。

② Tuchman,G.,*Making news*: *A study in the Construction of Reality*. New York: Free Pres,1978.

③ 李金铨：《超越西方霸权》，香港：牛津大学出版社，2004年，第231页。

④ 笑蜀：《市场化媒体是市民社会的主心骨》，南方报网，转引自 http://media.nfdaily.cn/cmyj/17/11/content/2009-04/22/content_5089631.htm，2009年4月22日访问。

⑤ 范以锦：《责任感使然！市场驱动使然！》，载何雪峰主编：《热言中国——中国新闻时评精选(第一辑)》，广州：南方日报出版社，2007年。

某个事件应该怎么报，某个题材不许报，或者某个题材媒体不想报但必须报。在媒体市场化之后，特别是都市报的兴起，这样的问题经常让媒体感到尴尬。虽然舆论管制相比较过去是放开了很多，但是宣传主管部门还是要调控的，媒体只能在特定的范围内自行发挥。”①

这种控制与应对也有地方差异，北京一家都市类报纸的评论版编辑承认，该报与南方报系是有距离的：“这个距离的原因可以分为两点，一个是虽不能至、心向往之，我们也会认同他的一些东西，但是我们主观地或客观地达不到那样的地步。还有一种解释是可能很自觉地与他们保持这个距离，包括报道在内，也不完全认同他们的一些做法，因为他们毕竟是走得比较前的。我们表达出来的方式不像他们那么直接、尖锐。”②在这个意义上，传媒上的利益表达是不完全的和局部的，甚至只能采取迂回或“曲笔”的方式发出有限的声音。

在媒体话语喧嚣的表层之下，权力—利益的结构之网限定着媒介呈现的“社会知识”，形成某种“合意”。③ 时评作者对此大多有清醒的认识，“所谓权贵资本，只要利益最大就做”。④ 在一些具体个案中，“一些部门可能是为了某些利益，让你发不出声音，比如华南虎，到底是哪些力量在撑腰，需要具体分析；不要指望舆论监督的作用能够立竿见影，它可能需要你一段时间不断地去做，不断地往前推，然后到了一定时候可能就有效果”。⑤而那些能够坚持下来的时评作者往往有相当的韧性：“你有时会觉得很悲凉，那么庞大的一个既得利益群体，你呐喊几声，又管什么用呢？但是后来又想，就是一点萤火之光总比什么都没有要好。就是这样一点一点一再地在媒体（包括网络）上说，大家在接受、思考，也会反驳。”⑥就此来看，利益表达的多元化与“合意”的共存与博弈将是一个长期的、反复较量的过程。

从政治社会学的角度来说，这种“合意”的特征在一定程度上是“有限多元”的制度性产物。⑦ 在这种政治场域的约束下，公众的利益表达也需

① 作者访谈：C，《信息时报》评论版主编，2008 年 7 月 18 日，广州。

② 作者访谈：P，《北京青年报》评论员，2008 年 6 月 12 日，北京。

③ Chang，T. K.，Wang，J. & Chen，C. H.，“News as Social Knowledge in China：The Changing Worldview of Chinese National Media”，*Journal of Communication*，vol. 44(3)，1994，pp. 52-69.

④ 作者访谈：S，专栏作家，2008 年 5 月 6 日，北京。

⑤ 作者访谈：P，《北京青年报》评论员，2008 年 6 月 12 日，北京。

⑥ 作者访谈：S，专栏作家，2008 年 5 月 6 日，北京。

⑦ 胡安·林茨：《民主转型与巩固的问题：南欧、南美和后共产主义欧洲》，孙龙译，杭州：浙江人民出版社，2008 年。

要在“权力”与“权利”之间进行“策略性调解”。所谓“策略性调解”，是我们对受访者论及的政府部门对民意表达的回应方式的概括：舆论的机制是随机的、不确定的，民意传递的渠道是不透明、非常规的；对于具体的事件，官方往往会根据具体的利害关系与可能后果，以及本身政策实施的“节奏”作出反应。比如2003年具有标本意义的“孙志刚事件”，民意的推动加上政府本身有意废除“恶法”的节奏而进行处理，而数年之后，体制又以其他替代性方式对其控制方式进行修复。而延续了近一年的“华南虎事件”起初久久得不到政府回应，因为“后面是个权力的控制问题，比如它后面有个关键性领导是代表政府，他可能会想这个事情没有触及到实体的利益，就暂时和他无关了，他就没表态。下面的利益集团就本身这个事情来处理”①。从传媒一方来说，其应对控制的方式也表现出某种“临场发挥”的策略：“具体地说，就是新闻媒介单位分析自己面临的各种在改革中凸显出来的矛盾，根据各地、各单位和某一行动所处的具体情况，决定与宏观管理机构‘商议’的策略。”②

从这个角度来说，媒介作为利益表达的渠道的作用确是有限的；其主要意义可能就在于，针对一个个具体“可解决性”的问题，在象征层面针砭社会弊病、调解社会利益和化解社会分歧。“制度上具有可解决性，而不是说现实中马上可以解决的。这是两回事。因为你毕竟不是执政者。”③对于民意表达在国家与社会关系调解中的作用，一些时评作者还从深层的结构性因素与动态过程进行思考：“舆论是很好的风向标，从中可以感受到社会转型的过程，并且应该是向积极的方向发展的。但是这个过程充满了曲折和风险。我们从媒体报道中经常可以看到背后的民意和社会矛盾所在，官员腐败现象依然严重。国家改革的目标是明确的，但是因为腐败的存在，成为改革的绊脚石。改革势必会影响既得利益者的利益，所以改革注定会困难重重”④；“只有通过舆论的压力，使滥权者稍微收敛一点，使司法更有尊严，使社会成为更公正的社会”⑤。

如果说舆论是社会的表象，那么根本的变化还有赖于社会利益格局与权力结构的实质性调整。然而，“社会真正基础的变化是缓慢的”，“（原有

---

①　作者访谈：W，学者，2008年5月7日，北京。

②　潘忠党：《新闻改革与新闻体制的改造——我国新闻改革实践的传播社会学之探讨》，《新闻与传播研究》1997年第3期。

③　作者访谈：Q，学者，2008年5月6日，北京。

④　作者访谈：C，《信息时报》评论版主编，2008年7月18日，广州。

⑤　作者访谈：X，律师、大学教师，2008年5月7日，北京。

的)社会结构单一就导致少数经济垄断者利益勾结，这种勾结很难被打破"[①]。我们也看到，社会利益结构正在分化重组，包括在政治层面，"涉及司法、立法等等，有很多利益配置、利益调整的问题，然后构成了利益主体，构成一种利益的诉求"[②]。这是以传媒为渠道的利益表达可以存在以及将来继续扩展的社会基础。

"社会"与权利主体的壮大，最终要与国家、权力主体的关系进行调整，形成新的制度安排。这也印证了"社会言论"在理论层面的意义："社会成员广泛共享的公正观念，不仅能够反映社会意识形态和价值原则，而且能够影响人们对制度规则的认同和服从秩序。社会成员拥有的正当化逻辑变化虽然是悄声无息的，但是作为基础层次的变动，它可以导致人们对新行为的期待、对新规则的认同，从而引发相关的制度变迁。"[③]

第四节　结论与讨论：从利益诉求到权利诉求

从媒介与社会的互动关系出发，笔者认为：改革开放以来，媒介上的言论表达呈现出一种从"宣传"到"利益表达"的功能转换，特别是 20 世纪 90 年代末以来，时评文体成为公众利益表达的重要载体；我们将市场化报刊的时评视为一种利益表达的象征行动，意识形态话语则以不同的形式(官方话语、市场话语和公民话语)嵌入时评文本，为正当性建构提供理据；内含信任危机的公共事件是公众利益表达的焦点，"权力—利益"的逻辑与"正当程序"的逻辑在其中交织，并在社会层面表现为权力与权利的策略性博弈；媒介与时评作者在权力控制与官方随机处理的环境下临场发挥，其表达的效果是随机的和不确定的，但仍在象征意义上具有积极的社会与政治意义。

现有的不少时评研究认为，时评的繁荣反映了当前"公共话语空间"的拓展，或者说为"公共领域"[④]的建构提供了可能和契机。然而，我们在调研中发现，不少时评作者对现实的困难有清醒的认识，对其前景的判断也是比较谨慎的，或是"谨慎的乐观"。一方面，媒介具有从一元化的意识形态走向多元话语的趋向；另一方面，由于国家与社会力量之间的反复博

---

① 作者访谈：D，学者，2008 年 6 月 13 日，北京。

② 作者访谈：Z，律师、大学教师，2008 年 5 月 11 日，北京。

③ 张静：《社会言论：正当性理据的变化》，载《洪范评论》第 8 辑，北京：中国法制出版社，2007 年。

④ 尤尔根·哈贝马斯：《公共领域的结构转型》，曹卫东等译，上海：学林出版社，1998 年；展江：《哈贝马斯的"公共领域"理论与传媒》，《中国青年政治学院院报》2002 年第 2 期，第 123-128 页。

弈，这种分化与重构的前景是不明朗的，并且在分化的同时进行着新的整合，在整合的同时展开进一步的分化。那么，在这个复杂的博弈过程中，持续的公众利益表达是否可能和如何可能？

事实上，目前业界所谈论的"公民写作"已经经历了一个语义转换，即从普通公民参与意见表达，转变为时评作者站在公民的立场、为公共利益进行表达。[①] 从《南方周末》"一周高论"的上榜作品也可看出，精英写作或专家写作才是最有影响的。对普通公民来说，越来越重要的表达场所是互联网，通过传统媒体与互联网两个"舆论场"的共鸣效应，他们的集体行动在一些内含信任危机的公共事件的发展中起到推波助澜的作用。同时，由于当前中国社会问题丛生，公共事件层出不穷，这就为传媒的利益表达提供了源源不断的素材。

然而，传媒利益表达功能的实现，更有赖于"公民权"的观念进一步深入人心。在中国这样的发展中国家，随着经济发展，社会利益分化到一定阶段，就必须考虑社会权利的配置，其公民权的发展未必按马歇尔的"民事权利""政治权利""社会权利"三阶段[②]走，而可能通过要求社会权利而争取民事权利及政治权利。眼下，各个阶层都在通过争取自己的公民权而培育自己的市民社会[③]；其实践意义就在于，"通过主张社会权利和基本民权，公民意识开始复苏，公民权利正在被逐渐争取和实现"[④]。在象征层面，"维权"的话语正是通过传媒而兴起："现在说的'维权'，其实就是我们几个朋友2003年的时候提倡的，比如新民权运动。现在'维权'成了最基本的政治话语，连政府都在用。时评作者如果有足够的力量、判断力的话，其实是可以塑造一个社会的公共话语，让大家都来观察社会，（发现）这些事情具有什么样的意义。"[⑤]

在"公民权"的观念指引下，新闻评论不仅应体现公众的利益要求，同时还应是以社会公正观念为支撑的权利诉求，进而成为公共政治生活的一部分。由此，言论就不仅是媒介化的利益表达工具，而且是体现政治判断的话语实践；在这个意义上说，大众媒体提供的公共话语平台是实现公民言论自由的基本要求，也是社会主义民主政治的制度支撑。

---

① 何雪峰：《公民写作时代与中国时评》，载何雪峰主编：《热言中国——中国新闻时评精选（第一辑）》，广州：南方日报出版社，2007年。

② T. H. 马歇尔：《公民身份与社会阶级》，载郭忠华、刘训练主编：《公民身份与社会阶级》，南京：江苏人民出版社，2007年。

③ 沈原：《市场、阶级与社会：转型社会的关键议题》，北京：社会科学出版社，2007年。

④ 吴强：《社会权利的由来——读马歇尔的〈公民权与社会阶级〉》，《21世纪经济报道》2007年4月16日。

⑤ 作者访谈：Q，学者，2008年5月6日，北京。

第七章 媒介化认同：数字媒介环境下主流意识形态的领导权建构

——以2017年电影《建军大业》的网络传播为例[①]

引　言

自移动互联网、Web 2.0与社交媒体等新兴传播技术和形态蓬勃发展导致的"新传播革命"[②]以来，曼纽尔·卡斯特在世纪之交所观察到的信息时代"网络社会的崛起"(the rise of network society)和"认同的力量"(the power of identity)越发显见。[③] 所谓"信息化社会"，意即知识生产、经济生产力、政治—军事权力，以及媒体传播的核心过程，已经被信息化范式所深深转化并且连接上依此逻辑而运作的财富、权力与象征的全球网络的社会。[④] 信息化范式的一个基本特征是身份认同(identity)的彰显，"对于集体或个人认定与建构之认同的追寻，成为社会意义的基本来源"[⑤]，甚至是唯一来源。这使得信息化时代的权力不再集中于机构(如国家)、组织(如资本主义企业)和符号的控制者(如公司制媒体、教会)之手，而是存在于信息的符码中，存在于再现的影像里；信息时代的权力既是可辨认的又是可扩散的，它是一种围绕社会的文化符码展开无休止战争的能力，其作用的场域是人们的心灵；无论是谁，也不管是什么，赢得了人心也就赢得了统治。[⑥]

---

① 本章修订自本书合作者汤敏的论文，经原作者授权转载，并略作修改。汤敏：《〈建军大业〉传播中的主流意识形态领导权建构：第三代话语理论进路的分析》，《国际新闻界》2019年第6期，第122-144页。

② 李良荣、郑雯：《论新传播革命——"新传播革命"研究之二》，《现代传播》(中国传媒大学学报)2012年第4期，第34-38、65页。

③ Castells, M., *The information age: Economy, society and culture. Volume I: The rise of the network society*. Oxford, UK: Blackwell, 2000; Castells, M., *The information age: Economy, society and culture. Volume I: The power of identity*. Oxford, UK: Blackwell, 2003.

④ 曼纽尔·卡斯特：《网络社会的崛起(信息时代三部曲：经济、社会与文化·第一卷)》，严铸九等译，北京：社会科学文献出版社，2001年，第24页。

⑤ 曼纽尔·卡斯特：《网络社会的崛起(信息时代三部曲：经济、社会与文化·第一卷)》，严铸九等译，北京：社会科学文献出版社，2001年，第3页。

⑥ 曼纽尔·卡斯特：《认同的力量(信息时代三部曲：经济、社会与文化·第二卷)》，曹荣湘译，北京：社会科学文献出版社，2006年，第416页。

意识形态问题，可以说是直接关乎人心、关乎认同进而关乎信息时代社会权力变迁与统治格局的重大问题。卡斯特观察到，在网络社会的变迁中，从工业制度和组织中发展出来的政治意识形态，不管是以民族国家为基础的民主自由主义，还是以工人为基础的社会主义，都发现自己在新的社会语境下被剥夺了现实的意义。[①] 可以说，互联网等传播技术的发展，不仅重塑了媒体传播的核心过程，更对一个社会的意识形态发展与运作产生了重大影响。本研究所要关注的，则是在移动互联网的社会化传播语境下，当代中国主流意识形态如何基于日常化的传播实践进行其领导权的建构，这一问题上的得失成败对于国家的治理与党的长期执政可谓意义重大。正如郑永年所言，"对作为唯一执政党的中国共产党来说，其意识形态的意义在很大程度上远超作为一个政党组织的意义，如果说党的组织对象是政党及其政府，那么其意识形态的触角则远远超越于党及其政府本身而深入到整个社会"。[②]

正是出于此种问题的重要性，近年来在全球化、社会转型与互联网传播革命的大背景下，有关主流意识形态问题的研究逐渐升温而成为"热门话题"。有学者提出，对意识形态问题的研究应该发生"话语实践"转向，也就是说考察国家与社会在意识形态话语实践中的互动，应该成为意识形态研究的核心议题。"意识形态建设必须考虑嵌入在话语实践中的国家意识形态如何更好地实现和社会日常生活话语之间的良性互动"，因为意识形态功能的发挥是通过一个个具体场域的话语实践来实现的，因此"需要去探究意识形态作为理想与价值或一个改造社会的计划如何通过各种实践技术得以渗透到地方或基层社会和人们的日常生活"[③]。这也恰如诺曼·费尔克拉夫所言："嵌入话语实践之中的意识形态在其被弄得自然化或获得'常识'地位时，效力最大。"[④]

因此，为了探求主流意识形态具体的运作机制及其认同形成机理，走向中—微观的意识形态话语分析，就成为一种值得重视的研究范式。因为"一种意识形态的传播效果并不是由少数统治者和传播者决定的，而是由社会公众认同状况决定的，只有得到大众认同并达成共识的价值观，才会

---

① 曼纽尔·卡斯特：《认同的力量(信息时代三部曲：经济、社会与文化·第二卷)》，曹荣湘译，北京：社会科学文献出版社，2006 年，第 411 页。

② 郑永年：《再塑意识形态》，北京：东方出版社，2016 年，第 3 页。

③ 王国勤：《国家治理视域下的意识形态研究》，《浙江社会科学》2015 年第 3 期，第 38-43、157 页。

④ 诺曼·费尔克拉夫：《话语与社会变迁》，殷晓蓉译，北京：华夏出版社，1992 年或 2003 年，第 81 页。

最终形成这个社会的主流意识"[①]。也就是说，得到大众广泛参与与意义体认并产生认同效果的主流意识形态才可能成为"主流"。故此，有关主流意识形态的研究，尤其需要抓住一些主流意识形态话语实践的"热点时刻"(hot moment)，去考察大众如何参与典型的意识形态传播事件，如何在意识形态性的意义实践中产生认同、冷漠乃至反向认同。

沿着这一思路，本章聚焦电影《建军大业》这一意识形态性的传播实践，将该电影的传播视为一个带有特定主流意涵的国家意识形态话语同社会日常生活话语两相互动的热点时刻，来从第三代话语理论的基本概念与分析视角出发，探寻这一主流意识形态话语实践中意识形态领导权建构的具体策略和"媒介化认同"效应的发生机理及其固有特性，从而为主流意识形态相关问题的研究提供一种实证化的进路参考，以及一种有关主流意识形态安全维护工作的理论启发。

第一节　理论起点与分析进路：第三代话语理论的基本概念与分析逻辑

话语理论(discourse theory)在广义的社会科学中具有不同的概念版本与分析的操作思路。根据学者雅各布·托芬的梳理[②]，在广义社会科学领域，至今已有三代话语理论：第一代话语理论以狭义的语言意义来界定话语，将"话语"视为一个比句子更大的语篇单位，并侧重于口语或书面语的语义方面；第二代话语理论受到福柯(Michel Foucault)话语实践分析(analysis of the discursive practices)的思想启发，将对"话语"的界定不再局限于口头或书面语言，而是拓展至更广阔的社会实践，并在批判话语分析(Critical Discourse Analysis)中得到展开[③]；受福柯、德里达、拉康等后现代思想家的影响，作为对第二代话语理论的扬弃与发展，第三代话语理论将话语概念拓展到一切语言和非语言的社会意义实践，并经由政治理论家、英国"埃塞克斯话语分析学派"(Essex School of discourse analysis)学

---

① 孔德永：《当代我国主流意识形态认同建构的有效途径》，《马克思主义研究》2012年第6期，第91-99页。

② Torfing, J., "Discourse Theory: Achievements, Arguments, and Challenges", in Howarth, D. & Torfing, J. (Eds.), *Discourse theory in European politics: Identity, policy and governance*. New York: Palgrave Macmillan, 2005, pp. 5-9.

③ 梵·迪克：《作为话语的新闻》，曾庆香译，北京：华夏出版社，2003年；诺曼·费尔克拉夫：《话语与社会变迁》，殷晓蓉译，北京：华夏出版社，2003年。

者厄内斯特·拉克劳(Ernesto Laclau)与尚塔尔·墨菲(Chantal Mouffe)在《领导权与社会主义的策略：走向激进民主政治》一书中的整合性阐释[①],而逐渐发展成为一种后结构主义、后现代与后马克思主义的话语与政治理论。

近年来,由拉克劳与墨菲整合性发展的第三代话语理论开始应用于文化研究和媒介研究,展现出该理论对于媒介、文化与社会现象的独到洞察力。[②] 比如,针对网络民粹主义这种媒介文化现象,刘小龙就围绕"延迟退休年龄"政策制定网民在微博、微信等社交媒体上生产的文本,以该话语理论作为分析视角,研究出了中国网络民粹主义话语建构与解构的双重逻辑,从而从话语博弈的微观机制中透视出民粹主义的理论主张及其本质特征。[③] 此外,该话语理论也逐渐被应用到对社会思潮与意识形态变迁的分析中,比如针对 20 世纪 90 年代的社会民主党意识形态如何实现更新,研究者就基于此种话语理论的分析视角,阐释出了西方社会民主主义如何在历经 20 世纪 70 年代以来福利国家危机的情况下,通过诸种要素的调整而修正为 90 年代后新工党"第三条道路"的意识形态。[④] 这一理论视角"尽管其哲学基础值得商榷,但在方法上却有着优势：把关注点从宏观的系统分析转向具体的话语逻辑生成过程"[⑤]。本研究所遵循的话语理论与分析进路,正是后马克思主义的第三代话语理论的分析进路(见图 7-1)。

首先,后马克思主义的话语理论预设性地认为,客体的存在是被建构的,任何客体事物都是话语的客体,它们的意义取决于一个社会化建构起

---

① Laclau, E. & Mouffe, C., *Hegemony and Socialist Strategy: Towards a Radical Democratic Politics*. London: Verso, 2001.

② Carpentier, N. & De Cleen, B, "Bringing Discourse Theory into Media Studies: The Applicability of Discourse Theoretical Analysis (DTA) for the Study of Media Practices and Discourses", *Journal of Language and Politics*, 2007, vol. 6(2), pp. 265-293; Carpentier, N. & Spinoy, E. (Eds.), *Discourse Theory and Cultural Analysis: Media, Arts and Literature*. Cresskill, N. J.: Hampton Press, 2008; Dahlberg, L. & Phelan, S. (Eds.), *Discourse Theory and Critical Media Politics*. Basingstoke: Palgrave-Macmillan, 2001; 徐桂权、陈一鸣：《后马克思主义视野下的媒介话语分析：拉克劳和墨菲话语理论的传播适用性》,《新闻与传播研究》2020 年第 2 期,第 42-57 页。

③ 刘小龙：《解构与建构：当前中国网络民粹主义话语的生成逻辑》,《中共浙江省委党校学报》2017 年第 4 期,第 82-91 页。

④ De Vos, P., "Discourse theory and the study of ideological (trans-) formations: analysing social democratic revisionism", *Pragmatics* (*Quarterly Publication of the International Pragmatics Association*), vol. 13(1), 2003, pp. 163-180.

⑤ 刘小龙：《解构与建构：当前中国网络民粹主义话语的生成逻辑》,《中共浙江省委党校学报》2017 年第 4 期,第 82-91 页。

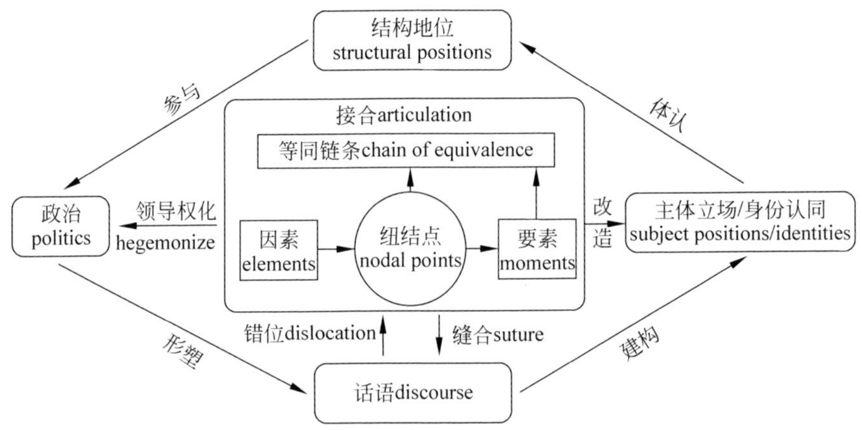

图 7-1　第三代话语理论的核心概念与理论逻辑示意图

来的规则系统与意义差异体系。[①] 也就是说，"事物的意义取决于那些构成其身份与意义的话语秩序，每一种话语都是一种社会和政治的建构，这种建构确立起了一种有关不同客体与主体实践之间关系的体系，同时为社会行动者提供了一种用以形成身份认同的主体立场"[②]。于是，该话语理论"把话语(discourse)定义为一个形成主体与客体之身份认同的意义实践体系"[③]。因此，遵循德里达"文本之外一无所有"的理念，该话语理论在本体论上将一切语言的和非语言的社会实践皆视为可以当作"文本"来加以构造或解读的"话语"，因为任何社会实践都是具有特定意涵与符号结构的表意实践，主客体在其中获得意义、立场，并由此形成身份认同。

其次，在拉克劳与墨菲看来，话语的形成其实是接合实践(articulatory practice)的结果。"我们将任何在各因素之间建立起关联、从而它们的身份认同因之而得以被改造的实践称为接合(articulation)；由这种接合实践所产生的结构化的总体我们称其为话语；有差别的主体立场(differential subject positions)只要在话语中被接合起来(articulated)，我们就称之为要

① Howarth, D. & Stavrakakis, Y., "Introducing discourse theory and political analysis", in Howarth, D., Norval, A. J. & Stavrakakis, Y. (Eds.), *Discourse Theory and Political Analysis: Identities, Hegemonies and Social Change* (pp. 1-23). Manchester: Manchester University Press, 2000, p. 3.

② 同①。

③ Howarth, D. & Stavrakakis, Y., "Introducing discourse theory and political analysis", in Howarth, D., Norval, A. J. & Stavrakakis, Y. (Eds.), *Discourse Theory and Political Analysis: Identities, Hegemonies and Social Change* (pp. 1-23). Manchester: Manchester University Press, 2000, pp. 3-4.

素(moments)；相反，我们称任何没有被话语接合起来的差异性为因素(elements)。"[①]而任何话语都被建构成对话语场域形成主导、以阻止差异流动和构造起一个中心的尝试，那种占主导地位的局部固定的话语点(discursive points)被称为纽结点(nodal points)；因此，接合实践便围绕着局部固定意义的纽结点的建构而进行。[②] 纽结点倾向于对相邻的主体立场施加整体性的影响，结果这些被影响了的主体立场丧失了其漂浮不定的性质而"成为意义结构网络的一部分"[③]。围绕着纽结点，不同的主体立场接合在一起从而形成一个等同链条(chain of equivalence)，这些要素被符号性地共同锁定在另一个阵营的对抗地位上，结果它们之间一部分共有的信念使其产生了身份认同的重叠，从而相应地改变了其主体立场的内涵。[④]

再次，因为主体的身份认同也即其意义需要在与"他者"的关系中被建构，也就是说只有实现与"他者"的差异性承认才能实现"自我"的认同。而这一"他者"因素又阻止"我"成为完全意义上的"我"，也即无法让主体形成完整的身份认同，于是对抗(antagonism)便会发生。由于对抗性的必然存在，将各种因素围绕纽结点而完全接合到某一个话语形构(discourse formation)中的过程是永远无法完成的，同时"等同链条决不会消解为一个单一的同质群体，主体立场之间的共时差异总是在一定程度上被保留下来"[⑤]。正因为如此，话语结构做不到终极闭合，意义的固定永远只是局部的与偶然的。而使话语结构的偶然性与非闭合性得以显现的过程便是错位(dislocation)：通过结构的离散化，某些社会进程让业已形成的身份认同遭到消解并逐渐引发了主体的认同危机；而尽管错位消解了认同与话语，但它同样在意义层面造成了空白而得以激发新的话语建构，以此来缝合错位了的结构。[⑥] 也就是说，话语结构的错位会导致空白能指(empty

---

① Laclau, E. & Mouffe, C., *Hegemony and socialist strategy: Towards a radical democratic politics*. London, UK: Verso, 2001, p. 105.

② Laclau, E. & Mouffe, C., *Hegemony and socialist strategy: Towards a radical democratic politics*. London, UK: Verso, 2001, pp. 112-113.

③ 安娜·玛丽·史密斯：《拉克劳与墨菲：激进民主想象》，付琼译，南京：江苏人民出版社，1998年或2011年，第134页。

④ 安娜·玛丽·史密斯：《拉克劳与墨菲：激进民主想象》，付琼译，南京：江苏人民出版社，1998年或2011年，第121-122页。

⑤ 安娜·玛丽·史密斯：《拉克劳与墨菲：激进民主想象》，付琼译，南京：江苏人民出版社，1998年或2011年，第122页。

⑥ Howarth, D. & Stavrakakis, Y., "Introducing discourse theory and political analysis", in Howarth, D., Norval, A. J. & Stavrakakis, Y. (Eds.), *Discourse Theory and Political Analysis: Identities, Hegemonies and Social Change* (pp. 1-23). Manchester: Manchester University Press, 2000, p. 13.

signifier)的产生，这为话语接合创造了必要性与可能性。而为填实这一空白能指，主体立场与主客体的身份认同不可避免地要被改造与形塑。在后马克思主义看来，主体立场(subject positions)是指个人信念的集合，个体借此解读并回应其位于社会形式内部的结构地位[①]，它“并不意味着一种拥有特殊利益的同质化主体，而是任何‘具体的人’都可能有多种不同的主体立场”[②]。正是因为对抗性的存在与错位不可避免地发生，每一个主体立场都像“漂浮的能指”(floating signifiers)：它们的意义从来不是完全固定的，而是始终向改变敞开着。[③] 因此，主体立场与身份认同是非本质主义的、偶然的和流动的，“社会空间也因此被揭示为一个永远也无法闭合并被建构为一个完整客观性呈现的场域”[④]。

最后，填实空白能指与缝合错位以形成相对固定之话语结构的努力，也就是领导权接合实践(hegemonic articulation practice)。Hegemony 这一理论概念(译为“领导权”或“文化领导权”)，是后马克思主义话语分析的核心旨归。该理论认为，任何一项政治规划(political project)都试图将不同的话语束加以编织整合，以努力实现对一个意义场域的组织与主导，由此以一种特定的方式固定客体事物的意义与主客体的身份认同。[⑤] 也就是说，“任何一个政治项目的成功是由其在特定语境中固定、至少是相对固定意义的能力来衡量的，这种能力便是领导权，话语场域的表面闭合便是为实现领导权而采取的各种策略的运作结果”[⑥]。所以，领导权建构本质

---

① 安娜·玛丽·史密斯：《拉克劳与墨菲：激进民主想象》，付琼译，南京：江苏人民出版社，1998 年或 2011 年，第 78 页。

② Howarth, D. & Stavrakakis, Y., “Introducing discourse theory and political analysis”, in Howarth, D., Norval, A. J. & Stavrakakis, Y. (Eds.), *Discourse Theory and Political Analysis: Identities, Hegemonies and Social Change* (pp. 1-23). Manchester: Manchester University Press, 2000, p. 13.

③ 安娜·玛丽·史密斯：《拉克劳与墨菲：激进民主想象》，付琼译，南京：江苏人民出版社，1998 年或 2011 年，第 119 页。

④ Howarth, D. & Stavrakakis, Y., “Introducing discourse theory and political analysis”, in Howarth, D., Norval, A. J. & Stavrakakis, Y. (Eds.), *Discourse Theory and Political Analysis: Identities, Hegemonies and Social Change* (pp. 1-23). Manchester: Manchester University Press, 2000, p. 10.

⑤ Howarth, D. & Stavrakakis, Y., “Introducing discourse theory and political analysis”, in Howarth, D., Norval, A. J. & Stavrakakis, Y. (Eds.), *Discourse Theory and Political Analysis: Identities, Hegemonies and Social Change* (pp. 1-23). Manchester: Manchester University Press, 2000, p. 3.

⑥ Sayyid, B. & Zac, L., “Political analysis in a world without foundations”, in Scarbrough, E. & Tanenbaum, E. (Eds.), *Research strategies in the social sciences: a guide to new approaches*. Oxford, UK: Oxford University Press, 1998, p. 261.

上是一种话语接合实践，它“预设了一个充满对抗性的社会场域以及可被接合的各种因素的存在；领导权项目（hegemonic projects）推行的主要目标就在于建构纽结点并使之稳固化，由此通过接合尽可能多的漂浮的能指因素来建构出具体社会秩序的基石”[①]。而由于终极闭合的不可能性，“任何领导权都终将面临无法为人们感知这个世界提供一套有说服力的、合法化的模型的一天”[②]。所以，领导权既作为话语接合的结果而存在，也作为一个永无休止的接合实践而运行。当不可避免的错位效应发生时，试图建构领导权的话语便会通过不断地接合差异化的因素来生产主客体新的身份认同，以此缝合错位了的结构，从而实现其领导权的生产与再生产。从这个意义上来讲，政治的成功运作就要不断地领导权化（hegemonize）其话语，不断实现意识形态领导权的重建。

第二节　研究对象与方法说明

于 2017 年 7 月 27 日在中国大陆上映的《建军大业》（*The Founding of an Army*），是一部为庆祝中国人民解放军建军 90 周年而制作的献礼影片。该电影由中国电影股份有限公司、八一制片厂等国有电影公司或官方部门牵头制作，联合博纳影业、英皇影业等民营影视公司共同出品，讲述了从 1927 年“四一二”反革命政变导致国共第一次合作破裂，到周恩来、贺龙、叶挺、朱德等人 8 月 1 日发动南昌起义，再到经历三河坝战役朱德与毛泽东会师井冈山的中共建军历程和革命故事。它同 2009 年上映的《建国大业》、2011 年上映的《建党伟业》一道构成近年被称为“建国三部曲”的主旋律献礼影片系列，因而是一个主流意识形态宣传的典型文本与话语实践。

之所以将该电影及其传播视为代表国家意志的主流意识形态话语同社会生活日常话语交相互动的一次典型实践，是因为一方面它承载了党建立与指挥军队进而挽救革命与建立国家的执政合法性意涵，另一方面又将自身传播的话语实践深度嵌入社会化传播语境下的日常消费文化中，并在话语风格与营销模式上进一步展现出主旋律电影的商业化运作趋势。也

---

① Howarth, D. & Stavrakakis, Y., “Introducing discourse theory and political analysis”, in Howarth, D., Norval, A. J. & Stavrakakis, Y. (Eds.), *Discourse Theory and Political Analysis: Identities, Hegemonies and Social Change* (pp. 1-23). Manchester: Manchester University Press, 2000, p. 15.

② De Vos, P., “Discourse theory and the study of ideological (trans-) formations: analysing social democratic revisionism”, *Pragmatics* (*Quarterly Publication of the International Pragmatics Association*), vol. 13(1), 2003, pp. 163-180.

就是说，无论演员阵容还是宣传营销，《建军大业》是近年主旋律电影商业化趋势中对异质性文化因素吸纳得最为鲜明的一次话语实践，这明显地赋予它一种有别于其他意识形态领导权策略的独特内涵——通过融合官方文化与非官方的娱乐文化因素来完成意识形态产品的制作、推广与意识形态的认同建构，由此作为一个"意义实践体系"而典型地展现了后马克思主义话语理论所阐释的领导权接合逻辑。

所以，本章把该电影本身及从开始进入公共讨论视野到上映期间这一时段内所发生的任何与该电影有关的直接宣传、两级传播、媒体报道以及社交媒体等平台上的受众反馈，视为一个"意义实践体系"，也即一个由各意义实践的行动主体所参与产生的"结构化的总体"，来从第三代话语理论的进路进行分析，由此围绕"国家与社会在意识形态话语实践中的互动"这一实证化视角来探析主流意识形态话语运作的某种机制及其认同建构的固有规律。为此，本章主要采用在线民族志和文本分析的方法，结合受众访谈，来考察作为一个意义实践体系的《建军大业》及其传播所置身的历史社会语境、所运用的话语接合策略与认同建构手法，及其所产生的意识形态认同效应。

首先，除了将新闻媒体对该文化事件所做的报道作为分析的基本事实来源，本章还主要采用在线民族志（online ethnography）的方法将网络的特定空间作为民族志观察对象。做在线民族志时，通过阅读文本和查看可视图像（如图标、符号等），可以发现存在"基于兴趣的互动"（interactions of interest）的地方；若以一个标记（logo）或标语（banner）为线索，可以确定一个网络社群（websites affiliation）；同时应该把注意力转向行动者在其中参与活动的多个地点之间的联系。[①] 通过使用标签或关键词"建军大业"检索微博、微信等社交平台与猫眼电影、淘票票、娱票儿、豆瓣网、时光网等观影票务平台，可以观察到这一文化传播事件中各方行动者所采取的行动与话语。观察的起始时间为电影的"全阵容海报"在官方微博@电影建军大业正式发布的 2017 年 6 月 12 日[②]，结束时间为本章初稿完成时的 2017 年 8 月 25 日。笔者将行动者划分为主流意识形态话语的推行主体、演员（尤其是"小鲜肉"明星的参演主体）、作为认同召询（identity interpellation）客体与文化消费者主体的网民以及参与论争的其他相关当

① 卜玉梅：《虚拟民族志：田野、方法与伦理》，《社会学研究》2012 年第 6 期，第 217-246 页。

② 发布"全阵容海报"的微博被转发 24 万余次，评论 5 万余条，因曝光了争议性"小鲜肉"演员而开始成为社交媒体讨论与传统媒体报道视野中的舆情热点。

事人这四大类型，观察与记录他们在各种在线社区与媒体平台上所进行的传播行为和话语实践，具体涵盖：（1）影片本身的话语建构以及代表电影制作发行方意志和代表主流意识形态意志的媒体或自媒体围绕该影片所进行的话语实践，包括微博@电影建军大业、主创人员比如导演@刘伟强，军队机关新媒体@军报记者、党的机关新媒体@人民日报等为电影所作的宣传、营销与评介；（2）参演明星尤其是“小鲜肉”演员，比如@鹿晗、@张艺兴、@欧豪等对该影片所做的“两级传播”[①]，包括原创、转发或参与话题互动；（3）在上述这些行为主体的微博账号等页面进行评论、点赞的观众反馈与互动行为，以及观众在猫眼电影、豆瓣、时光网等票务与观影平台上的影评话语；（4）相关当事人比如@叶大鹰参与相关话题论争的传播行为，以及相关网友和观察人士就此作出的反馈和讨论。

其次，通过运用文本分析法，对作为一个影像文本的《建军大业》本身进行故事内容、叙事技法等维度的分析与含义解读，对经由在线民族志所获取的各方行动主体生产的典型文本，无论是文字的、图片的还是符号的，进行分析解读。

最后，作为对上述方法的补充，在对各方话语行动者的行为事实进行典型性把握的基础上，再对观众进行一定的访谈以获知他们因这一传播事件而产生的心理变化与认同效应等心理事实，以对电影意欲实现的意识形态认同效果的分析形成补充性验证。

第三节　语境、接合与认同：《建军大业》传播中的意识形态领导权建构分析

从第三代话语理论的基本概念与分析视角，或者说“话语理论分析”（discourse-theoretical analysis）出发[②]，基于上述研究方法，笔者考察了作为一个“意义实践体系”的《建军大业》及其传播所置身的历史社会语境、所运用的话语接合策略与认同建构手法，及其所产生的意识形态认同效应。

---

① 传播学的“两级传播”理论认为，有时大众传播并不是直接“流”向一般受众的，而是要经过意见领袖这个中间环节，即“大众传播→意见领袖→一般受众”；明星演员在其粉丝群体面前，某种意义上可被视为意见领袖。详见郭庆光：《传播学教程》，北京：中国人民大学出版社，2011年，第178、189页。

② 徐桂权、陈一鸣：《后马克思主义视野下的媒介话语分析：拉克劳和墨菲话语理论的传播适用性》，《新闻与传播研究》2020年第2期，第42-57页。

一、多元身份认同与主客体错位：《建军大业》领导权接合实践所处的历史语境

拉克劳在其早期著作中坚持认为，策略性话语介入的每一次分析都必须从历史的语境化开始[①]，因为“任何事件的意义都是它所发生的那个语境和(或)对它进行阐释的那个语境‘多元决定’的结果”[②]。作为一个担负主流意识形态传播使命的媒介文本与话语实践，《建军大业》及其传播的策略性话语介入所发生的语境是一个现代性与后现代性交相并置的当代中国。作为一次主流意识形态的话语实践，其所要实现的最基本接合，就是将 90 年前发生的历史事件及其承载的历史与现实意涵同现代与后现代相重叠的政治社会状况及文化生态中的主客体进行连接。

伊格尔顿认为，后现代性的物质基础是资本主义的新形式，诸如瞬息万变的、非中心化的技术领域，消费社会和文化工业；这种新的物质环境造成了传统的制造业被服务业、金融业和信息产业取代，也促成了传统的以阶级为核心的政治领域向各式各样的(基于族裔、性别、社区等的)身份认同政治转化。[③] 建基于中国革命和社会主义国家体制这一“中国现代性集大成者和最高形态”[④]的当代中国，经历了改革开放近 40 年的市场经济发展与社会阶层分化，尤其是互联网“新传播革命”[⑤]以后，碎片化的社会利益格局与大众化的信息社会、消费社会进一步发展，这让后现代性某种程度地在中国得以生长。单一理论框架、宏大叙事或终极性解释进一步瓦解，反中心、漂移性与流动化的多样社会思潮和多元文化认同兴起。

作为隶属于民族国家建构之现代性逻辑的革命叙述，历经社会形态转型与文化生态变迁之后，《建军大业》所承载的话语意涵在建军事件发生 90 年以后的民众尤其是年轻一代所成长其中的去政治化、娱乐化和商业化的日常文化空间中，显得有点格格不入。尤其是年轻一代，他们借以观赏该影片所应具备的最基本的历史常识，有时候都付诸阙如——

---

① 安娜·玛丽·史密斯：《拉克劳与墨菲：激进民主想象》，付琼译，南京：江苏人民出版社，1998 年或 2011 年，第 222 页。

② 保罗·鲍曼：《后马克思主义的话语理论》，《国外理论动态》2011 年第 4 期，第 78-86 页。

③ Eagleton，T.，*The illusions of postmodernism*. Oxford，UK：Blackwell Publishing，1996. 详见伊格尔顿(Eagleton)*The illusions of postmodernism* 一书的前言(Preface)部分。

④ 张旭东：《后现代主义与中国现代性》，《读书》1999 年第 12 期，第 12-20 页。

⑤ 李良荣，郑雯：《论新传播革命——“新传播革命”研究之二》，《现代传播》(中国传媒大学学报)2012 年第 4 期，第 34-38、65 页。

@烟雾与镜像：刚刚去看《建军大业》，看到朱德率领部队打到广州以后处处受挫，旁边一个妹子太入戏自言自语“现在怎么办呀?”我说“上井冈山!”这时候前面一个妹子转过头说“不要剧透!”……这还用剧透吗，你有没有历史老师!

@ballball我光哥让我晃一晃：恍恍惚惚我旁边一个妹子三河坝的时候一直说，完了完了朱德要死了吧，好悲壮……我寻思，后来开国大典天安门城楼上那是谁

@朱小才有间歇性精神病：哈哈哈，我也是！今天下午陪我妹妹去看，里面毛泽东说要送朱德八个字，我随口接了一句“星星之火，可以燎原”，然后果然是这句，旁边妹子惊呼“太神了吧！你怎么知道!”我：???[①]

一个粉丝数不到1000人的普通微博用户所发表的一条观影体验，在短时间内获得19000余次转发与8000余条评论互动，并引发大量如上述第二条、第三条微博之类的观影反馈，不得不说，曾经一度占据主导地位的一元化革命叙事与阶级话语在后现代多元文化认同的语境中遭遇了某种程度上的主客体错位(dislocation)——从高度闭合型社会的经典社会主义走出，那种借以进行合法性论证的单一版本的历史叙事逐渐因社会文化结构的离散化而遭遇认同乃至认知的危机。不过，错位造成了话语与认同的消解，但也在意义层面造就了空白而让新的话语建构得以激发，这同后现代语境中主体立场与身份认同的非决定性、偶然性和流动性一道，为主流意识形态的领导权重建提供了可能。从2009年的《建国大业》到2011年的《建党伟业》，我们看到，承载党和国家主流意识形态诉求的文化产品逐渐表现出商业化的运作风格，且原本阶级性的意识形态内核有所松动，以在变迁了的政治社会语境中进行与之相适应的话语建构。

对于借由《建军大业》推行内含着爱国主义、历史合法性等要素之主流意识形态的行动者来说，他们依旧面临着与作为认同召询对象的民众尤其是年轻一代观众间的话语错位。这种错位不仅存在于主客体之间的认知结构与文化调性，还在于主旋律影片的天然严肃性同电影商业化趋势下作品可观赏性之间的内在矛盾。一部分年轻人对宏大叙事与革命历史的陌

---

① 此三条微博来自于微博用户@烟雾与镜像所发表的一条观影体验及其网友反馈，发表日期：2017-07-29，http://weibo.com/1768636231/FeDtyq6AY?filter=hot&root_comment_id=0，访问日期：2017-08-20。

生感，以及他们主动建构自身文化生存意义的主体性对传统意识形态宣教的无感，共同为《建军大业》造就了一个需要通过某种话语接合而加以填充的空白能指，其领导权接合的实践便是围绕着某种纽结点的建构而将空白能指加以填充、将话语错位加以缝合的过程。也就是说，广大观众尤其是年轻人对建军、建党等爱国主义与革命式意识形态叙述的体认、对执政党历史合法性的了解与认同，在社会思潮多样化、各种亚文化和多元身份认同崛起的新媒体文化生存语境中，越来越成为一种指意空白（signifying emptiness）。围绕这一指意空白，主流意识形态的领导权建构获得了必要性与实践目标。

更具体地，对于《建军大业》所要实现的主流意识形态领导权建构效果来说，填充这一待填充的空白能指，就是要通过某种话语接合让广大观众产生一系列的意指实践（signifying practices），这些意指实践所造就的各种能指（signifier）符号，无论是语言性的文本还是非语言性的行为，其所指（signified）就是那种对电影文本所蕴含的主流意识形态要素的认知、认可乃至认同。让这种主体立场的改造与认同效应的生产尽可能广泛与深刻地发生，便是在最大程度实现国家主流意识形态话语与社会日常生活话语之错位的重新缝合，而这，便有赖于一定的话语接合策略与认同建构手段。

二、意义组合与认同传递：《建军大业》领导权接合实践的运作机理

话语理论探究社会实践如何在一个开放性的话语场域（discursive field）中通过接合一系列偶然性能因素来系统性地建构起主体与客体的身份认同。[①] 作为一次推行革命的英雄主义、爱国主义、执政党历史合法性以及党军关系意识形态等主流意识形态要素的话语实践，《建军大业》在多元身份认同与主客体错位的社会语境中遭遇的其实是一个开放性的话语场域。也就是说，它面临着一系列的偶然性能指因素，这为其领导权建构的话语接合提供了多种可能。从建构起某种合理有效的纽结点，再围绕这一纽结点吸纳与整合多种差异性主体立场与能指因素，以在话语体系中固

---

① Howarth, D. & Stavrakakis, Y., "Introducing discourse theory and political analysis", in Howarth, D., Norval, A. J. & Stavrakakis, Y. (Eds.), *Discourse Theory and Political Analysis: Identities, Hegemonies and Social Change* (pp. 1-23). Manchester: Manchester University Press, 2000, p. 7.

定起一系列的主流意识形态所指要素，到最终通过协同式的社会化传播将各方行动者接合进这一意义实践体系而形塑其认同，《建军大业》意识形态的领导权接合逻辑就此展开。

接合的最基本含义，是通过一种中介或活动将不同的因素或构件连接成一个整体的实践活动。[①] 在《建军大业》所处的开放性话语场域中，各种与其接合实践相关的因素或构件包括：影片本身所要再现的发生于 90 年前的革命故事与建军话语，远离革命叙事与去政治化的社会大众尤其是年轻世代及其携带的文化生存方式与体验惯习，互联网语境下传播场域的新结构及社会化传播的粉丝效应模式，以及商业化、娱乐化主导的电影市场新生态。这些差异性因素背后其实包含着多种差异性的主体立场，具体包括：党及其意识形态推行主体（包括影片制作发行方、主流媒体等行动者）传播主流意识形态以获取民众认同的政治立场；作为一种经济实体的文化工业生产者吸引消费者以获取价值增值的经济立场；作为消费者主体的大众自主多元地寻求精神体验与文化认同的文化立场。这些差异性因素与主体立场因其在话语错位时刻所具备的能指漂浮性而可以被接合起来，以获得意义的局部固定。如何打造出一个纽结点以让这些差异性主体立场被改造而达成同一，成为《建军大业》领导权建构的关键一步。

政治项目试图缝合错位的方法便是围绕新的纽结点而接合出一个能指链条（a chain of signifiers）。[②] 通过对电影的文本以及演职人员等背景信息进行分析，对相关行动者在社交媒体等传播场域的营销话语进行民族志观察与文本分析，笔者发现，在建构起相应主流意识形态意义实践体系的过程中，以"趁年轻、干大事"为核心能指的纽结点被打造出来，也即通过电影叙事与宣传话语建构一种"年轻派"的核心意象与话语点（详见表 7-1），作为话语客体的建军历史故事、作为意识形态推行主体的发行制作方与同时作为意识形态认同召询客体与自主性文化意义寻求主体的观众，得以连接与融合，上述差异性主体立场与能指因素被接合在了一起而形成一个等同链条（a chain of equivalence）。

---

① 周凡：《后马克思主义导论》，北京：中央编译出版社，2010 年，第 94 页。

② De Vos, P.，"Discourse theory and the study of ideological (trans-) formations: analysing social democratic revisionism"，*Pragmatics* (*Quarterly Publication of the International Pragmatics Association*)，vol. 13(1)，2003，pp. 163-180.

表 7-1 《建军大业》官方微博@电影建军大业为各年轻角色定制的宣传话语

剧中角色(年龄)	“年轻派”话语
叶挺(31)	年轻就是战斗力
卢德铭(22)	年轻就是兵来将挡
粟裕(19)	年轻就是一腔热血
何长工(27)	年轻就是全力以赴
蔡晴川(24)	年轻就是为理想而战
邓小平(23)	年轻就是心怀天下
任弼时(23)	年轻就是风雨无阻
杨开慧(26)	年轻就是坚定不移
范桂霞(22)	年轻就是相信未来
洪门老八(不详)	年轻就是义无反顾

正如安娜·玛丽·史密斯所言，纽结点倾向于对相邻的主体立场施加整一性的影响，结果这些被影响了的主体立场丧失了漂浮不定的性质而成为“意义结构网络的一部分”。[①] 在《建军大业》传播话语的等同链条中，我们看到，围绕“年轻派”的话语纽结点，各因素原本所具有的漂浮性多元意义被扭转而统合到了一起。一个发生在上述历史社会语境中的意义组合过程得以发生：为使电影叙事更符合商业化趋势中的可观赏性诉求以及吸引年轻的观影群体，承载特定信仰意涵的革命故事某种程度上被演绎成恩怨情仇式的江湖义气和年轻人“青春逐梦”的奋斗故事，军事重工业电影的“暴力美学”也被运用以塑造强烈的视觉冲击；“年轻派”的叙事话语与宣传话语也为大面积起用“小鲜肉”明星以吸纳明星符号背后所附着的庞大的认同力量提供了合理性；而对年轻“小鲜肉”演员的起用更是让一些对革命历史丧失基本认知与兴趣的年轻观众因其“爱豆”(idol)的参演而走进电影院来接受革命叙事的“洗礼”，或者说，遵循娱乐化与自主性意义获取与文化认同惯习的“去政治化”观众，在其偶像的“召唤”下而被接合进这一政治化的主流意识形态的意义实践体系之中，并由此展现出一个认同传递的过程。

通过上述纽结点的建构与各差异性主体立场的意义组合，一系列话语要素得以在《建军大业》及其传播的话语形构(discursive formation)中被局部固定。具体包括：年轻人为民族与国家命运英勇献身的爱国主义要素、青春应为信仰与理想而奋斗的英雄主义要素、党通过建立人民军队以

① 安娜·玛丽·史密斯：《拉克劳与墨菲：激进民主想象》，付琼译，南京：江苏人民出版社，1998 年或 2011 年。

完成现代民族国家建构的革命话语要素及由此所论证的党的执政合法性要素等。电影对这些意识形态要素的宣扬，显然不是通过直接的灌输来达成，而是通过上述话语形构的过程，尤其是借用一股重要的认同召询力量来实现——通过接合进“小鲜肉”演员及其所附着的庞大认同力量来完成认同的传递：广大观众尤其是年轻粉丝对其“爱豆”的喜爱和认同，被传递和转化为对其所参演的电影及其所附着的主流意识形态意涵要素的体验与认同。

通过表 7-2 的不完全统计和梳理我们可以发现，数十位参演人员在社交媒体上所聚集的庞大粉丝群体（拥有千万级微博粉丝量的演员就 10 多位），成为电影经由明星的“两级传播”而广泛触达的传播对象。其中，张艺兴、马天宇、鹿晗、刘昊然、欧豪等被舆论称为“小鲜肉”而让电影遭受质疑的年轻演员，对影片宣传所做的再传播无一不进入了单条微博互动率的前 10 名。可见，这些拥有强大粉丝号召力的“小鲜肉”在电影营销方面居功至伟。对这些拥有强大影视文化影响力的年轻演员或“流量小生”进行接合，让国家层面的主流意识形态同社会层面的日常文化消费话语找到了最便捷和有效的互动桥梁。

表 7-2　对演员在微博上参与电影营销“两级传播”所进行的统计[①]

微博账户（演员）—所饰演历史人物	微博粉丝数	传播条数	转发＋评论＋点赞数（取总数最高一条）	互动率（互动数/粉丝数）
@努力努力再努力 x（张艺兴）—卢德铭	26214111	2	1199010	4.574%
@馬天宇（马天宇）—林彪	24988678	1	998140（评论关闭）	3.994%
@M 鹿 M（鹿晗）—联络员	37660573	1	1166308	3.097%
@刘昊然（刘昊然）—栗裕	12434407	2	236638	1.903%
@李沁（李沁）—杨开慧	12374160	2	211203	1.707%
@杨祐寧 YOYANG（杨佑宁）—钱大钧	2527925	2	40443	1.600%
@欧豪（欧豪）—叶挺	8387274	1	105658	1.260%
@张天爱（张天爱）—宋美龄	10942007	1	132551	1.211%
@鄭元畅小綜（郑元畅）—俞济时	10217069	1	105379	1.031%
@陈赫（陈赫）—斯励	43070787	2	420328	0.976%
@关晓彤（关晓彤）—邓颖超	17643974	2	161644	0.916%
@朱亚文（朱亚文）—周恩来	8088579	5	73133	0.904%
@余少群（余少群）—汪精卫	1097245	3	8349	0.761%
@董冬咚 d（董子健）—邓小平	4800756	1	31287	0.652%

① 对参演该电影的所有演员的个人微博进行田野观察，统计其粉丝数和直接与电影宣传有关的微博条数，未发布任何相关微博内容的演员微博不予记录，发布不止一条的取其中互动数最高的一条，进行单条互动率降序排序。统计日期：2017-08-21。

续表

微博账户（演员）—所饰演历史人物	微博粉丝数	传播条数	转发＋评论＋点赞数（取总数最高一条）	互动率（互动数/粉丝数）
@周冬雨（周冬雨）—范桂霞	16748054	3	106441	0.636%
@cucn201 白客（白客）—瞿秋白	5379331	2	21474	0.400%
@释小龙 Ashton（释小龙）—聂荣臻	2800552	4	10782	0.385%
@演员黄志忠（黄志忠）—朱德	533579	4	1888	0.354%
@演员王景春（王景春）—贺龙	191278	3	513	0.268%
@韩庚（韩庚）—张学良	49770752	4	114429	0.230%
@刘烨（刘烨）—毛泽东	52562595	2	94799	0.180%
@包贝尔（包贝尔）—守城军官	11129000	1	19564	0.176%
@宋佳（宋佳）—宋庆龄	11756386	1	19832	0.169%
@吴樾（吴樾）—张国焘	1074204	1	1426	0.133%
@于和伟（于和伟）—陈独秀	8085020	2	7272	0.090%
@马伊俐（马伊俐）—向警予	41735427	2	18086	0.043%

通过这些桥梁，很多年轻观众“是因为自己的爱豆而去看这部电影的”①，并在观影之后主动进一步了解相关的历史人物与故事——

观众维 C：因为阵容比较强大，里面又有自己比较喜欢的明星，所以就去了，我喜欢刘昊然、张天爱。②

而经由电影叙事的视觉冲撞与情感冲击，他们对“爱豆”的喜爱和认同被传递为对电影故事及其意识形态要素的体验与认可——

@爱笑的兔比小姐：谢谢对×××的肯定，通过他我们认识了何长工爷爷，很了不起的先辈👍人民一辈子的长工，中国人民解放军第一面军旗的设计者👍向何长工同志致敬，吾辈必当勤勉，持书仗剑耀中华，铭记历史。③

@凌果依：让更多的新一代更深刻地认识历史，知道现在的和平来之不易，我前座就是妈妈带着孩子来看的，可惜即使有这么多“小鲜肉”也不能使这电影满座，看完电影对国家又多一份尊敬，在这来之不易的和平时代更要努力完成自己的梦想，回来坐

① 来自于对观众 flower040 的访谈，访谈日期：2017-08-20。

② 来自于对观众维 C 的访谈，访谈日期：2017-08-22。

③ 来自于网友对何长工外孙在微博所发文章《看完〈建军大业〉后，我有些话想说……》的评论，发表日期：2017-07-26，http://weibo.com/ttarticle/p/show?id=2309404133874849473229#_0，访问日期：2017-08-22。

地铁时被检查背包，因为一瓶水被叫停下来检查，我更感觉到安心，因为我在一个相对很安全的国家里生活，不用担惊受怕，提醒一下各位迷妹们请保持冷静，保持对这电影的一点尊重，看到自己爱豆出现心里开心就好了，大呼小叫的我觉得是对烈士的不尊重。我也是迷妹。[①]

观众 flower040：看了这部电影，我觉得党和政府在我心目中的形象变得更加正面、更加伟大了。[②]

三、必然性对抗与偶然性认同：《建军大业》意识形态领导权建构的现实效应

通过意义的局部固定而产生的话语与身份认同，天然地是一种政治性的存在，因为涉及对抗性的建构与权力的行使。[③] 在后马克思主义的话语分析看来，任何话语的领导权接合都必然意味着并面临着对抗性的建构，而正是因为对抗性的存在，任何一个话语结构也无法做到终极闭合。也就是说，任何一个试图建构领导权的话语都无法将所有差异性因素的身份认同加以统一化形塑，认同效应是偶然的和不确定的。对抗的必然性意味着认同的偶然性，这在《建军大业》话语实践的争议性传播过程中典型地表现了出来。

通过打造"年轻派"的话语纽结点来进行参演人员的选用、电影叙事的设计和营销策略的定位，在上述意义组合和认同传递机制的作用下，《建军大业》在整体上获得了良好的观影反馈与主流意识形态传播效果，这可以从该影片的票房表现、各观影票务平台的观众评分和主流媒体的报道中得到证明。[④] 然而，这并不意味着"年轻派"的话语形构能阻止差异化因素的流动而形成对话语场域的绝对主导。事实上，从曝光演员阵容开始直到电影上映后，该电影就始终面临着演员选用不当、用江湖义气遮蔽信仰大义、

---

① 来自猫眼电影客户端上《建军大业》专区的观众短评，该短评获网友近 1000 次点赞和评论；发表日期：2017-07-27，访问日期：2017-08-22。

② 来自对观众 flower040 的访谈，访谈日期：2017-08-20。

③ Howarth, D. & Stavrakakis, Y., "Introducing discourse theory and political analysis", in Howarth, D., Norval, A. J. & Stavrakakis, Y. (Eds.), *Discourse Theory and Political Analysis: Identities, Hegemonies and Social Change* (*pp*. 1-23). Manchester: Manchester University Press, 2000, p. 9.

④ 截至本章初稿完成时的 2017 年 8 月 25 日，《建军大业》在各票房统计平台的平均票房已经达 3.847 亿元人民币，观众的平均观影评分为 8.9 分。

建军历史反映得不够充分和准确等反向认同话语的批评。例如，上映前在@人民日报、@军报记者等官方新媒体对影片所做宣传推介的网民反馈中，不少网友表达了对“小鲜肉”参演的不满——

> **@小宋先生 09**：不好意思，看了阵容以后我感觉他们好像在开玩笑一样！没演员了吗？我表示相当不期待！[1]
>
> **@是俊 no 静**：我怎么感觉革命有一定难度[2]
>
> **@哟鸿儿**：万万没想到，建军大业的选角是这样过度迎合年(nao)轻(can)人(fen)了吧[3]

对演员起用不当表达不满的，更有革命先烈的后代。比如叶挺之孙叶大鹰就认为“小鲜肉”的参演让“革命历史被严重地娱乐化，是对革命历史的羞辱和歪曲”[4]。更重要的是，有不少声音质疑影片对历史的叙述偏离了建军的真正历史及其本真意涵：“《建军大业》成了一部没有秋收起义、没有三湾改编的好哥们起义剧，起义倒是蛮悲壮蛮热血的，可是，如果没有三湾改编，你建的是哪门子军？”[5]更有观察家直接指出，“对‘建军大业’最有决定性的事件是三湾改编和古田会议，但前者在影片中只有一句话，后者则是影片结尾处匆匆打起的一块只有几分钟的补丁，不了解历史的观众根本无从感受这两件事的重大意义”[6]。

以上反向认同的批判话语表明，领导权的建构始终面临着对各种社会规范性因素的艰难接合。“意识形态话语模式渗透社会的程度或控制社会

① 来自于微博账号@人民日报，发表日期：2017-06-12，http://weibo.com/2803301701/F7x2wwspY?refer_flag=1001030106_&type=comment#_rnd1503400973761，访问日期：2017-08-22。

② 来自于微博账号@军报记者，发表日期：2017-04-07，http://weibo.com/2280198017/EDpu2nrKF?filter=hot&root_comment_id=0&type=comment#_rnd1503395927692，访问日期：2017-08-22。

③ 同②。

④ 来自于微博账号@叶大鹰，发表日期：2017-07-25，http://weibo.com/1248608975/Fe1FxxVkM?filter=hot&root_comment_id=0&type=comment#_rnd1503403653997，访问日期：2017-08-22。

⑤ 飞岸：《〈建军大业〉这种伪意识形态秀，不作也罢！》，http://www.wyzxwk.com/Article/wenyi/2017/08/381841.html.

⑥ 郭松民：《〈建军大业〉还不如改名叫〈血战三河坝〉算了》，https://mp.weixin.qq.com/s/kqwocq5v0r-sANo7SC-80g.

的效力，是与其同日常生活话语模式的嫁接或者融合程度相关的；一般而言，意识形态与社会规范融合度越高，国家权力在话语实践中就越能得到民间社会的支持与合作，反之，得到的抵制与反抗就越多。”[①]一边是随着社会结构与文化环境的变迁而不断生长着的新的话语规范，比如互联网后现代思维与女性消费群体所助推的“鲜肉美学”与参与性的大众文化趋势，另一边却是现代民族国家建构历程中所形成的规范性革命话语，试图贴合新规范而改变旧规范的《建军大业》其话语实践必然面临着对抗性因素的质疑和挑战。也正是因为如此，其所试图生产的意识形态认同效应，具有很大的偶然性。

这种偶然性，即使在认同新规范话语的行动者那里，也是如此。比如，那些认同“小鲜肉”参演电影的观众，在其认同发生的客体对象上表现出模棱两可的不确定性——不知是粉丝因其偶像的参演而被接合进《建军大业》的意义实践体系，进而产生了对主流意识形态要素的意义体验与认同，还是《建军大业》作为一种因素而被接合进了某个粉丝消费与认同其偶像的意义实践体系，进而让粉丝看到偶像身上新增了某种“革命英雄主义”的气质而对之更为“死忠”，以至于电影在其脑海中根本就没留下什么特别的印象。在线田野观察和受众访谈表明，对电影内容过目即忘而对“爱豆”的表现记忆犹新的情况是存在的——

@开心的威武姐姐：片中全明星阵容，有的即使只有一个镜头，甚至一句台词，但也都做了不少准备的。就像鹿晗饰演的联络员虽然只是在船上煮了一锅粥，只有一句台词，但还是格外帅啊♥比心～[②]

@天下太平：今天上午看了这部影片，观影者多在分辨小明星而不是历史，令人长叹！[③]

这表明，“因素通过话语接合所获取的新的意义是偶然性的，且并非其先前隐藏含义或本质含义的揭露。不存在对意指实践领域的先验性所指

---

① 王国勤：《国家治理视域下的意识形态研究》，《浙江社会科学》2015 年第 3 期，第 38-43、157 页。

② 来自于微博账号@电影建军大业某条微博的评论区，发表日期：2017-07-28，http://weibo.com/5993570920/FeqMgmjIA?type=comment，访问日期：2017-08-22。

③ 来自于微信文章《〈建军大业〉还不如改名叫〈血战三河坝〉算了》的留言区，发表日期：2017-07-28，https://mp.weixin.qq.com/s/kqwocq5v0r-sANo7SC-80g，访问日期：2017-08-22。

限制，因为话语接合仅仅只受限于能指因素的可用性以及卷入接合实践中的政治力量的创造性”[①]。尽管作为某种文化“政治力量”的主流意识形态推行者，将明星及其附着的认同召询力等因素“创造性”地接合进了其意义实践体系，但观众所进行的意义体验并非一定是对明星所演绎的人物及历史所固有意涵的体认，而很可能只是对明星的现时消费。这种对历史严肃性的娱乐化消解，也正是“建国三部曲”“数星星”模式一定程度上被人诟病的地方。

所以，领导权接合实践所产生的只能是偶然性的身份认同，这和必然性对抗一道共同决定了，任何话语的完全闭合都必然是比喻性的。那些在特定语境中建构起让所有可能表征得以再现的视域以及确立起什么是“可说性”限度的话语形式，都必定是象征性的，它们是“绝对的隐喻”[②]。故而，恰如拉克劳进一步所言，“意识形态是一种在特定语境中试图使意义被固定的象征性、隐喻性和不稳定的意义闭合”[③]，《建军大业》若想完成意识形态领导权的完全重建与意义闭合，那么也必然是种象征性的“绝对的隐喻”。

第四节　结论与讨论：数字媒介环境下意识形态领导权的接合实践

经由第三代话语理论的分析进路（即“话语理论分析”），在对《建军大业》传播的意识形态领导权建构所进行的实证化考察中，我们发现，作为一次典型的主流意识形态话语实践，《建军大业》及其传播在后现代多元身份认同与主客体错位的历史语境中，通过打造一种“年轻派”的话语纽结点将各种差异性的主体立场与能指因素加以接合，在很大程度上完成了对多样化主体立场的重塑与身份认同的统合，从而相对成功地实现了面向广大受众尤其是年轻观众的主流意识形态认同召询与领导权建构。然而，争议性的传播过程与认同对象的模棱两可表明，《建军大业》所试图建构领导权的话语无法将所有差异性因素的身份认同加以统一形塑，从而让其意识形态

---

① Howarth, D. & Stavrakakis, Y., “Introducing discourse theory and political analysis”, in Howarth, D., Norval, A. J. & Stavrakakis, Y. (Eds.), *Discourse Theory and Political Analysis: Identities, Hegemonies and Social Change* (pp. 1-23). Manchester: Manchester University Press, 2000, pp. 21-22.

② Laclau, E., “Ideology and post-Marxism”, *Journal of Political Ideologies*, vol. 11(2), 2006, pp. 103-114.

③ 同②。

认同效应表现出很大的偶然性和不确定性。

通过本章的研究，我们还可以发现，从话语实践的角度推进主流意识形态，以致国家意识形态安全等问题的实证研究，融合语境、接合与认同这三重分析维度的第三代话语理论的"接合分析"(articulation analysis)对此具有鲜明理论解释力与方法可行性。恰如霍尔所认为的，"一种接合理论(theory of articulation)既是一种理解方式，即理解意识形态的组成成分何以在一定的历史条件下通过一种话语聚合在一起；同时也是一种追问方式，即追问意识形态的组成成分何以在特定的事态下变成或不变成某些政治主体"[①]。对于以接合与领导权为核心概念与分析旨归的第三代话语理论来说，认同的形成、新意识形态的产生、社会运动的逻辑，以及多元社会想象的社会形构等议题，是其所要探究的目标核心。[②] 这些目标核心都与当代中国各种非主流意识形态和社会思潮的产生、接合与认同建构问题直接对接，因而让该分析进路足以成为填补主流意识形态相关研究实证性薄弱环节的"新"的路径与方法。

当然，对当代中国主流意识形态更多要素意涵及其领导权建构，以及影响主流意识形态安全的各种社会思潮与非主流意识形态之话语接合实践的研究，远非本章的个案研究所能涵括。这有待于进一步研究的阐发，也有赖于相关学术研究和知识生产者的探索性开掘。

---

① Grossberg, L., "On postmodernism and articulation: An interview with Stuart Hall", *Journal of Communication Inquiry*, vol. 10(2), 1986, pp. 45-60.

② Howarth, D. & Stavrakakis, Y., "Introducing discourse theory and political analysis", in Howarth, D., Norval, A. J. & Stavrakakis, Y. (Eds.), *Discourse Theory and Political Analysis: Identities, Hegemonies and Social Change* (pp. 1-23). Manchester: Manchester University Press, 2000, p. 2.

第八章　媒介化治理：数字媒介环境下公共政策话语的接合实践

——以2019—2020年垃圾分类议题为例[①]

引　言

2019年7月1日，《上海市生活垃圾管理条例》正式生效。生活垃圾分类议题在经历多年推广之后，又再次站上舆论的风口浪尖。"史上最严垃圾分类新政"在全国引发了关于垃圾分类标准、惩罚措施等问题的讨论热潮。同样是首批试点城市之一的广州，曾经爆发声势浩大的邻避运动，也在此次住房和城乡建设部提出的生活垃圾分类处理目标[②]下，进入了垃圾分类回收的冲刺赛道。2019年8月15日，广州发布生活垃圾分类处理的三年行动计划，依据工作目标，按照时间线详细布局垃圾分类工作任务。[③]历经十余年政策推广和试点，生活垃圾分类回收经过从概念推广到政策制定出台、再到强制实施的漫长进程，期间政策论争话语亦不断演变。这一变化过程不仅是技术论争，而且是在中国独特的环境传播机制和表达体系中，不同主体进行符合自身利益的话语意义建构的过程。在此背景下，本章希望基于"垃圾分类"这个环境传播的案例，来探讨各类媒介是否帮助各类声音介入，以及以何种话语形态介入以政府政策为主导的环境传播过程，从而使各类主体参与到公共治理当中。

目前，国内外关于环境传播和环境话语的研究成果已经相当可观。在环境传播的地形图中，本章将定位于环境传播话语研究的路径，进而聚焦

---

① 本章是与中山大学新闻传播学院硕士生雷丽竹、王子睿合作的成果。

② 其目标表述为：2020年底前基本建成生活垃圾分类处理系统，基本形成相应的法律法规和标准体系……可回收物和易腐垃圾的回收利用率合计达到35%以上，参见中华人民共和国住房和城乡建设部《住房城乡建设部关于加快推进部分重点城市生活垃圾分类工作的通知》，http://www.mohurd.gov.cn/wjfb/201801/t20180103_234625.html，2017-12-20。

③ 新华网：《广州市深化生活垃圾分类处理三年行动计划》，http://www.xinhuanet.com/local/2019-08/15/c_1124881575.htm，2019-08-15。

数字传播环境下的环境话语建构研究。按照美国学者罗伯特·考克斯的观点，环境传播具有实用性与建构性的双重工具特征。[①] 实用主义的视角探索环境公共信息形成、传递、接受与反馈过程的效果与功能，建构主义的视角则考察在环境议题建构过程中，社会主体如何采取不同的表达方式、修辞策略去构造不同面向的环境问题，以及其表征的政治、经济、文化等社会意义和反思视角。国内环境传播的研究，早期更多地受实用主义的视角影响，或侧重以媒体为研究主体，考察大众媒体在环境传播中的作用、环境报道业务实践、环境新闻报道内容表现等；或围绕政府、环保 NGO 等媒体以外的传播主体，研究其环保宣传特点和公众的参与程度，以及环境传播在社会中的作用与影响等。近年来，部分学者的研究不再止步于解决现实问题，而是从建构主义出发，考察在更为复杂的时空环境下环境议题相关研究问题和焦点的变化。张瑜烨和刘儒田发现，2002—2007 年，环境传播的焦点更多还是在"新闻""记者""媒体""报道"等话题层面；2007 年"生态文明"概念出现之后，包括话语分析、社会责任、新媒体等研究视角也开始浮现，受众、媒介、话语等多元因素被纳入研究加以考察。[②] 可见，在"生态文明"这一宏观政策的观照下，"话语"和"建构"这一对概念正日益成为国内环境传播研究颇具前景的拓展方向。

与此同时，随着传播技术的发展和人们信息依赖的增强，媒介已经超越了其作为社会信息系统的角色，成为社会观念建构的重要力量。在数字媒介视阈下，环境议题的多元建构和话语运动显得尤为突出。首先，环境议题的方向和内容趋于多元化，以"黄浦江死猪事件"为例，媒体环境议题建构的考量范围涵盖了多个维度，包括事件敏感性、对环境污染责任的认知度以及对解决环境问题的参与。[③] 其次，公众、媒介和政府三方的话语互动发生了转变，例如，在核电议题上，官方与民间话语通过多媒体融合的方式在传统媒体上实现了话语交叠。[④] 在对公民参与式传播的观察中，郭小平进一步提出这种环境权益的自我表达和带来的决策影响能够促进环

---

① 罗伯特·考克斯：《假如自然不沉默：环境传播与公共领域》，纪莉译，北京：北京大学出版社，2016 年。

② 张瑜烨、刘儒田：《改革开放四十年与中国特色环境传播学的构建》，《湖北大学学报(哲学社会科学版)》2019 年第 4 期，第 160-168 页。

③ 朱琳：《环境议题的媒介建构：传统媒体与新媒体对"黄浦江死猪事件"报道的框架分析》，《新媒体与社会(第六辑)》，北京：社会科学文献出版社，2013 年，第 75-88 页。

④ 戴佳、曾繁旭、王宇琦：《官方与民间话语的交叠：党报核电议题报道的多媒体融合》，《国际新闻界》2014 年第 5 期，第 104-119 页。

保公共领域的生成。[①] 邱鸿峰、谭爽、张丛丛等的研究发现，在政府、环保类社会组织、公民等多方力量的介入下，环境争议事件从无序、情绪化、暴力化抗争行动走向有序、理性、共赢的协同治理。[②③④]

然而，也有学者发现环境领域的公众参与话语和抗争性话语的表达尚未具有公共性的特征，并且逐渐被官方话语形态所取代或收编。例如，邱鸿峰发现，在2009年古雷PX事件后，政府公关话语取代了厦门PX事件中所体现出的公众环境参与话语，而这种政府话语是由管理主义、科学主义、经济民族主义等意识形态所支持的。[⑤] 作为环境传播的重要主体，中国ENGO在实践过程中，并没有因为新媒体技术手段和文化环境的帮助，而生产出更为丰富和具有批判性的生态话语，其构建的话语空间强调文化视角而非政治性抗争实践，更多呈现出多元主体话语交换、多元声音并存的特点，较少争论与辩论。

一方面是数字媒介传播发展进程带来公共领域拓展的美好畅想，另一方面是中国环境事件中媒介话语空间存在着各种局限性。飞速前进的媒介究竟有没有让公共生活变得更好？这个问题还需要更多的实证案例来考察。基于对国内外环境传播话语的梳理及观察，笔者提出以下研究问题：在高度媒介化的数字传播环境中，垃圾分类作为一个环境治理的新兴议题，如何通过数字新闻媒体、政务新媒体和自媒体等技术平台展开媒体自身的多元话语建构，并与主流的生态文明政策话语进行互动，乃至接合？

第一节　理论框架：媒介化政治与环境治理

在媒介化社会里，“垃圾分类”作为一个环境传播的议题，也可被视为“媒介化治理”的一个实践案例。具体来说，本章将引用国际传播学界新兴的“媒介化政治”的分析框架，并将其置于中国国家治理和环境治理的语境中，来理解该议题的政治与社会意义。

---

① 郭小平：《“邻避冲突”中的新媒体、公民记者与环境市民社会的“善治”》，《国际新闻界》2013年第5期，第52-61页。

② 邱鸿峰：《环境风险社会放大的传播治理》，北京：中国社会科学出版社，2017年。

③ 谭爽：《从“环境抗争”到“环境治理”：转型路径与经验启示——对典型个案的扎根研究》，《东北大学学报(社会科学版)》2017年第5期，第504-511页。

④ 张丛丛、朱照南、陶传进：《从环境抗争到协同治理：ENGO在路径演化中的作用机制研究》，《中国第三部门研究》2018年第2期，第55-75、227-228页。

⑤ 邱鸿峰：《环境风险社会放大的传播治理》，北京：中国社会科学出版社，2017年，第90页。

一、媒介化政治的话语—制度分析框架

如本书第一章所述，媒介化研究为我们探索数字时代里变动的媒介与政治关系提供了一个开放的理论空间。“媒介化政治”可被定义为一个长期的过程，通过这个过程，媒体的重要性及其对政治行动者、机构、组织和参与者的溢出效应得到了增强。① 我们通过考察媒介逻辑与政治逻辑之互动关系及话语建构，可以对媒介化政治的发展过程有一个较为全面和动态的掌握。

按照斯托贝克和埃森的界定，政治逻辑由政体、政策、政治所塑造：政体作为规范政府运作的框架和制度，政策作为政治逻辑的外显性文本，政治作为公开的权力运作过程，均蕴含并反映了政治逻辑的基本思路。② 学界对媒介逻辑的界定并没有统一标准，按照斯托贝克和埃森的看法，新闻媒介逻辑通常由专业主义、商业主义和媒介技术所塑造。③

这里需要特别关注的是数字媒介技术对媒介逻辑的影响。数字媒介的主要特征表现为以数字技术为基础、以互联网为连接和新的信息终端。计算领域的各种技术和文化趋势在数字媒体平台的迅速崛起中得到了融合，这反过来又极大地加速了媒体领域以及其他社会领域的转变。伴随这些变化而来的是一套新的技术、经济和社会文化机制，有学者称之为“数字媒介逻辑”④。与传统媒体一样，数字媒体有能力将它们的逻辑转移到产生它们的平台之外。无论是旧媒体还是其他机构都必须适应新的数字媒体和相关的机构形式，以适应新的叙述格式、机构形式和商业模式。我们需要探讨数字媒介逻辑如何与已建立的传统媒介逻辑相融合，同时添加新元素并改造现有的机制。国内学者周翔和李镓也强调了以人为中心的联结在网络化逻辑中的重要作用⑤，这种联结带来的是思维模式和认知方式

---

① Strömbäck, J. & Esser F., “Mediatization of politics: Towards a theoretical framework”, in Esser, F. & Strömbäck, J. (Eds.), *Mediatization of Politics: Understanding the Transformation on Western Democracies*. Basingstoke: Palgrave Macmillan, 2014, p. 6.

② Strömbäck, J. & Esser F., “Mediatization of politics: Towards a theoretical framework”, in Esser, F. & Strömbäck, J. (Eds.), *Mediatization of Politics: Understanding the Transformation on Western Democracies*. Basingstoke: Palgrave Macmillan, 2014, p. 16.

③ Strömbäck, J. & Esser F., “Mediatization of politics: Towards a theoretical framework”, in Esser, F. & Strömbäck, J. (Eds.), *Mediatization of Politics: Understanding the Transformation on Western Democracies*. Basingstoke: Palgrave Macmillan, 2014, p. 17.

④ Finnemann & Ole, N., “Mediatization theory and digital media”, *Communications*, vol. 36(1), 2011, pp. 67-89; van Dijck, J. & Poell, T., “Understanding Social Media Logic”, *Media and Communication*, vol. 1(1), 2013, pp. 2-14.

⑤ 周翔、李镓：《网络社会中的“媒介化”问题：理论、实践与展望》，《国际新闻界》2017 年第 4 期，第 137-154 页。

的变化，以及多重空间的叠套与分离。综合以上研究成果，对于数字媒介逻辑的延伸，可以从技术和文化的维度来探讨。数字媒介逻辑在技术维度呈现出交互性、在线指标导向、数据化的特点，在文化维度则体现出以个人为中心的联结以及由此带来的人际关系与商业活动的特征。

无论是政治逻辑还是新闻媒介逻辑，都不是一成不变的，在不同的时间、国家、政治机构或媒介机构中并不都是完全一致的。政治逻辑和新闻媒介逻辑都具有一定的情境性和动态性的特征，其组成部分也可能存在着张力。例如，在政策和政治之间，以及在新闻专业逻辑和媒体商业主义逻辑之间，往往存在张力。而在中国语境中，媒介逻辑的具体构成表现为宣传逻辑、专业逻辑、市场逻辑、技术赋权逻辑的交织与互动。[①][②] 这些不同逻辑的特点和差异需要通过具体的话语及其意义结构得以联结和表达，因此，接下来将从中国的具体语境出发，界定环境政策和实践的话语概念。

二、中国语境中的“国家治理”与“环境治理”话语

在中国语境中，“媒介化政治”可以通过更具体的“媒介化治理”过程来分析，即考察媒介逻辑如何渗透到国家治理的决策、商议和实施过程。[③]在政治传播的视阈中，生态环境议题与执政党和政府的治理理念、决策、行为密不可分[④]。在数字媒介环境中，环境治理的话语和策略也在随之转变。

联合国全球治理委员会 1995 年发表的题为《我们的全球伙伴关系》的研究报告中称：治理是各种公共或私人的个人或机构管理其共同事务的诸多方式的总和。然而治理本身内含局限性，若不对其进行具体阐释，则难以厘清治理与管理的关系有何区别。为了在治理中达到公共利益最大化，“善治”理论被提出，其基本要素包括：合法性、法治、透明性、责任性、回应性、有效性、参与、稳定、廉洁以及公正。[⑤] 在官方话语中，治理话语也逐渐占据重要地位。在政治体制和经济体制改革推进的背景下，民主政治和市场经济发展所带来的变化也要求社会治理体制的建立。2013 年，党的十八届三中全会正式提出国家治理体系、治理能力的现代化这一过程和

---

① 田秋生：《市场背景下制约党报新闻生产的三重逻辑》，《国际新闻界》2009 年第 2 期，第 71-76 页。

② 张毓强、张开扬：《主流媒体内容生产：逻辑、空间及其内在张力——以新华通讯社防疫抗疫报道为例》，《现代传播》2020 年第 6 期，第 43-50 页。

③ 闫文捷、潘忠党、吴红雨：《媒介化治理：电视问政个案的比较分析》，《新闻与传播研究》2020 年第 11 期，第 37-56 页。

④ 冉冉：《中国地方环境政治：政策与执行之间的距离》，北京：中央编译出版社，2015 年。

⑤ 俞可平：《论国家治理现代化》，北京：社会科学文献出版社，2014 年，第 27-30 页。

目标。在2017年党的十九大报告和2019年党的十九届四中全会报告中，习近平总书记一再强调关于“坚持和完善中国特色社会主义制度、推进国家治理体系和治理能力现代化”的政策方针。

在生态环境领域，环境治理的范式经历了从政府行政管理到公共治理的转变。当前阶段的治理，注重多种社会主体在治理中发挥作用，发展出强调多类社会主体参与合作的多元协作和协同治理结构。[①] 从管理到治理所形成的两个共识是治理主体的多元化和治理手段的复合化。环境治理的特征和变迁在环境传播话语和实践中得以呈现。就主导性环境话语而言，全球主导环境话语体系呈现出渐进或演进的趋势，从生存主义话语变化到可持续发展话语，再演变到更加乐观和自信的生态现代化话语。[②] 就对抗性环境话语而言，媒介议题与话语为政治纳入更多的民主要素，不同舆论场的声音得以交互与整合，协商对话因此成为可能。

从中国的环境治理话语来看，官方环境话语的发展经历了从最初的环境保护、防治污染观念话语的形成和推广，到可持续发展的提倡和构建，再到社会主义生态文明话语的确立的变迁历程。作为一个承载意识形态的重要意指概念[③]，“生态文明”在党和国家政策中被加以征用和再造。第一，生态文明话语符合由传统文化成果和历史污染事件的话语要素所构建的历史情境和危机预警框架，是改良生存主义所担忧的资源紧缺、环境承载能力有限等问题的印证。第二，生态文明话语沿袭中国特色社会主义话语资源，认为通过宏观调控和市场资源配置这两类手段发挥作用，可以促进环境问题的解决；根据问题解决主体和路径的差异，又可分为关注市场、效率的经济理性框架和关注政府、制度的制度理性框架。第三，生态文明话语在环境和经济发展关系的基础上，注入“社会民生”这一维度，以“可持续发展”“美丽中国”“美丽地球”作为价值目标，淡化二元对立，突出和谐共生。

基于对媒介化政治和环境治理的理论和话语梳理，建立了如表8-1所示的研究框架。具体而言，首先，为了认识政治逻辑和媒介逻辑，一方面专注于政治逻辑中的政策逻辑，通过生态环境治理相关政策和重要论述的梳理对其进行分析；另一方面，依据主体属性差异把媒介逻辑划分为专业媒

---

① 杨立华、张云：《环境管理的范式变迁：管理、参与式管理到治理》，《公共行政评论》2013年第6期，第130-157页。

② 约翰·德赖泽克：《地球政治学：环境话语》，蔺雪春、郭晨星译，济南：山东大学出版社，2008年。

③ 刘涛：《意指概念：环境传播的修辞理论探析》，《现代传播》2015年第2期，第54-58页。

体逻辑、政务媒体逻辑和公民媒体逻辑。其次，把话语作为考察逻辑的操作性载体，借鉴话语研究的理论和方法，分析其话语要素；在具体案例中，我们通过官方政策话语检视政策逻辑的呈现，通过数字新闻媒体报道话语、政务新媒体报道话语、自媒体表达话语考察不同媒介逻辑的运作。基于这一框架，我们试图探讨数字媒介环境下我国环境治理与传播过程中呈现的不同逻辑及其话语的互动关系。

表 8-1　话语—制度分析框架

一级概念	二级概念	具体研究对象	具体操作变量
政治逻辑	政策逻辑	官方政策话语	符号、框架、话语类型等
媒介逻辑	专业媒体逻辑	数字新闻媒体报道话语	
	政务媒体逻辑	政务新媒体报道话语	
	公民媒体逻辑	自媒体表达话语	

第二节　研究设计与研究方法

基于上述理论框架，本章将以微信公众号作为考察对象，采用内容分析和话语分析的方法，对垃圾分类的微信文章内容和话语进行分析。从内容分析的角度来看，本章试图考察各类公众号是如何报道城市垃圾问题以及垃圾分类政策的。而从话语分析的角度的来看，本章将考察各类公众号如何将官方的生态文明政策话语和生活垃圾分类报道接合在一起。

之所以选择微信公众号作为分析对象，是因为在各种新兴的数字媒介中，诞生于 2012 年的微信公众平台是一个极具代表性的平台媒体，各类账号主体可以在这个平台上开设自己的公众号，进行内容生产和传播。根据 2020 年 1 月 9 日微信发布的数据报告显示，2019 年微信每月活跃的用户数量已达 11.51 亿。[①] 不仅是活跃度高，而且由于微信公众号可以提供涵盖政治、经济、文化领域的信息和生活服务等，有近 80% 的微信用户关注了各类微信公众号。微信的高覆盖密度和与用户之间的黏性，助推了垃圾分类议题向大众的传播扩散，媒体通过微信公众平台与大众的互动已然成为一种不可忽视的话语实践。

笔者选取 2019 年 1 月 1 日至 2020 年 2 月 29 日的文本，以观察议题

① 微信派：《2019 微信数据报告》，https://mp.weixin.qq.com/s/vmhoiRzpBs7-JK_x2a7gZw，2020-01-09。

在讨论高峰期及前后数月的传播内容和传播形式走向。[①] 广州在 2000 年被列为首批生活垃圾分类试点城市之一，近 30 年间，围绕着垃圾问题，政府策略、公众行为、媒体报道的特征均出现了转变。因此，本章以广州作为重点城市，考察垃圾分类议题的传播。

本章的研究对象主要有两类：一是广州政务机构媒体微信公众号（简称政务号）以及专业媒体微信公众号（简称媒体号）上与“垃圾分类”相关的文章；二是微信公众平台中其他高阅读量的自媒体的“垃圾分类”主题相关文章。[②]

在第一类研究对象的样本选择上，选取三个政务媒体（“广州城管”“中国广州发布”“广州生态环境”）和三个新闻媒体（“广州日报”、《南方都市报》的“咩事”、《南方周末》绿色新闻部的“千篇一绿”）的微信公众号上 2019 年 1 月 1 日至 2020 年 2 月 29 日共 14 个月期间广州垃圾分类的相关文章作为研究对象进行内容分析，探寻数字新闻媒体和广州政务新媒体在垃圾分类议题上的表现。本研究采取全样本抽样的方式，以“垃圾分类”为关键词对文章标题和正文进行检索，剔除主题与生活垃圾分类无关的文章后，得到样本落在 2019 年 1 月 1 日至 2020 年 2 月 29 日的文章 232 篇，每篇文章作为一个分析单元。

在第二类研究对象的样本选择上，在微信“搜一搜”搜索“垃圾分类”相关文章，按照点击量排序，剔除主题与生活垃圾分类无关的文章后，获得相关文本，每篇文章作为一个分析单元。经过统计发现，阅读数超过一万的垃圾分类文章达到 62 篇，笔者选择这一部分文本，对公众关注度高的垃圾分类文章的传播内容、形式特点进行内容分析。

基于对样本文章的深入阅读并参考新闻框架分析的要素，本研究将研究类目划分为五个大项，包括涉及话题、外在表现、认知属性、情感属性和文本特征。其中，涉及话题是文章关注的议题；外在表现包括文章呈现形式、有无链接、阅读数、“在看”数、精选评论数、作者回复数；认知属性包括平台类型、文章体裁、消息来源；情感属性是文章感情基调；文本特征包括

---

① 之所以将 2020 年 2 月作为分析的截止日期，是因为 2020 年 2 月以来，由于新冠疫情的影响，垃圾分类议题的显著性明显下降；但是 2020 年 2 月仍有关于垃圾分类的讨论，主要与废弃口罩处理的话题相关，这方面的报道仍值得留意。

② 学者张志安把自媒体界定为由体制外个体或团体运营的、代表自身立场与诉求的数字化媒体，从而区别于遵循专业规范的新闻媒体和注重舆论引导的政务机构媒体，笔者将微信认证信息为“个人”或“公司”的微信公众号划分为自媒体，但将国企和事业单位公众号排除在外。可参见张志安、陈子亮：《自媒体的叙事特征、社会功能及公共价值》，《新闻与写作》2018 年第 9 期，第 72-77 页。

标题类型、文本结构、话语表达、叙事框架、叙事方式。

文本背后折射出的是媒体在建构环境议题时的不同观念，这就需要展开相应的话语分析。本章的话语分析主要使用两种研究方法。一是使用拉克劳和墨菲的话语理论分析，从宏观层次把握“节点”和“要素”[①②]。拉克劳和墨菲将“话语”定义为不断建构和协商的意义结构。不稳定的话语通过具有固定意义的节点（nodal point）而产生相对稳定的意义，这一过程就是接合实践，围绕在节点周围的被接合的意义即为要素（moment）。通过对宏观层面语境和文本的分析，提炼出节点和要素，从接合的思考逻辑出发，可以帮助挖掘文本中的意识形态、意义建构。二是使用甘姆森的“诠释包裹”（interpretative package）话语分析方法[③]，在微观层面进行分析。该方法首先分析出话语相关议题的诠释包裹，继而解构出支撑诠释包裹的符号元件（symbolic device），包括隐喻、范例、流行语、描述和视觉图像一系列框架元件，通过观察话语主体对这些元件的选择和组装，以及对普世原则的诉求，可以挖掘话语的意义建构路径，知悉社会行动者话语表征的议题文化。

第三节　垃圾分类议题的微信公众号文章内容分析

经过统计，从 2019 年 1 月到 2020 年 2 月，广州政务机构媒体公众号共有 99 篇垃圾分类议题的文章，其中“广州城管”有 72 篇文章，“广州生态环境”和“中国广州发布”分别有 19 篇和 8 篇；专业媒体微信公众号共有 133 篇文章，其中“广州日报”有 82 篇文章，“咩事”和“千篇一绿”分别有 34 篇和 17 篇。

在微信公众平台上还活跃着数量可观的用户自己创造内容的自媒体。笔者选取其中阅读量较高（阅读数大于 1 万）的垃圾分类文章进行内容分析，与广州政务和专业机构媒体公众号进行对比，从而尝试把握受到公众关注的垃圾分类议题和表达形式。经统计，高阅读量垃圾分类文章有 62 篇，其平台主体主要是企业和个人微信公众号等自媒体。

---

① Laclau, E. & Mouffe, C., *Hegemony and Socialist Strategy: Towards a Radical Democratic Politics*. London: Verso, 2001.

② 徐桂权、陈一鸣：《后马克思主义视野下的媒介话语分析：拉克劳和墨菲话语理论的传播适用性》，《新闻与传播研究》2020 年第 2 期，第 42-57 页。

③ Gamson, William A., “A Constructionist Approach to Mass Media and Public Opinion”, *Symbolic Interactionism*, 1988, vol. 11, pp. 161-174；刘琼：《媒介话语分析再审视——以甘姆森建构主义为路径》，《新闻与写作》2015 年第 5 期，第 94-99 页。

经内容分析，垃圾分类议题在不同类型微信公众号中的呈现与传播特点如下。

一、发表时间分布：呈现高低起伏

通过对文章发表的日期进行统计，得到随时间变化的样本数量变化趋势（见图 8-1）。

从文章发表日期的总体趋势来看，垃圾分类的政务号及媒体号文章从 2019 年 6 月开始增多，且至 2020 年 1 月保持着较高的发表频率，这与垃圾分类实际政策执行和制度变革需要较长时间和推进难度有关系。6 月 28 日，“人民网”发表《住建部：46 城 2020 年底前基本建成垃圾分类处理系统》一文，“全国 46 个重点城市试行垃圾分类”一事正式进入公众的视线。自该政策出台后，各方期待垃圾分类的效果，政府也加大了行动力度。7 月 1 日，上海作为我国首个强制实施生活垃圾分类管理的城市，其政府和市民的表现备受各地瞩目，围绕不同生活垃圾分类标准和实施也产生了诸多讨论和争议。7 月广州政务号和媒体号的文章数量达到第一个峰值。这一时段的文章主要是对垃圾分类政策的重要性和紧迫性进行宣扬，以及进行垃圾分类知识科普教育。11—12 月产出的垃圾分类文章达到本研究所关注的时间区间内的最高值。到 2020 年 2 月新冠疫情期间，仍有讨论垃圾分类的文章，主要关注的是废弃口罩处理问题。

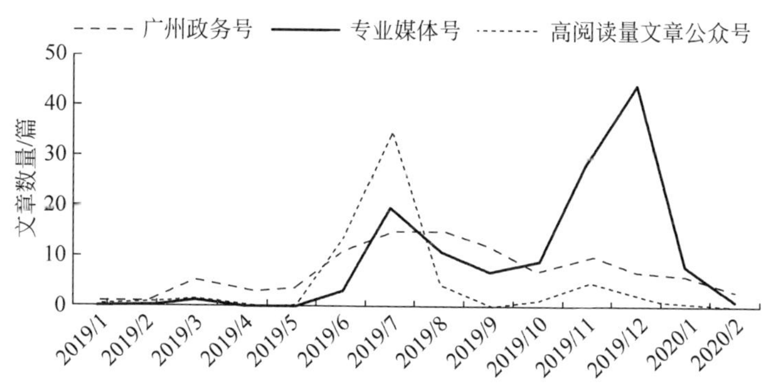

图 8-1　垃圾分类文章发表月份分布情况

而从公众号高阅读量文章发布趋势来看，2019 年 6—7 月，上海正式实施《上海市生活垃圾管理条例》这一消息引发公众高度关注，高阅读量文章出现井喷，其余各月文章较少，均在 5 篇及以下。换言之，垃圾分类议题在此前并未进入大众视野，大众关注在短时间内迅速增长，且在关键节点后迅速降温，议题热度并未得到较好保持。

二、关注议题分布：政策推行情况最多

将公众号文章依照内容进行分类，可以得到政策传达、推行情况、惩罚举措、人物故事、活动推介、科普知识、意见建议、经济服务共8个类目。通过数据统计整理，得出每一类议题的文章篇数，具体如图8-2所示。

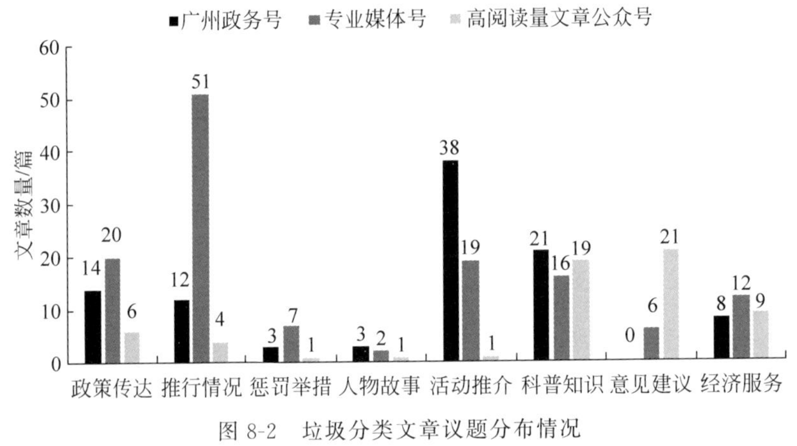

图8-2　垃圾分类文章议题分布情况

样本中最多出现的议题内容为政策推行情况。这类文章聚焦垃圾分类政策的实施情况，一方面，通过大量走访居民，考察广州市各区、街道或小区楼道撤桶、分类容器配置与引导、定时定点投放等具体工作的执行水平及成果，扮演舆论监督的角色，求证垃圾分类政策的执行力度和结果，保持议题的热度；另一方面，通过纵向梳理，展现城市垃圾分类政策演变和工作推进情况。

活动推介类文章占比约20%，内容包括对垃圾分类相关活动的预告和活动情况报道。具体来说，文章对联合学校、社区、街道、企业举行的集中培训、入户宣传、社区志愿服务、表彰大会、文艺活动、公众开放日等进行报道。此类文章中的部分报道对活动现场内容进行客观描述，并未全然采取正面宣扬的情感基调，积极赞扬与客观中立的文章各占约一半。

进行科普知识传播和直接政策传达的文章分别约占样本数的19%和14%。发布科普知识文章数量最多的是"广州城管"。"广州城管"开设"知多D"栏目，通过"分类指南""小课堂"的形式，对不同场景下产生的生活垃圾处理方式进行普及。

在意见建议议题上，高阅读量公众号文章的文章数量超过广州政务号和专业媒体号，在意见建议类文章中，相较于专业媒体号聚焦政策实施情况，高阅读量公众号文章的视野更加开阔，讨论层次更加丰富。第一个层

次是是否要推行城市居民垃圾分类政策，一部分文章从正面论证其必要性和意义，另一部分文章从专业化行为与效率的角度展开不应该推行垃圾分类政策的理由。第二个层次是针对如何进行垃圾分类提供意见建议，部分文章从制度设立的标准与透明性、利益平衡、文化习惯等角度展开论述。传播科普知识的文章议题与广州政务号及媒体号较为类似。在经济服务这一议题，高阅读量文章除了关注垃圾分类带来的新商机和技术发展，还对垃圾分类的股市情况等经济议题进行分析。

在以上分析的基础上，笔者将不同议题结合发布时间进行差异性检验，观察媒体与公众关注议题的趋势走向。随着时间的推移，专业媒体公众号的报道议题内容存在显著差异（$p<0.001$），其议题关注点从科普知识、活动推介等信息转移至政策传达和本地政策实施推进。在 9 月 19 日，广州市把完成楼道撤桶工作和定时定点投放配置的最后期限前移至年底。12 月成为广州楼道撤桶任务的关键节点，专业媒体公众号在这一个月对工作推进情况和成果验收进行了大量的报道。

三、文章体裁：以消息和通讯为主，传递事实

基于对新闻报道体裁和垃圾分类文章体裁的总结和归纳，将体裁分为消息、通讯、深度报道、评论、专访、其他，共 6 个类目，得到如图 8-3 的分布。

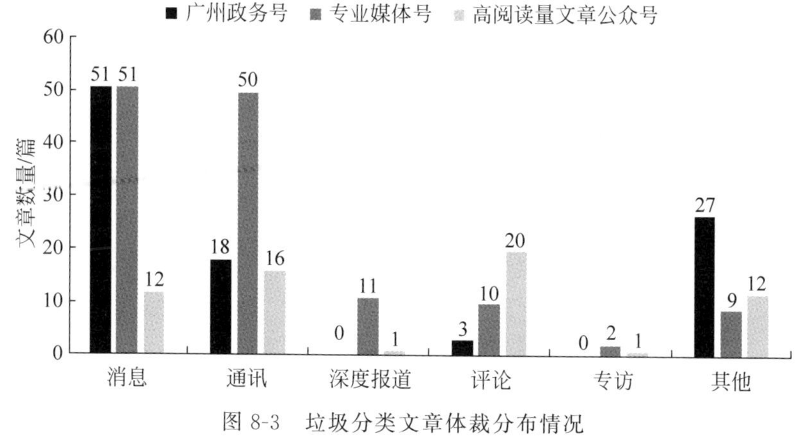

图 8-3　垃圾分类文章体裁分布情况

在垃圾分类公众号文章中，消息为主要的报道体裁，占样本量的近 39%。政策传达和活动推介类文章较多采用消息体裁，对客观事实进行记录，语言简洁，传达迅速，信息性强而故事性弱。通讯为次于消息的报道体裁，占比约 29%。垃圾分类相关通讯稿件对国家政策、先进典型人物或事

件进行较为详细的报道，引领社会舆论，为垃圾分类政策创造媒体环境。被纳入其他体裁的文章占比约为16%，以科普文或杂谈为主。这类文章并无典型的新闻报道结构，其组织特点和语言风格符合学者白玉红所称的"微信体"[①]，这类微信文章的词句语汇根据时代、交流需要常变常新，有着鲜明的适应微信交流的特点。以"广州城管"的"知多D"栏目为例，这类文章将垃圾分类的具体问题通过设置情境、提问、图文解答的形式，包装成"线上课堂"或"考卷"以进行政策宣传和科普，而评论、深度报道、专访占比较少。

高阅读量公众号文章围绕垃圾分类进行了广泛讨论和思考，评论为其占比最高的文章体裁，占比约32%；其次为通讯，占比约26%。新闻事件抛出一个话题，在铺天盖地的关于垃圾分类政策、实施情况的报道中，这些公众号通过在事实中提炼突出、重要的内容，对话语、细节产生共鸣或异议，提出想法和意见；或是转换视角，透过经济、科技对垃圾分类进行报道，受到微信受众的关注。

四、消息来源：以官方信源为主

笔者依据文末注明的消息来源或信源的关键程度、出现次数，将消息来源划分为作者观察、政府及其工作人员、当事人、专家学者、NGO、其他媒体及网络、未提及，共7个类目，得到如图8-4的分布。

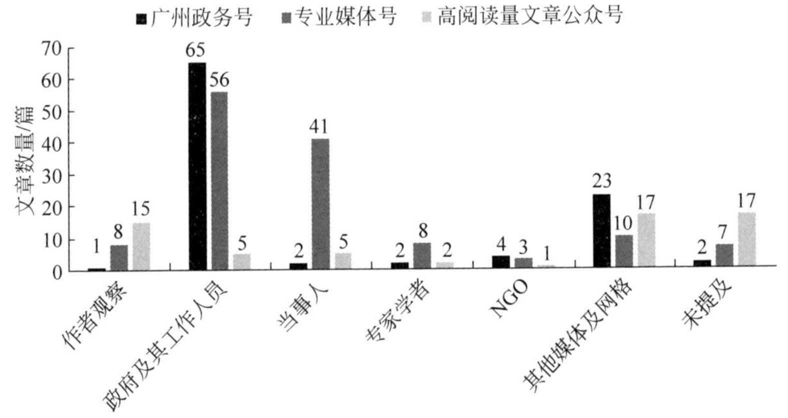

图8-4　垃圾分类文章消息来源分布情况

政府及其工作人员是垃圾分类文章的主要信息来源，在样本中占比约为43%，其中又以广州政务号和专业媒体公众号文章为主。在垃圾分类

① 白玉红：《"微信体"语言生成方式初探》，《科技资讯》2017年第12期，第218-220页。

报道中，官方信源掌握着重要话语权，这具有一定合理性。一方面，大量官方权威消息表明垃圾分类政策议题处于政府高度重视的阶段，公共决策的官方主体、行政决策机构——广州市政府、城市管理委员会和生态环境局的政务号通过主动发布信息，扮演权威角色，把握舆论方向。另一方面，基于这一热点话题所具有的新闻价值，专业媒体记者或编辑选择对其进行报道传播。在这类文章中，消息来源的职称头衔以及话语观点得以较为明确完整地呈现，进一步突出了官方消息来源的地位。

另外两类出现较多的消息来源是其他媒体及网络、民间当事人或知情人。城市居民、废品回收人员、保洁人员、物业公司等是公共政策不可替代的实际参与者和受影响者，媒体也希望通过市民对政策的反应来构建议题。部分参与者选择在网络上发表关于垃圾分类的态度、意见和实行情况。公众号文章通过对公众声音进行线上线下的采集、整合、呈现和传播，对官方信源进行解释和补充，一定程度上体现出报道定位和话语体系的接近性。作者观察、专家学者、NGO作为信源出现频率较低。

高阅读量公众号文章主要是通过其他媒体报道、网络信息以及作者观察来组织文章，且有较高比例（约27%）的文章未注明或提及消息来源，这与公众平台主体的类型、定位以及规范要求相关。

五、呈现形式分布：图文为主，尝试创新

在垃圾分类公众号文章中，采取以文字为主、辅以图片这类呈现形式的文章占比高达约82%。可以看到，不管是出于展示现场还是烘托氛围的目的，图片搭配几乎已经成为公众号文章必不可少的一环，用以补充、解释和促进信息表达。有40篇文章置入了音视频媒体，通过语音或几分钟的短视频，对垃圾分类相关事件、人物进行表达。政务公众号发挥短视频碎片、可视、即时分享的叙事表达优势，赋予其承载主题宣传的功能。“广州城管”发布一系列《垃圾分类小知识》宣传片，以生活情景短剧的形式进行知识科普。都市媒体也通过音视频形式呈现受众意见，贴近年轻群体。“咩事”在《撤桶下的广州小区：扔垃圾要绕道，回收点爆满，运输工吐槽有人乱扔》一文中，将业主的意见反馈直接以音频的形式穿插在文章中。值得关注的是，“咩事”以“咩妹”这一人物形象的主视角发布了一系列垃圾分类相关的Vlog（视频博客），通过“咩妹”与朋友的日常生活互动呈现垃圾分类故事和问题。在这类视频内容中，媒体编辑从幕后走向台前，以人际传播的方式拉近传受双方距离，使得平台体现出人格化特征。但是，这类内容的叙事逻辑并不完整，信息密度和内容深度尚不够充分。此外，有文章采用了

条漫这一在微信公众平台较为新兴流行的表达形式。不同于图解新闻的图文信息拼贴，条漫是一种多格纵向长条形漫画的表达形式。垃圾分类这一热点内容被制作成为“图鉴”等各种形式，受到大众关注。这类内容体现出高度适应手机阅读和碎片化娱乐的特点，选题以当代年轻人的生活和心理为主，通过连续画面来叙述故事。例如，“千篇一绿”发布的《菜刀很危险，为什么不是有害垃圾？》通过一家人饭后闲聊的对话内容来传递垃圾分类标准等信息。

六、情感倾向分布：以中立、正面为主

经过统计发现，在垃圾分类的公众号文章中，客观中立属性的文章最多，约占 63%。其中，政策传达、惩罚举措、科普知识、经济服务这几类议题较多采取中立的写作基调，内容主要是关注广州及上海垃圾分类最新政策、传播垃圾分类指南等。其次是采取积极赞扬基调的文章，占比近 32%。在报道推行情况以及相关活动时较多采用正面基调，这些文章使用明显的褒义词及赞扬语气，内容包括认为垃圾分类利于环保、赞扬垃圾分类政策、支持推行垃圾分类工作、号召受众参与垃圾分类等。在 294 篇样本中，仅有 15 篇持批评态度的文章，较少呈现冲突性议题。高阅读量公众号中持负面批评态度的文章占比（约 13%）略高于正面肯定的文章（约 11%）。

陈健等发现，在垃圾分类政策的推行中，宣传推广其实会在居民的垃圾分类行为态度对意愿的影响过程中产生负调节效应，过多的正面宣传甚至会弱化居民的垃圾分类意愿。[①] 受众在阅读公众号文章过程中，相比于正面宣传，更关心对抽象政策的解读以及对实际问题的呈现和回应。而在批评建议文章中，相比于广州政务号和专业媒体号，高阅读量文章对于垃圾分类的出发点不一，态度和意见更为多元化。其中，除对垃圾分类标准问题、执行问题进行讨论以外，部分文章提出全民参与垃圾分类是去专业化的行为。这类从垃圾分类行为本身出发质疑其合理性和科学性的观点，在广州政务号和专业媒体号中几乎未曾出现。

七、垃圾分类公众号文章传播中的媒介逻辑影响辨析

总体看来，在垃圾分类议题传播中，**政务公众号和党媒公众号**“广州日报”表现出了**积极传达者**的角色特征。一方面，政务号和党媒公众号发挥

---

① 陈健、林伟彬、李育峻：《影响垃圾分类的意愿与行为的实证研究——以广州市为例》，《城市观察》2020 年第 1 期，第 133-143 页。

了党和政府"喉舌"的功能，在报道中宣传生态文明和垃圾分类的政策、方针，这在一定程度上决定了政务号和党媒公众号在报道垃圾分类议题时会受到国家意识形态的影响，需要把握宏观形势和具有显著性特征的政策信息，采取隐恶扬善和正面宣传为主的报道策略。其报道整体呈现出重信息、轻故事，重情感共鸣、轻事实挖掘的特征，政策相关活动多为以会议新闻、领导调研为主的程序性、规定性动作。另一方面，政务号在遵循宣传逻辑主导地位的基础上，吸纳市场和技术赋权逻辑，从消极传达者向积极传达者的角色转变。其对政策内容的传达，不再单纯以文字说明的体裁形式出现，而是通过生动、幽默、故事化的语言风格以及网络流行语的使用，辅以图片、音视频、超链接，将政策内涵丰富化、具体化，给用户传递一种"垃圾分类就是时尚"的信息，政策文本被包装成为紧跟潮流的、容易被接受的内容。随着市场逻辑和技术赋权逻辑的深入，政务公众号选取符合社会公众经验世界和日常生活的形式进行传播，尝试让"曲高和寡"的政策和科学信息融入公众生活。

新闻媒体公众号"咩事"和"千篇一绿"在垃圾分类传播中更多扮演**积极推动者**的角色。尽管市场化新媒体在一定程度上受到国家体制、政策的限制，但在保证党和政府宣传内容的前提下，可以进行一些更多元化的报道。市场化新媒体一方面延续其所属新闻媒体机构所遵循的新闻职业话语准则和规范，肩负社会使命，提供信息增量，进行多视角或深度解读，发挥舆论监督功能；另一方面受到经济利益驱动以及以受众为中心原则的影响，想要获得受众关注，就需要满足受众对于信息多样性、独特性的需求，这类新媒体与受众密不可分的联系决定了其传播内容和形式受到更多样化和复杂化的价值观念和意识形态的影响。在两种逻辑的交互影响下，市场化媒体公众号通过整合复杂、零散的政策话语和意见信息，将目光聚焦在一些带有争议性、冲突性的事件上，在报道中关注政府以外其他角色的声音，选择有人情味的报道内容和形式，引起用户共鸣，提升舆论热点的重要性；同时，对事实进行跟踪报道，在关注公众意见和行为的同时，作为行动者考察城市垃圾前端分类、中端运送、后端处理的各个过程，对政策议题框架予以补充和拓展。

自媒体公众号是原生于新媒介技术赋权逻辑的内容，平台化特征使得社会群体、组织或个人可以在这个平台上进行及时传播和互动，构建民间表达空间。部分高阅读量自媒体体现出**积极参与者**的特性，反映出在微信平台形成政策框架以外的讨论空间的可能性。其一，这部分文章的讨论层次和角度丰富，囊括了从政治、经济、文化等视角延伸出来的讨论议题。其二，其讨论的互动性和针对性更强。以垃圾分类行为本身是否合理为例，“南洋富商”在 2 月 10 日发表文章《垃圾分类只是一个笑话》，提出让居民参与垃圾分类存在的问题。这篇文章在强制实施垃圾分类这一消息出来以后，得到广泛传播，阅读量达到 10 万。“两山搬运工”在 6 月 17 日发表《垃圾分类，真的不是一个笑话》一文，针对前一篇文章的论点进行一一辨析和反驳。这两篇文章均收获了大量关注，引发受众在政策框架以外对于垃圾分类的思考和讨论。

第四节　垃圾分类议题框架及其与政策话语的接合分析

在掌握媒体垃圾分类报道内容和文章形式的基础上，本节通过研读 294 篇样本文章，界定垃圾分类报道所采取的话语和框架，从而考察其文本生产和话语建构的关系。我们借鉴德赖泽克对环境话语的分类[①]，对垃圾分类公众号文章进行话语分析，发现在话语实践中，政务号、专业媒体号和自媒体号主要通过运用制度理性主义、经济理性主义和生态现代主义三种话语的要素来进行垃圾分类报道框架的建构(见表 8-2)。这三种话语类型由若干节点构成，围绕这些节点和要素组成其话语结构，接合生态文明政策的主流意识形态话语。进一步研究发现，微信公众平台中的垃圾分类文本通过系统治理、利益争夺、公共参与的诠释框架，呈现了生态文明话语在具体环境领域的应用和实践。

表 8-2　微信公众号垃圾分类文章的话语分析

话　语	节　点	构成要素
制度理性主义话语	党政组织 法规制度	党建引领、党员带头和政府主导，纳入各区党政生态文明建设和政府绩效考评内容； 政策完善、机制健全、技术先进、全程闭环、共同参与； 垃圾分类管理制度体系
经济理性主义话语	市场效益	适当引入市场机制； 运用互联网、大数据、物联网等现代信息技术提高管理绩效，应对产业链各环节的市场化需求
生态现代主义话语	共同体社会多元主体	自然、人类与社会和谐共生，经济增长、环境保护和社会正义共同发展； 责任与参与

① 约翰·德赖泽克：《地球政治学：环境话语》，蔺雪春、郭晨星译，济南：山东大学出版社，2008 年。

一、生态制度理性主义与垃圾分类"系统治理"框架

生态理性主义话语的特征是：在承认经济扩张与生态环境恶化之间的矛盾关系这一基本认知前提下，认为可以通过政治、行政与市场手段对其加以"改良式"化解。根据手段的差异，该话语又可以细分为制度理性主义话语和经济理性主义话语。就垃圾分类议题而言，制度理性主义的媒体话语框架如表 8-3 所示。

表 8-3　垃圾分类的制度理性主义话语包裹

隐　喻	范　例	流行语	描　述	诉求原则
系统工程、样板城市；按下快进键，跑步进入垃圾分类时代；持久战、战队、大作战、主力军、排头兵	硬件配置、标准制定、执法检查、样板创建	全市全面推进城乡垃圾分类工作的奋进号角吹响了！	突出抓好垃圾分类的关键环节，全链条提升，全方位推动，全社会动员，实现城乡垃圾分类全覆盖	合法性、法治、责任、稳定

微信公众号垃圾分类文章对生态理性主义话语理念要素进行挪用和再造，从冲突和问题解决的逻辑出发，搭建垃圾分类"系统治理"的报道框架，通过制度理性建构垃圾分类政策的合法性。这一框架所暗含的前提是：通过党政引领、制度完善、责任清晰的治理体系形成和落地，垃圾污染所造成的环境和社会问题能够得到有效解决——

> **"广州日报"**：……广州新一轮垃圾分类设施的建设已经全面铺开，这一轮垃圾分类设施的建设完成以后，将可以解决未来二十年、五十年乃至更长时间里广州对垃圾分类处理的需求，对于广州的生态文明建设将起到长远的作用。(2020-01-15)[①]
>
> **"千篇一绿"**：垃圾围城和垃圾围村是生态文明建设必须要解决的问题，也是现代化必须迈过的一道坎。(2019-07-07)[②]
>
> **"咩事"**：垃圾桶究竟摆哪里，应当承认，这个令人既左右为

① 广州日报：《省人大代表陈建华：广州基本破解"垃圾围城"难题》，https://mp.weixin.qq.com/s/jrcVuu6vAS-9L5amKctC_g，2020-01-15。

② 千篇一绿：《中国工程院院士杜祥琬：垃圾管不好，谈什么绿色和美丽?》，https://mp.weixin.qq.com/s/mrDVJ5fenl7EjhjYDnpZfQ，2019-07-07。

> 难又哭笑不得的问题现实存在，但本又不该让各方长期陷入邻避困局无法自拔……个中反映的各方态度、公共博弈可以各自呈现，但最终必须有答案，也必然得有妥协。(2020-01-11)[①]

这类观点把“垃圾围城”和“垃圾围村”定义为生态文明建设过程中的“问题”和“一道坎”，但它可以通过党政领导和有效治理得到“解决”和“迈过”。

这类文章的建构方式主要包括政策转载和政策解读、包装两类。一方面，垃圾分类议题的报道文本体现了**以党政为主导的社会治理**。垃圾分类报道频繁提及的官方话语包括“管理”“宣传”“执法”等政府行为、“城管”“党员”等党政主体、“示范”“样板”“督导”等政策实施手段。其中，政务公众号和党媒公众号“广州日报”主要采取这一框架，其内容以政策传达为主，以政府作为主要消息来源。广州城管作为广州生活垃圾分类的管理者、组织者、实施者，其政务号是机关公文的延伸载体，第一时间公布政府部门出台的政策法规、惩治进程等。在广州市全面部署广州生活垃圾强制分类的工作目标和计划后，“广州城管”发表《重磅丨“讲真!”广州垃圾分类全面启动!》一文，并发布广州最新版生活垃圾分类投放指南，对政策内容进行转载。“广州生态环境”则是将中央组织部选编的生态文明建设案例在公众号中进行重新编发，关于垃圾分类的内容包括上海垃圾分类实践、江苏开放环保设施等做法，传达全国各地的理论导向、工作进展和实践经验。在政策传达、政策推行情况的内容以外，政务号集中报道垃圾分类相关活动情况，这类文本强调基层党组织、党员的组织和参与，实质上还是在政府政策传达前提下，提出更好的贯彻执行和宣传垃圾分类政策的问题解决路径。

另一方面，公众号对垃圾分类政治话语进行重点筛选和呈现，对有可能造成社会不解或误解的政策条例、术语、数字等进行解构和解读，将其转化和包装为公共传播话语。在形式上，公众号制作并呈现“任务清单”、可视化信息图片，提供垃圾分类查询工具。同时，在话语表达方面，垃圾分类文章运用了丰富的隐喻，包括：**建筑隐喻**，如“系统工程”“样板城市”，用来指向一个意义——垃圾分类和生态文明是建设社会主义现代化的重要组成部分，这一隐喻能使人们清晰具象地理解“生态文明”这个相对抽象的概念；**旅途隐喻**，如“按下快进键，跑步进入垃圾分类时代”，将垃圾分类的过

---

① 咩事：《广州一小区垃圾投放点遭业主两次强拆，市城管回应南都记者帮》，https://mp.weixin.qq.com/s/Lfdh6csQxHcY3-nEtoEujg，2020-01-11。

程类比为旅途，试图赋予其积极的联想——强调国家方针政策的重要性，唤起对美好未来的向往、憧憬，坚持不懈地朝着共同目标而努力；**战争隐喻**，如"持久战""排头兵""战队"等，用来显示战胜困难和解决冲突的决心和毅力。无论是直接套用政策的硬性宣传，如战争的动员式表达，还是软性嵌入，如旅途隐喻，二者都是在制度理性框架中进行呈现，通过暗示体制架构的进步来表征冲突与问题解决的发展路径。

二、生态经济理性主义与垃圾分类"利益争夺"框架

在环境话语中，经济发展与环境保护的辩证关系始终是一个高热度议题，发展出二元对立、协调发展以及和谐共生三种话语。生态经济理性主义的话语强调借助市场价格和竞争机制的手段，通过环境资源的合理配置，应对环境危机及其带来的社会后果。就垃圾分类议题而言，经济理性主义的媒体话语框架如表 8-4 所示。

表 8-4　垃圾分类的经济理性主义话语包裹

隐　喻	范　例	流行语	描　述	诉求原则
绿水青山就是金山银山；站在风口的生意；行业利益链	"互联网＋"、智能垃圾桶、代扔垃圾服务	将垃圾分类变成"黄金分类"；哪有那么多民族天性，都是事到临头、利益关切而已	适当引入市场机制，集成运用互联网、大数据、物联网等现代信息技术提高管理绩效	有效、公正

政务号对经济利益争夺框架的运用策略是认同环境保护与经济发展、人民利益的共赢关系，匹配国家可持续发展、生态文明等宏大叙事，引用政策话语中的**财富隐喻**，如绿水青山就是金山银山，突出化解发展与保护之间矛盾的重要性——

> **"广州生态环境"**：经济发展不应是对资源和生态环境的竭泽而渔，生态环境保护也不应是舍弃经济发展的缘木求鱼，而是要……实现**经济社会发展与人口、资源、环境相协调**。环保设施建设及运营要**统筹兼顾环境效益、经济效益和社会效益**……(2019-08-14)[①]

① 广州生态环境：《美丽中国先锋榜(2)|江苏常州市垃圾焚烧发电项目从"闲人免进"到"城市客厅"的创新实践》，https://mp.weixin.qq.com/s/rXiKjeCcDgEaVute7bAoGQ，2019-08-14。

另外一个诠释路径是介绍治理的技术方案、工具、指标、效果等，运用互联网、大数据及物联网等现代信息技术，提高管理效率，加强环境保护工作——

> **“广州生态环境”**：要**适当引入市场机制**，集成运用互联网、大数据、物联网等现代信息技术**提高管理绩效**……从依赖政府补贴生存，逐步过渡到依靠市场生存。(2019-09-20)[①]

这类报道将垃圾分类议题置于市场化语境中，借用市场专业术语和要素，对垃圾分类治理过程中出现的相关产品、技术、服务进行讨论。

> **“广州城管”**：“互联网＋垃圾分类”正逐渐成为广州垃圾分类的**新特色**、**新时尚**……充分利用**“互联网＋”**的线上优势，发布了“垃圾分类羊城通”微信小程序，为市民提供在线查询服务。(2019-11-22)[②]

自媒体跳脱出垃圾分类的道德和政策语境，从投入和产出的利益关系出发对是否要进行垃圾分类、如何进行垃圾分类进行议题建构，指出垃圾分类的参与程度和试行效果与“民族天性”无关，而是与利益相关——

> **“华商韬略”**：严苛的环境法律、深度的民间参与、专业的分析监测、就近的焚烧厂分布、长期的分类教育……这些因素，逼着日本人越分越细，也值得中国人参考借鉴……哪有那么多民族天性，都是事到临头、**利益关切**而已。(2019-07-08)[③]

企业号“浙商杂志”提出，在垃圾分类的不同发展路径中，平衡利益才是政策有效性的关键。从前端的物业、保洁，到中端的回收、清运，再到后端填埋、焚烧、厨余处理这些产业链环节都需要引入市场机制，以完善环保

---

① 广州生态环境：《美丽中国先锋榜(21)|浙江省杭州市推行生活垃圾分类制度的探索实践》，https://mp. weixin. qq. com/s/AqyBc2dYrDiEbuVhp1LA7w，2019-09-20。

② 广州城管：《福利丨“广式”分类福袋限时放送，点击领取签收》，https://mp. weixin. qq. com/s/FOvgxVCTcE5LkMW0XxMlnQ，2019-11-22。

③ 华商韬略：《垃圾分类，一场输不起的世界大战》，https://mp. weixin. qq. com/s/eiL70UHAUhnLZgASyBCd-w，2019-07-08。

资源配置——

> **"浙商杂志"**：垃圾分类行业中牵扯出的**利益链条**，成为当前亟待打破的僵局之一……"产业链中的各个环节都有**引入市场化的需求**，前端企业有自己的运作模式，在垃圾分类的收集和运输上更加贴近老百姓，后端企业有自己的专利技术和政府支持，更应该专注在如何攻破垃圾减量的难关上"……(2019-06-20)①

利益争夺框架是垃圾分类反话语利用最多的话语框架。这类文本抗拒主流垃圾分类传播话语的方式，借用市场机制和效率的框架，寻找强制生活垃圾分类政策和宣传文本的矛盾和冲突，重新解读、解构垃圾分类政策和行为，将垃圾分类定义为专业化行为，即社会分工的结果，指出全民参与的垃圾分类工作只是流于形式，无法达到减少垃圾污染的目的，其结果只能是自我满足、"劳民伤财"。例如——

> **"南洋富商"**：垃圾分类处理需要非常**复杂的技术和专业的培训**……比如说，热固性塑料难以回收再生，而热塑性塑料容易回收再生，但是普通人是没有能力做判断的……在没有明确的垃圾处理技术和垃圾处理流程前，垃圾分类就是劳民伤财的一个笑话。(2019-02-10)②
>
> **"菁城子"：成本高，管得细，破坏了市场自发秩序**……把大量时间、精力、家庭空间放在处理垃圾上，势必影响工作和生活效率。(2019-06-28)③
>
> **"吴主任"**：垃圾处理作为一门**生意**是有利可图的，那么就会有**竞争**，就会带来更**高效**的也就是更环保的处理方式……我们现在反着来，让全民参与，运动带来的姿态好像这就是最终解决方案……分类流于形式，每天忙着垃圾分类的人民群众不知道估计也不想去知道最终垃圾是怎么处理的，反正觉得自己分类到位

---

①　浙商杂志：《破解垃圾分类"僵局"》，https://mp.weixin.qq.com/s/5UB9Hpx1XmbDLRmQ7Lqv6A，2019-06-20。

②　南洋富商：《垃圾分类只是一个笑话》，https://mp.weixin.qq.com/s/hOeAaN7tXumqLPgqs_J8Qw，2019-02-10。

③　菁城子：《垃圾分类，麻烦在后头》，https://mp.weixin.qq.com/s/i7hWp1IsB5H-mM3tduRo1Q，2019-06-28。

了，为垃圾分类、为环保作出巨大贡献，心满意足，有时会感到自豪。（2019-07-12）[①]

在利益争夺框架中，垃圾分类被讲述为两个相反的故事。在一个故事中，垃圾分类就是“黄金分类”，遵循的逻辑基本是：通过市场机制/技术提高管理绩效—做好垃圾分类—环境好转—经济发展。但在另一个故事中，强制垃圾分类是效率低下的去专业化行为，首先就不符合市场竞争规律，更遑论提高环境和经济效益。

三、生态现代主义与垃圾分类“公共参与”框架

生态现代主义在生态环境和经济发展这一对关系的基础上，引入社会和代际公平发展的维度，在话语表达的效果上弱化了生态保护和经济发展之间的对立，在生态环境保护的话语体系中融入了协调、共生这种乐观的价值元素。这类话语与长期的、可持续的进步相联系，但又不局限于经济利益的获取，而是追求更多元价值的生态文化的建构，把生态文明作为衡量社会进步和民族文明程度的重要标志。就垃圾分类议题而言，生态现代主义的媒体话语框架如表 8-5 所示。

表 8-5　垃圾分类的生态现代主义话语包裹

隐　喻	范　例	流行语	描　述	诉求原则
共同体；新时尚、浪潮；民生福祉；课堂、考卷	美丽中国、美好生活、多元参与	从学会扔垃圾开始，开启一个城市的新文明时代；在关注就是在支持，在支持就是在进行学习	垃圾分类的背后，是我们不得不面对的现实，关乎我们现在的生活、子孙后代的幸福；自己生产的垃圾总得自己处理，不能把责任推给别人；社会共治倒逼处理方式透明化	参与、透明、回应

生态现代主义强调不同层次上有许多被公共利益激发的行动主体，在垃圾分类议题中则体现为社会微观层面个体和组织的利益表达。在价值取向上，垃圾分类议题被与“文明”这一价值规范和目标勾连起来。通过频繁使用“参与”“公众”“公共”等词汇，垃圾分类被转换为一个利益相关议

① 吴主任：《垃圾分类的一厢情愿和低效》，https://mp.weixin.qq.com/s/EqghoHKRLFhdsHqiQeD9pw，2019-07-12。

题；“小区”“社区”“业主”“志愿者”等实践主体的频繁“出场”，则是将公共议题具体化、本土化，与个体生活经验直接联系在一起。例如——

> **“广州生态环境”**：通过**参与式**学习及社区服务实践，培养 60 名具有系统垃圾分类知识、**关注社会公共议题**视角和志愿服务精神的学生志愿者领头人……(2020-02-03)①
>
> **“象爸象妈”**：如果从现在开始，让湿垃圾变成肥料回到田野，能够回收的垃圾就再次利用起来，有毒的垃圾就收集起来专门处理，剩下的干垃圾用来焚烧发电，人类将拥有一个**更加洁净和美好的未来！**(2019-07-03)②

在保持与中央统一政令的前提下，各地方政府之间实际上存在着横向竞争与合作关系；要想在竞争中取胜，地方政府需要不断改革和创新公共治理模式，继而更好地服务地方经济和社会发展，巩固政府合法性。在公共治理中，公民的充分介入和参与能够帮助促进认同，提高公共政策的执行力，为政策提供政治和文化合法性资源。在公共政策出台和落地过程中，如果公民的利益诉求不能得到有效反馈和回应，公民参与缺位，会导致政策推广受阻甚至停滞。公民有效参与公共服务就是其创新体现采取，公共参与框架构建垃圾分类议题的文章主要分为呼吁类和行动类。

呼吁类文本一方面在文本中强调社会多元主体，包括居民、物业、学校、企业等，在城市垃圾治理中的重要地位和多元诉求；并通过对文化价值的借用，如“时尚”“浪潮”等流行话语、“知识”“考卷”等**课堂隐喻**，对垃圾分类法规、分类标准等政策话语进行大众化、知识化包装，吸引公众参与和互动。例如——

> **“广州城管”**：以此次论坛为契机，号召新时代的追梦人，勇当**美丽中国的行动者**，培养垃圾分类的好习惯，为改善广州生活环境作努力，为绿色发展、可持续发展作贡献。(2019-09-20)③

---

① 广州生态环境：《低碳广州，惠及你我｜这场趣味“培训营”，推动校园源头减量！》，https://mp.weixin.qq.com/s/bZS50VM-2nz311B0uT490A，2020-02-03。

② 象爸象妈：《垃圾分类要考试怎么办？考点、难点都在这里！》，https://mp.weixin.qq.com/s/zqtEPjuydMPKTM7kRS5yLg，2019-07-03。

③ 广州城管：《大手笔！｜100 亿授信助力广州垃圾分类企业起步腾飞》，https://mp.weixin.qq.com/s/CyOa5YQZbl10W8ZiNtN7_A，2019-09-20。

“广州日报”：花都区正积极探索构建基层党组织、居委、业委、物业、志愿者“五位一体”联动机制，促进群众自觉参与垃圾分类，形成**共建共享**城市治理新格局……通过**多元主体**完善社区治理，构建和谐社区，让居民参与垃圾分类。(2019-12-18)①

另一方面，文章突出参与主体的责任和决策信息、过程的透明化，从而强调参与、共治在整个垃圾分类、回收、处理体系中的重要性和必要性。除了公众应该做好前端分类，政府相关部门需要在进行全民普法和教育过程中与各主体加强沟通协商，生产商需要承担源头预防、信息公开和回收处理的责任，销售者需要承担回收和宣传的责任——

“吐槽青年：曹林的时政观察”：中国在这方面的技术、设施和理论不比发达国家差，需要的是在**透明的决策**中与民众**更多的沟通与协商**。(2019-07-02)②

“千篇一绿”：“过去98.2%的无害化处理率主要靠政府主导，现在必须是人人**参与社会共治**。”……公众在前面增加了麻烦，就会有意识看看后端怎么处理，**倒逼处理方式的透明化**，“这是建立互信的过程，也是垃圾减量缓慢发生的过程”。(2019-07-05)③

行动类文章是通过呈现社会多元主体的公开利益表达和参与，展现给予社会治理主体充分的话语权的取向，政务号和专业媒体号对居民、物业、学生、志愿者等行动者进行报道，展现不同利益诉求和矛盾。尽管这类话语表达也主要是为政府权威合法性服务，但是其信息来源更加多元，通过积极建构公民话语空间，对企业和政府形成监督。“咩事”就广州小区垃圾投放点和楼道撤桶进行了一系列追踪报道，披露垃圾分类政策落地所带来的利益冲突、矛盾对抗，寻求对话和解决——

① 广州日报：《花都区：撤桶率达99.7%，餐厨垃圾不出村创新“锦山模式”》，https://mp.weixin.qq.com/s/Ye1kciPNtTDK4xbATbXu9A，2019-12-18。

② 吐槽青年：曹林的时政观察：《垃圾分类的阵痛能否终结邻避效应的长痛》，https://mp.weixin.qq.com/s/st7hTosB1rkqOCC-qfQX5Q，2019-07-02。

③ 千篇一绿：《8→46试点，二分→四分：垃圾分类19年故事》，https://mp.weixin.qq.com/s/nn7JNzKf3kepR6IQ_o-iEw，2019-07-05。

> **“咩事”**：楼道撤桶打破了业主既有的在楼道投放垃圾的便捷，引起了**业主和物业公司的矛盾**……有业主认为，楼道撤桶后，清洁人员不用再扫楼清理楼道垃圾桶，运营成本应该是降低了。那是不是物业费也得降一降……垃圾分类投放属于分类处理链条的前端环节，亦有业主对自己分类投放后未能进行分类运输和处理提出了疑问……还有业主认为，小区内部属于全体业主所有，强制撤桶应该和业主来**商议**。(2019-09-22)[①]

多元主体的参与和表达也在一定程度上倒逼公共政策制定和执行的透明化、回应性。2019 年 12 月 2 日，广东省住房和城乡建设厅发布《广东省城市生活垃圾分类指引(试行)》[②](以下简称《指引》)。针对公众对于垃圾混合运输的质疑，《指引》提出要完善垃圾收运模式和分类处理设施建设，杜绝“先分后混”“混装混运”；针对公众对于定时定点投放带来不便的质疑，《指引》也列举了不同模式，由相关责任人因地制宜、因时制宜选取分类方案。

四、垃圾分类的媒介话语与官方生态文明政策话语的接合与竞争

总的来说，微信平台上各类新媒体对于垃圾分类议题文本及意义的生产和建构，主要被置于三类环境话语陈述体系之中，它们分别是生态制度理性主义话语、生态经济理性主义话语、生态现代主义话语。

首先，**生态制度理性主义话语**围绕“党政组织”和“法规制度”这两个重要节点，依循冲突和问题解决路径构建垃圾分类的政策意义。一方面，披露官方环境政策法规、治理体系、惩治进程等，另一方面通过可视化表达和隐喻包装，把官方话语转化为公共传播话语。在这一话语表达体系下，环境成为一个“跳板”或者说是“中介”，最终指向的是政治制度和公共政策的正义性和合法性。

其次，**生态经济理性主义话语**将“市场”和“效益”作为节点，而针对这两个节点又有截然不同的两个意义建构路径，一个建构路径是把垃圾分类议题置于中国特色社会主义市场经济发展语境中，在认可市场资源配置和国家宏观调控的基础上，运用财富隐喻，如“生产垃圾分类是‘黄金分类’”，“‘互联网＋垃圾分类’是新时尚”的话语论述，为生活垃圾强制分类赋予发

---

① 咩事：《广州楼道撤桶，有居民不理解：为何一定要撤？物业费降不降？》，https://mp.weixin.qq.com/s/4k8Rx3wQ-VwUXGtu70hKKQ，2019-09-22。

② 人民网：《广东省城市生活垃圾分类指引(试行)》，http://gd.people.com.cn/n2/2019/1211/c123932-33622104.html，2019-12-11。

展、进步的价值观，一定程度上隐蔽了垃圾分类政策争议的面向；另一条建构路径是从自由竞争这一价值认同出发，衡量强制生活垃圾分类的投入、产出，解绑垃圾分类与效率提升的逻辑关系，突出打造垃圾分类处理产业的重要性和急迫性。

最后，不同于前两类理性主义话语，**生态现代主义话语**以“共同体”和“社会多元主体”为节点，是一套以价值倡导为核心的话语体系，通过呼吁或展现多元主体的责任、表达和公共参与，为垃圾分类行动中的不同利益诉求和矛盾冲突寻求对话和协调，达到生态、人类、社会长期的、可持续的进步与和谐发展这一价值目标。

在微信公众号垃圾分类文章的话语类型和要素分析中可以看到，尽管有多种环境话语的共生共存，但官方生态文明政策话语依旧是拥有主导权的元话语。无论是新媒体对生态制度理性主义话语、生态经济理性主义话语还是生态现代主义话语的呈现，都可以看到生态文明政策话语的在场。从节点的建构到对节点接合逻辑的阐释和再造，官方环境话语主导着新媒体对环境意义的塑造方向。

此外，在微信垃圾分类文章中，我们也发现了在主流环境话语中一定程度上缺席的竞争性话语，包括引入市场自由竞争的自由主义话语和诉诸行动的公共参的话语。新媒体通过挖掘国家宏大环境话语以外的多元话语，从垃圾分类议题延展到生态环境的经济价值、文化价值、公共价值等。

第五节　结论与讨论：数字传播环境下媒介化治理的反思

至此，本章从媒介化政治（或者说媒介化治理）的理论视角出发，着手分析了政务机构媒体、专业新闻媒体、自媒体在微信平台中所遵循的不同媒介逻辑，三者对多元环境话语进行吸纳和挪用，展现意义的勾连、争夺和对抗。作为政治逻辑的官方生态文明政策话语在三类新媒体公众号中始终占据主导地位。作为中国语境下的媒介化治理研究，媒介逻辑与政治逻辑的互动关系，展现出区别于欧美媒介化研究的特点：在中国，国家因人民群众的高度认同而成为政治生活的主导力量，媒介逻辑并非重构政治逻辑，而是可以通过与国家治理逻辑的良性互动，积极实践意识形态领导权的话语建构，实现国家与社会的良善治理。在本研究中，主要发现如下。

首先，不同的媒介机构发挥自身优势，相互补充，积极地与国家治理逻辑实现话语接合。在国家治理叙事的传播中，**政务新媒体**利用政策信息接近性优势，在占领时效性先机的情况下，选择与生态文明话语相契合的、相对“安全”的生态理性主义话语——在准确传达政策文件的前提下，在话语表达上，采取口语化、故事化、形象化的政策表达。**数字新闻媒体**通过引入异质性话语资源，对现代治理中的公共参与要素的把握，能够敏锐洞察议题中的社会痛点、矛盾要害，进行广泛调查和长期追踪，持续地为垃圾分类议题补充民间参与者的信息。数字新闻媒体既是党的喉舌，又是社会的喉舌[①]，提供国家治理和市场意见沟通协商的可能性，并作为行动者介入治理过程中，寻求生态文明话语和治理话语的积极实践和边界拓展。**自媒体**公众号通过引入市场化的要素，为垃圾分类议题的讨论提供独特视角。这类文章采取冷静、理性的取向，提出竞争式话语，指出全民进行垃圾分类是违反市场机制的强制行为。

其次，国家可以利用媒介化开展治理，主流政治话语对新兴社会话语实现“统合”，并与媒介机构实现良性互动。垃圾分类作为一个牵扯多方利益的社会公共政策，想要调和利益驱动的不同价值取向，依靠传播建构社会环境价值共识是重要路径。家庭生活垃圾处理原本具有私人性和多样性，通过与生态文明政策话语的接合，被纳入“共同体”“文明”“未来”等社会文化取向框架，因而具有了公共性、道德性和责任性，作为话语号召载体进入国家治理的叙事中。反过来，政务新媒体和党媒新媒体又作为官方主导话语的输出阵地，承载着政策宣传和舆论引导功能，采取与生态文明话语包裹中生态理性主义一致的话语路径，通过借鉴、改造制度理性主义的意识形态要素，生产垃圾分类和环境保护的话语文本。

但是，需要注意的是，新媒体话语空间对于建设生态文明的经济效益和经济手段并未完全认可和接受，对于市场和竞争机制的吸纳、政府和市场的平衡关系仍然存在不稳定的价值倾向和讨论空间。作为社会治理主体之一的新媒体依据媒介属性和用户特质，生产符合自身定位的话语框架，通过与生态理性主义话语、公共参与话语、自由主义话语的互动接合，与生态文明政策话语进行协商。

总之，在数字传播环境中，媒介技术更替正在推进，公共生活的变革也在同时进行。在一个充满讨论或争论、质疑的，多元且复杂的环境公共领域之中，环境传播不能单纯依靠修辞劝服，而是需要塑造生态价值共同体，从而影响公众价值观，促成行动上的转变。

---

① 曾繁旭：《传统媒体作为调停者：框架整合与政策回应》，《新闻与传播研究》2013 年第 1 期，第 38-51 页。

第九章　媒介化情感：数字媒介环境下新闻报道的情感话语互动

——以 2012—2022 年《人民日报》微博的灾难报道为例[①]

引　言

随着数字技术的发展与互联网的日益普及，人工智能、大数据、5G、VR 和 AR 等技术正深度渗透新闻的生产、叙事与接受环节中。物质力、情感力和网络力构成了当代数字新闻业流程再造的三大动力[②]，这种关于新闻生态的认知革命超越了以往新闻研究和新闻实践的线性框架，新闻迸发出源源不断的生命力。在这一大背景下，传统主流媒体既面对着挑战也面对着机遇，如何把握多样化的现代媒体渠道，发掘媒体深度融合与转型发展的新动能成为亟待解决的问题。由此，主流媒体开始构建全新的叙事策略和传播矩阵，重新提升自我在数字新闻生态下的传播力和影响力，这一过程中可以显著观察到的变化便是主流媒体在新媒体平台上对情感因素的积极利用。当下主流媒体的新闻生产越发重视情感能量，充分利用与受众的情感联结来加强用户黏性、提升传播效力，对新闻情感的进一步研究成为当下的重要议题。

与此同时，我国是一个灾难频发的国家。来自中华人民共和国应急管理部的数据显示，2022 年我国自然灾害以洪涝、干旱、风雹、地震和地质灾害为主，台风、低温冷冻和雪灾等也有不同程度发生。[③] 从安全生产形势来看，2021 年我国共发生各类生产安全事故 3.46 万起、死亡 2.63 万人，这些事故分布在道路运输、煤矿、金属非金属矿山、建筑业、水上运输、火灾和燃气等行业领域。[④] 灾难与人类的生存状态息息相关，灾难新闻是大众获

---

① 本章是与中山大学新闻传播学院硕士刘馨琳合作的成果。

② 常江、何仁亿：《物质 · 情感 · 网络：数字新闻业的流程再造》，《中国编辑》2022 年第 4 期，第 29-35 页。

③ 中华人民共和国应急管理部：应急管理部发布 2022 年全国自然灾害基本情况，https://www.mem.gov.cn/xw/yjglbgzdt/202301/t20230113_440478.shtml。

④ 中华人民共和国应急管理部：应急管理部 2022 年 1 月例行新闻发布会，https://www.mem.gov.cn/xw/xwfbh/2022n1y20rxwfbh/。

取避险信息、消除认知不确定性的重要途径。在灾难新闻报道中，对死亡、痛苦的呈现使得灾难新闻与情感因素天然紧密地联系在一起，灾难新闻叙事背后总是掺杂着悲痛、同情、关怀、感动等复杂情绪。

对当今社会而言，灾难新闻的情感研究有利于主流媒体在纷繁复杂的网络舆论场中牢牢掌握主导权，充分发挥政府的宣传功能，维系社会稳定；对受众来说，灾难新闻则是在社会失序状态下凝聚起社会共识、构建情感共同体和重振社会信心的重要途径。然而，目前学界对灾难新闻的情感研究还大多停留在概念认知或现状层面上，一方面以横向的案例分析为主，缺少量化研究，另一方面对其背后的逻辑进路、影响机制等尚不了解，很少以受众这一主体作为情感研究对象。在万物媒介化的社会之中，我们对情感的认知不应只局限于其媒介化形式和表达，更应积极探索媒介化情感如何促进公众认知，探究由灾难新闻形成的媒介化情感如何与社会—文化发生结构性互动。

基于此，本章意在剖析主流媒体在社交媒体平台上对灾难新闻报道采取的情感叙事策略，情感在灾难报道与受众互动的过程中扮演着什么样的角色，以及如何与其他社会领域发生更广泛的互动。其中，《人民日报》作为中央级党媒，承担着宣传社会主流价值和引导社会舆论的重要职责，在灾难新闻报道上具有高度的代表性和公信力。因此，以《人民日报》微博为研究对象，本章尝试对其灾难报道相关的微博文本和受众评论进行分析，深入探究隐藏在背后的情感策略及情感互动链路，研究的核心问题为：

问题一：《人民日报》在微博这一社交平台的灾难报道中采取了哪些情感表达策略？其情感表达在2012—2022年有何种特征及变化？

问题二：对传播者而言，孕育灾难报道媒介化情感的政治和社会土壤是什么？《人民日报》微博采取情感策略的结构性原因与基础逻辑何在？

问题三：受众如何在灾难报道中与《人民日报》微博进行情感互动？灾难的媒介化情感给受众的认知和行为带来了什么样的影响？

第一节　理论框架：媒介形塑力与媒介化情感

人类的生活离不开媒介，私人化的、集体化的情感多少会受到媒介的影响，对现代新闻业中情感的探讨无法脱离媒介而存在，单用媒介功能论或者效果理论已经很难解释这种深层的变化，我们需要从一个更全面的视野去探究媒介、社会与情感的关系，因此笔者采用了媒介化理论，该理论关注的是媒介如何参与到社会和文化的长期结构性变化之中，以及这些过程如何为人类交流和互动创造新的条件。

如本书第一章所述，媒介化研究有“制度化传统”和“社会建构传统”两大研究路径。有学者认为，二者的区别实际上是经典社会学所理解的“结构”与“能动性”之间的矛盾，“制度化传统”以中观、宏观视角将媒介视为一种“结构”，强调制度化的媒介逻辑能够重塑其他社会机制，“社会建构传统”则从微观视角出发，关注特定的媒介如何作用于个体现实的传播互动过程，以及这种“媒介化”的传播方式如何建构出新的“社会现实”。[①] 近年来，两种研究路径渐有融合之势，制度主义路径的学者开始重新思考媒介逻辑的概念，社会建构路径的学者也强调有必要对媒介化的制度层面进行研究。陈辉和熊壮通过文献梳理发现，尽管在关注对象和时间维度上存在差异，两种研究进路其实都属于社会建构论范畴，属于阐释社会过程的叙事型理论。[②] 因此，如何在已有的纷繁复杂的概念堆砌中找到一个整体的理论分析框架，成为目前媒介化学者们的研究重点。

基于上述理论背景及研究现状，本章将摒弃以往单一地从媒介逻辑或媒介内容对情感新闻进行研究的方法，尝试引入建构主义传统的“媒介形塑力”概念，从媒介化理论出发对新闻中存在的“媒介化情感”进行更为清晰的界定。

媒介形塑力(media as moulding force)这一概念由 Hepp 提出，其来源于“行动者网络理论”(Actor-Network-Theory，ANT)。[③] 在 ANT 视角下，人类社会是由不同行动者(actors)组成的“行动者网络”在复杂系统中互动的产物，这些行动者既包括人类，也包括非人类(如技术、人造物)，ANT 尤为关注作为“物”的技术如何建构起社会联结，对社会进行形塑。ANT 既反对“技术决定论”，又反对“社会决定论”，而是采用一种折中的研究道路，把技术置于由不同行动者“联合”构成的“网络”之中来理解。

Hepp 从 Latour 的论述出发，Latour 思想的核心是，物(Objects)特别是媒介技术，最终是人类行动者们“凝聚的行动”(congealed actions)。[④] 换

---

① 戴宇辰：《媒介化研究的“中间道路”：物质性路径与传播型构》，《南京社会科学》2021 年第 7 期，第 104-112 页。

② 陈辉、熊壮：《媒介逻辑与传播形构：媒介化研究中过渡概念分析性之考察》，《全球传媒学刊》2022 年第 9 期，第 123-142 页。

③ Hepp A.，“Mediatization and the ‘molding force’ of the media”，*Communications*，2012，37(1)，pp. 1-28.

④ Latour B.，*Reassembling the Social：An Introduction to Actor-network-theory*. Oxford：Oxford University Press，2007.

言之，物作为一个行动者，或者更准确地说是行动过程中的参与者，只有在与人类行动者的互动中才被赋予型构（figuration），正如一个作为物的栏杆与想保护他人不被摔倒的人类行为的意涵是一致的，我们必须在“连接”中、在行动者的行为序列中理解物本身。

基于此，Hepp 将媒介理解为制度化（institutionalization）和具体化（reification）的物，可以塑造传播过程。媒介是人类在制度上和技术上“凝聚的行动”，媒介不是一种因果关系，它只有在不同行动者的传播行动中才会变得具体。媒介可以在型构中提供某种“行动的潜力”，这便是“媒介形塑力”。例如，电视使得任何观点必须以视觉的方式呈现；纸质媒体使得观点的讨论出现更为复杂的互动；移动媒体让使用者必须每时每刻与他人保持联系。探寻媒介形塑力必须从具体的“媒介化情境”出发，将媒介与媒介实践结合起来，展开一种“共时性研究”（synchronous research）。

关于**媒介化情感**，当前学界并无明晰的定义，沿着媒介化理论发展的脉络，国内学者袁光锋较早指出：“现有研究往往把媒介（或互联网）当作‘情感’的载体，而较少论述媒介（或互联网）自身对‘情感’的影响。互联网对‘情感’政治的影响并不在于它仅仅为‘情感’提供了更多的表达渠道，更在于它构造了人们借‘情感’形成的关系。”[①]这可以看作国内情感研究从“中介化”向“媒介化”思路转变的开端。白红义以“媒介化情感”（mediated emotion）来概括媒体在情感话语的生产中体现的重要作用，他认为悲伤、悔恨、痛苦、愤怒、仇恨等不同类型的情感交织在媒体的报道中，充分体现了一种情感驱动的叙事特点，这种情感表达的现象叫作“媒介化情感”。[②]

然而，胡翼青和张一可认为白红义所言的媒介化是作为“呈现面”的媒介，即把媒介作为信息和内容的载体，这更多的是一种“中介化”。胡翼青和张一可提出，媒介还有作为物质性的一面，媒介作为社会的基础设施对社会进行建构和组织。[③] 无独有偶，戴宇辰也曾提出过传播研究的物质性路径能够解决横亘于“制度化传统”与“社会建构传统”之间的结构/能动二元矛盾，这种物质性体现为“媒介在社会建构活动的过程中剥离人类‘意图性’之外的属性”，它不是一种纯粹外部的“框架”，而是在具体传播行为中

① 袁光锋：《互联网空间中的“情感”与诠释社群——理解互联网中的“情感”政治》，《中国网络传播研究》2014 年第 8 期，第 89-97 页。

② 白红义：《“媒介化情感”的生成与表达：基于杭州保姆纵火事件报道的个案研究》，《湖南师范大学社会科学学报》2018 年第 5 期，第 139-149 页。

③ 胡翼青、张一可：《媒介的呈现性与物质性：当下媒介化研究的两元取向》，《青年记者》2022 年第 19 期，第 26-29 页。

制约了以能动性为基础的传播活动，正好弥合了两个研究传统之间的分裂路径。[①]

以此为基础，媒介化情感其实也具有一定的物质取向。在不同的媒介形式中，媒介化情感受限于媒介技术的物理性特征，这种限制超越了人类的主观意图，包含情感传播活动所凭借的“对象”(object)、传播活动发生的“基础性设施”和传播行为所借助的“身体”。具体而言，社交媒体平台作为一种新的媒介形式，会形塑情感传播活动的开展过程，而这种形塑的具体表现形式可以从社交媒体平台的情感话语特征中观测总结出来。

其次，媒介化情感也具有互动取向。这种媒介化情感是和与之相伴的媒介实践相互交织在一起的，它不是媒介技术单方面造成的结果，而是与媒介构建的现实产生“共时性”影响，和经济、法律、技术、政治和文化等因素发生综合作用。这种思路为我们提供了一种更为交互的“过程性”分析框架，让我们可以在具体的媒介化情境中重新思考不同行动者之间的情感互动。在目前国内对媒介化情感的案例研究中，基于此探讨的学者有彭修彬[②]和曾持[③]等，他们重新思索了数字环境中共情和愤怒的逻辑。

因此，笔者认为媒介化情感是当前深度媒介化社会的一个面向，这种情感深深嵌入媒介当中，受限于媒介的物质性；同时，媒介化情感也具有互动取向，需要放在行动者网络中加以理解来讨论其形塑力。

如上所述，本章的研究框架如图 9-1 所示，媒介(微博平台)、传播者(《人民日报》)和受众在灾难新闻传播活动中作为三方行动者共同构成了一个稳定化的“行动者网络”，而情感是解释该网络运作逻辑的重要因素。一方面，传播者和受众经由媒介这一渠道共同塑造了媒介化情感，这种情感受限于媒介的物理属性，呈现出与现实情感不同的特征；另一方面，媒介化情感本身也成为一种形塑力量，对传播者和受众的认知结构产生影响，与背后宏观的政治、文化和社会领域发生互动。

对于前者，笔者将具体分析传播者的新闻情感文本和情感传播策略，细颗粒地描摹灾难新闻报道情境中媒介化情感的意涵与表现。对于后者，

---

① 戴宇辰：《媒介化研究的“中间道路”：物质性路径与传播型构》，《南京社会科学》2021 年第 7 期，第 104-112 页。

② 彭修彬：《文化接近性与媒介化共情：新冠疫情中的数字公共外交探索》，《新闻大学》2020 年第 12 期，第 76-92 页。

③ 曾持：《“媒介化愤怒”的伦理审视——以互联网中的义愤为例》，《国际新闻界》2022 年第 3 期，第 139-159 页。

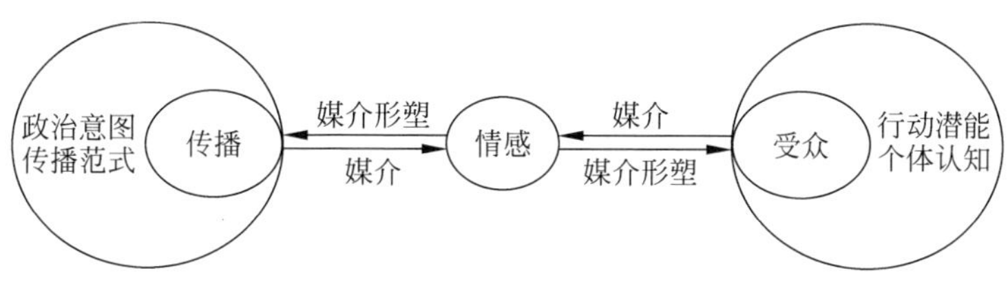

图 9-1　理论框架图

《人民日报》作为中央党报，受到宣传主义和新闻专业主义等多重传播范式的影响[①]，灾难新闻报道中情感策略的运用是对原有传播范式的重构，呈现出媒介赋能社会情感治理的新常态，这是媒介化社会下国家治理体系和治理能力现代化纵深发展的体现。同时，数字新闻用户的新闻体验与新闻参与遵循个体与群体两类行动范式，前者以原子化的个体认知为主要特征，后者以反思性的社群行动为主要特征[②]，笔者将从网民的微博评论中探究灾难新闻报道中形成的媒介化情感如何嵌入个体的日常生活体验之中，受众的认知结构规范是否发生了变化，作为反思性社群的情感公众如何形成并具备何种价值潜能等问题。

第二节　研究设计与研究方法

本章以《人民日报》微博作为研究对象，以其在 2012—2022 年发布的灾难报道微博文本和微博评论作为具体研究内容。在研究方法上，将采用内容分析法、案例分析法和话语分析法：从《人民日报》2012 年 7 月至 2022 年 12 月发布的灾难报道微博中抽取一定数量的研究样本，对文本内容进行编码与统计；围绕国内外四例近十年内发生的重大灾难事故个案展开详细分析；以《人民日报》灾难报道微博和网友相关评论作为分析话语，运用费尔克拉夫的多向度话语分析法[③]，从文本、话语实践和社会实践三个向度展开分析。

在内容分析上，笔者运用 Python，通过 Github 平台上开源的 weibo-crawler 工具，爬取《人民日报》微博的全部文本共 150914 条，再通过筛选灾难关键词的方式获取关于灾难新闻的微博文本，筛选词目借鉴 Shaluf

① 龙强、李艳红：《从宣传到霸权：社交媒体时代“新党媒”的传播模式》，《国际新闻界》2017 年第 2 期，第 52-65 页。

② 田浩：《原子化认知及反思性社群：数字新闻接受的情感网络》，《新闻与写作》2022 年第 3 期，第 35-44 页。

③ 诺曼·费尔克拉夫：《话语与社会变迁》，殷晓蓉译，北京：华夏出版社，2003 年。

的灾难分类[①]和我国对突发事件的分类，共分为自然灾难和人为灾难两大类，地震、海啸等二十九小类。最终笔者筛选并清洗出灾难新闻微博文本共 7005 条，再依据年份占比采用分层抽样法随机抽取了样本共 2100 条进行内容编码。

接着，以每篇微博博文作为分析单元，综合国内外相关主题的现有研究，构建出共九个编码分析类目，分别是灾难类别、灾难国别、新闻事实性质[②]、报道主题、新闻人物、是否含有情感性因素、情感性因素再现手段、情感色彩、情感强度和传播效果。

需要特别说明的是，情感因素再现手段参考陈阳等的论文，在 Martin 和 Rose 的理论[③]基础上，陈阳等进一步结合了 Wahl-Jorgensen 和 Stenvall 各自的研究成果，发展出了一套用于测量中文情感性因素的工具。其中感受指的是新闻文本表达了新闻人物或消息源的情感态度，由直接感受和间接感受构成，直接感受指的是新闻文本里表达了新闻人物或消息源自己的情感，间接感受指的是其他人物或消息源在新闻文本中表达对人物的判断和评价；判断指的是记者在新闻文本里对个人或群体新闻人物的行为作出评价；评价指的是记者在新闻文本对非个人的实体作出评价。[④] 三种情感再现手段的表达主体和客体对象都不尽相同，如表 9-1 所示。

表 9-1　新闻报道中情感性因素再现手段的分类

主客体	感受		判断	评价
	直接感受	间接感受		
表达主体	新闻人物或消息源		新闻记者	
客体对象	新闻人物或消息源自己	新闻文本中的其他人或者新闻事件	新闻人物（个人或群体）	非个人的实体（新闻事件）

情感色彩分类则参考大连理工大学中文情感词汇本体库，该本体库从词性种类、情感类别、情感强度和情感极性等角度描述了中文词汇和短语。其情感分类体系借鉴了 Ekman 的六大类情感，同时结合了中国传统的“七

① Shaluf I. M.，“Disaster types”，*Disaster Prevention and Management: An International Journal*，2007，16(5)，pp. 704-717.

② 范明献：《对境外灾难报道的新闻框架分析——以〈中国青年报〉海地、智利地震报道为例》，《当代传播》2011 年第 2 期，第 67-71 页。

③ Martin J. R.，Rose D.，*Working with discourse: Meaning beyond the clause*. London: Bloomsbury Publishing，2003.

④ 陈阳、郭玮琪、张弛：《我国报纸新闻中的情感性因素研究——以中国新闻奖一等奖作品为例（1993—2018）》，《新闻与传播研究》2020 年第 11 期，第 5-20 页。

情”，共分为乐、好、怒、哀、惧、恶、惊 7 个大类。为了进一步区分情感强度和复杂度，又将情感词汇细分为 21 个小类，基本囊括了人类主要的情感类型。[①] 基于样本内容的特点，笔者在该情感分类体系下“好”这一情感大类中还另增添了“感动”这一小项。

在案例分析上，将选取灾难报道案例四个，它们分别是 2014 年“3·8”马来西亚航班失踪事件、2015 年“4·25”尼泊尔地震、2015 年“8·12”天津滨海新区爆炸事故和 2022 年“9·5”泸定地震(见表 9-2)。

表 9-2　案例分类方法

类　　别	自然灾难	人为灾难
国内灾难	“9·5”泸定地震	“8·12”天津滨海新区爆炸事故
国际灾难	“4·25”尼泊尔地震	“3·8”马来西亚航班失踪事件

选取上述案例的标准首先是在微博文本数量上较为显著，《人民日报》微博报道的周期较长，能够展开比较详细的话语分析；其次是这些事件在社会上具有重大影响力，引发了社会的诸多讨论，案例具有典型性和代表性。笔者从自然/人为、国际/国内两个维度对案例进行划分，是为了探究受众对不同类型灾难的情感态度差异和传播者的报道话语差异，以回应媒介化理论中考察具体情境媒介化的要求。

在话语分析上，将首先对文本内容的修辞和主题进行描述，总结灾难报道的情感叙事和情感互动特征；其次，从话语层面来探讨英雄主义、爱国主义、民族主义等话语意涵在传播者和受众中的具体表现；最后，将文本内容置于当下社会转型的语境中进行解读，重点关注媒介化情感与政治、文化和社会领域的交互，分析背后的意识形态实践和社会思潮变迁。

第三节　灾难报道的情感话语特征和情感策略

本节将对内容编码的结果进行统计分析，呈现微博平台上媒介化情感的客观性特征，接着将对《人民日报》微博采用的通用情感策略进行整体的归纳与总结。

一、描述性统计分析

在《人民日报》微博的灾难报道中，在灾难性质维度上，自然灾难占比

---

① 陈建美：《中文情感词汇本体的构建及其应用》，大连理工大学硕士论文，2009 年。

61.4%，高于人为灾难(38.6%)。国内灾难占比 89.5%，是国际灾难(10.5%)的近九倍。可见《人民日报》微博的灾难报道以国内的自然灾难为主。

在新闻报道维度上，灾难报道的新闻事实性质以负面(49.4%)居多，中性(34.1%)其次，正面(16.0%)最少，大多数报道会涉及灾民和救援人员的伤亡情况及财产损失，甚至对灾难及相关群体行为进行负面评价。报道主题以灾情(28.1%)、灾难本身(21.1%)和救援行为(15.6%)为主，慰问(1.1%)、慈善捐助(0.6%)和重建(0.7%)主题表现较少。包含新闻人物的报道数量为 705 篇，约为总样本数量的 1/3，所有新闻人物中普通民众占比最多，为 31.6%，其次是消防员(22.3%)和警察(8.1%)。

在情感性因素维度上，55.9%的报道包含情感性因素，情感表达广泛存在于《人民日报》微博的灾难报道中。情感性因素表达手段以记者或新媒体编辑对新闻人物或消息源作出的判断(47.7%)、对非新闻人物的实体作出的评价(24.9%)为主，新闻人物或消息源的直接感受(13.9%)和间接感受(13.4%)占比较少，且二者占比接近。在情感色彩中，占比较高的是赞扬(18.9%)、祝愿(14.4%)和贬责(12.5%)，羞愧(0.1%)和嫉妒(0.1%)的情感占比极少。基于情感色彩划分出情感性质维度，在含有情感性因素的微博中，正面情感(52.2%)和负面情感的(45.2%)占比差距不大。情感强度以中(44.1%)、强(41.2%)为主，从编码标准来看，即大多数含有情感性因素的微博内容都会包含多个情感词或感叹号，并出现多处情感性叙述。

报道的传播效果由点赞量、转发量和评论量构成，三类变量均为连续变量，其中点赞量的平均值为 11078.78，最小值为 0，最大值为 1290570；转发量的平均值为 25716.53，最小值为 25，最大值为 20774628；评论量的平均值为 1603.85，最小值为 0，最大值为 442658。对点赞量、转发量和评论量以 10 为底数进行对数处理后，变量近似服从正态分布，可以进行参数检验。

二、相关与差异分析

先对各维度定类变量之间的关系进行卡方检验，再从传播效果维度出发，运用独立样本 t 检验探究不同情感性因素变量在传播效果上的具体差异。

在情感性因素维度上，卡方检验表明有新闻人物的微博(87.9%)较无新闻人物的微博(39.7%)更倾向于有情感性因素。正面(91.4%)和负面(57.8%)事实的微博较中性(36.5%)事实的微博，更倾向于有情感性因素。

在情感性因素维度上，卡方检验表明运用判断手段的微博较其他三种手段的微博而言，情感性质更倾向于正面(72.4%)，运用评价手段的微博较其他三种手段的微博而言，情感性质更倾向于负面(67.6%)。运用直接感受表达手段的微博较其他三种手段的微博而言，情感强度更倾向于强(63.4%)，运用评价表达手段的微博较其他三种手段的微博而言，情感强度更倾向于中等(56.0%)。

在传播效果维度上，独立样本 t 检验的结果表明有情感性因素的微博在点赞量、转发量和评论量上的得分均显著高于无情感性因素的微博。

在情感性因素再现手段对传播效果的差异分析中，独立样本 t 检验的结果表明采用判断手段的微博在转发量上的得分显著高于采用间接感受手段的微博，在评论量上的得分显著高于采用其他三种手段的微博；采用评价手段的微博在点赞量上的得分显著低于采用其他三种手段的微博。

在情感强度对传播效果的差异分析中，独立样本 t 检验的结果表明情感强度为强的微博在转发量、评论量和点赞量上的得分均显著高于情感强度为中和弱的微博。

在情感性质对传播效果的差异分析中，独立样本 t 检验的结果表明正面情感的微博在转发量和评论量上的得分显著高于包含负面情感的微博，在点赞量上的得分显著高于包含负面情感和中性情感的微博。

总的来说，第一，有新闻人物的微博、包含正面或负面新闻事实的微博更倾向于产生情感表达；第二，运用“判断”情感性因素表达手段的微博更通常为正面的情感性质，运用“评价”手段的微博更通常为负面的情感性质，运用“直接感受”手段的微博情感强度要普遍更强；第三，在传播效果上，包含情感表达的微博在点赞量、转发量和评论量上均比不包含情感表达的微博更具优势，而在包含情感表达的微博中，运用“判断”手段的微博、情感强度为强的微博和包含正面情感的微博在传播效果上都显著优于同类型的其他变量。

三、《人民日报》微博灾难报道中的情感策略

从灾难报道的编码内容分析以及案例分析中，可以进一步归纳出《人民日报》微博在灾难报道中采取的情感表达策略。

(一) 诉诸集体共鸣的语言和符号

在灾难报道中，《人民日报》微博已发展出了一套模式化的情感表达方式，包括固定短句和符号的运用。例如针对灾难本身，《人民日报》微博常常在报道的开头或结尾附上“愿平安！”“加油！”“祝福！”等短句表达对灾区

的祝愿；针对灾情，在标题中用“紧急扩散！”“紧急提醒！”等短句传递慌张情绪，表达灾情的严峻以引起受众注意；针对救援行为，“致敬！”“心疼！”“感谢！”等短句频繁出现，用以抒发对救援人员的尊重和赞扬。这种简洁有力的情感短句表达符合微博平台的传播特性，附着于灾难的新闻事实之间，完成了新闻再现。

除文辞语言之外，固定的表情符号也是《人民日报》微博惯用的情感表达方式，如使用[蜡烛]、[心]、[祈祷]等表情表达对遇难者的哀悼和悲伤。网络表情符号强调的是情绪、态度或感觉的传达，为网络文辞交流提供了“合法性”保障，使网络在线交流看起来是真实的、合法的。[①]《人民日报》微博通过这些具有象征意义的表情符号在微博构建起一个微型的数字哀悼空间，受众对符号中的情绪进行解码并给予反馈。二者之间相互关注并拥有情感连带，而后形成了与这些认知符号相关联的作为人类命运共同体或者祖国同胞的集体认同感，并为每个参与者带来了新的情感能量，这便是柯林斯所言的一种互动仪式。

《人民日报》微博往往采用对话修辞来表达情感，运用第一人称或第二人称叙事强化受众的情感体验，拉进与受众之间的距离，这与报纸严肃庄重的叙述风格截然不同。例如，在报道马航失踪事件时的“马航370！你在哪里！我们在焦急地等待你的消息”。《人民日报》微博中对话的运用是在构建一种“我们”与“他者”的关系，当灾难发生的地理位置对受众而言较为遥远时，《人民日报》将受灾群众指代为“你们”，将观者指代为“我们”，“你们”需要“我们”的帮助和支持，因为“你们”和“我们”血脉相连、互相取暖，“我们”充分理解“你们”在彼端的苦难与悲伤。由此，情感在这种对话体中被最大限度地激发出来，受众实现了“情感唤醒”。

（二）不忌讳负面情感的呈现

在以往主流媒体的情感研究中，我国媒体在情感表达中总是更强调正面情感。我国党报深受宣传逻辑的影响，针对突发事件常常“负面事件正面报道”，即淡化灾难事件造成的损失与破坏，突出政府领导和相关部门对事件的关心和处理。然而，在《人民日报》微博的灾难报道中，却发现存在着大量对负面情感的运用，负面情感在所有包含情感性因素的微博中占比高达45.2％，其中贬责（12.5％）、慌（10.3％）和悲伤（8.0％）这三种负面情感占比前三。

---

①　赵爽英、尧望：《表情·情绪·情节：网络表情符号的发展与演变》，《新闻界》，2013年第20期，第29-33页。

究其原因，这与灾难报道这一独特的新闻体裁相关。灾难报道的基本功能为避险需求和情感抚慰，而避险需求又包含应对性诉求和预防性诉求两个方面。[①] 面对远方的灾难，人们需要关注灾难进程和救援进度等，了解类似灾难在未来加诸己身时该采取何种措施。《人民日报》微博在回应受众这种应对性诉求时，往往使用"慌"这一情感来吸引受众的注意力，突出灾害的严重程度和救援的紧张，如"速转给在厦门的同学！这个时候就别看海了，危险，请尽快撤离！"这种紧迫的情感触发了灾区内外民众追求自身安全的本能。除此之外，对事故责任方和灾区现场不文明行为的"谴责"也广泛存在，这种道德谴责用于引导民众规范自身行为，防范灾害发生。

预防性诉求的重点则在于降低未来危机发生的可能性，指向责任归因。闫岩发现我国特大事故的媒体框架中存在着由媒体主导的问责框架，即对灾难直接原因之外的深层技术原因、监管机制原因和体制原因等进行质询型问责，引导社会进行系统性修正。[②] 在媒体归因和问责的过程当中，也夹杂着"谴责"这一情感，例如，2013—2015 年国内的雾霾问题尤为严重，《人民日报》微博曾多次谴责政府部门应对不利，"治理雾霾固然不能一蹴而就，但治理速度不能总滞后于恶化程度，治理成效不能总赶不上人民期望"；《人民日报》微博也曾追问昆山工厂爆炸事故，"为什么在一次又一次事故面前，我们不能汲取血的教训？现代化进程中，理应有更多的安全意识、更好的防范能力、更到位的监管方式"。这种"谴责式"追问带来的反思消除了公众的一部分不确定性，表现了媒体的责任与担当，回应了社会大众的心理诉求。

在满足避险需求后，人们才会产生其他的情感反应，此时媒体通过表达"悲伤"来抚慰民众，唤起民众的同情。例如，马航飞机失踪事件中，《人民日报》微博让受害者家属"哭吧哭吧，把心中的悲伤一股脑倒出"；面对公众，呼吁"生命珍贵，人同此心，痛苦我们一起分担！"灾难带来了巨大的震荡，媒体直白言说悲伤可以抚平受灾者内心的创伤，让受灾者重新获得力量，也让公众对灾难的负面情绪有了一个合理的宣泄口，由同情激发正义、仁爱等道德，从而推动社会秩序的重建和社会成员的和谐相处。

---

① 闫岩、葛宪麟：《避险需求和情感抚慰：灾难报道的核心功能及变迁》，《传媒观察》，2022 年第 5 期，第 14-20 页。

② 闫岩：《新世纪以来我国特大事故的媒体框架构建研究》，《现代传播》，2017 年第 3 期，第 32-40 页。

（三）讲述平民化的情感故事

《人民日报》微博在灾难报道中更倾向于用普通民众的个人故事来表达情感，鲜活真实的平凡英雄群像更能在灾难报道中激发社会大众的情感共鸣，引导民众在灾难中付诸积极行动，贡献自我力量，实现“家国情怀”与个人价值的完美契合。

尼泊尔地震中，开面馆的成都人李亮在地震后免费为灾区人民发放稀饭；泸定地震中，罗永和甘宇坚守水电站岗位，救下几百位村民；天津港爆炸事故中，市民半夜两点就在血液中心门口自发排队献血……在这些平凡的故事里，可能没有“精忠报国”“大公无私”的宏大政治叙事，只有日常生活之中“助人为乐”“爱岗敬业”“挺身而出”的个人品质和小我奉献，但这种充满烟火气的“平民英雄主义”却让灾难中的同舟共济和互帮互助变得具象起来，唤起了普通民众心中对自我实现的崇拜与向往。有时受众甚至还会主动挖掘“平民英雄”的事迹，与主流媒体共同塑造英雄形象。

人民群众是社会历史的主体和创造者，是真正的英雄，在涉及多数人利益的灾难事件面前，平民化的情感故事及受众媒体的“英雄共建”能引起民众更广泛的身份认同，从而实现应急管理体制下的大规模社会动员。

（四）以判断和评价为主的情感表达手段

《人民日报》微博主要通过对新闻人物或消息源作出判断和对非新闻人物的实体作出评价这两种手段来展现情感，且在微博中判断手段更常用来表达正面情感，评价手段更常用来表达负面情感，采用判断手段的微博在评论量和转发量上具有一定优势，采用评价手段的微博点赞量却显著更低。

在灾难新闻报道中，“判断”与灾难现场的灾民行为和救援行为密切相关，记者往往会直接对灾民的正面行为和消防员、武警官兵等救援人员表示赞扬与尊敬，对灾民的负面行为或肇事方表示谴责与批评。媒体通过正面褒奖来遮蔽灾难中的失序状态，构建负责任和高效率的政府形象，强化民众的安全感，通过负面谴责来树立中央政府权威，维护社会秩序。值得一提的是，在国际灾难报道中这种表现会越发明显，记者会更偏好用判断来表明我国的政治立场，宣扬我国热爱和平、坚持人道主义的正面国际形象。

“评价”则是表达记者对灾难本身或灾情的个人反应及情感态度，如恐惧、烦闷、悲伤等，记者会用更为口语化和个性化的情感表达来叙述灾难事实，使文字更活泼易读，受众产生“临场感”，如“恐怖！甘肃张掖沙尘暴来袭‘沙墙’高达上百米”“#澳大利亚山火有多严重#？这组数字令人痛心”

等等。在实际传播效果上，“判断”手段的传播效果显著更优，这说明相较于对灾难事实的态度表达，受众更易接受与个体及行为相关的价值判断，以达到保持自身价值观、政治立场和行为规范等与社会期待相符的目的。

与国外记者相比，陈阳等认为中国记者更倾向于直接在文本里表露自己的观点和立场[①]，《人民日报》微博的灾难报道也是如此。在灾难报道中，随着互联网技术的发展，灾难的信息传播通路已不再局限于原先中央—媒体的自上而下“命令型”模式。从《人民日报》微博灾难报道的信源来看，因灾难发生的迅速性，为促进灾难信息的及时流通，中国气象局、中国地震台网、国家消防救援局等灾难相关主体发布的信息，甚至外媒消息都被《人民日报》微博广泛采纳，通过简单的二次编辑后重新发布出来。《人民日报》微博在这一过程中承担了各类灾难信息汇总、核验和筛选的功能；由于自身的消息源较少，记者无法将情感直接“外包”给新闻人物或消息源，因此“判断”和“评价”就自然成为《人民日报》微博最主要的情感表达手段。

第四节　媒介化情感网络中的传播者与受众

本节将重点论述情感如何具体参与到媒介形塑传播者和受众的过程中，通过观察不同类型灾难事件中的传播情境，以及情感在传播者和受众传播实践过程中产生、变化与消逝的原因，我们可以发现隐藏在媒介化情感背后的更为广泛的社会互动，这将有助于我们更深入地理解情感在当今新闻业中的地位与作用。

一、灾难报道背后的情感体制与传播调适

我们将讨论理论框架中的传播者部分，包括传播者媒介化情感背后的政治意图，以及在媒介形塑作用之下由情感力量引发的传播范式变迁。

（一）情感在中国灾难叙事中的作用

首先，在现代社会对灾难的定义中，灾难已经不仅仅是由外在因素造成的外源性事件，而且是社会内部发生的非常态事件，其根源在于社会结构和社会过程。[②] 换句话说，灾难事件涉及的不仅仅是灾难本身带来的物

---

① 陈阳、郭玮琪、张弛：《我国报纸新闻中的情感性因素研究——以中国新闻奖一等奖作品为例（1993—2018）》，《新闻与传播研究》，2020 年第 11 期，第 5-20 页。

② 黄月琴：《“心灵鸡汤”与灾难叙事的情感规驯——传媒的社交网络实践批判》，《武汉大学学报（人文科学版）》，2016 年第 5 期，第 114-118 页。

质损失和个体的“苦难”本身，而是与一定范围社群的人相关的“公共话题”，国家在其中作为最强势的话语主导者给出了灾难讨论的范围、标准与性质，这便是一种“国家灾难叙事”。[①]

对于国家而言，灾难造成的冲击使社会偏离了原先的运行轨道，正常的日常活动受到阻碍，其首要目的是维护自身的利益和统治地位，而不仅仅是对个体进行救助。与此同时，在资源紧缺的灾难状态中，个体为维持生命的安全，也会期冀一个绝对权力制定新规则和秩序来解除危机状态，恢复正常生活，这就为国家合理化自己的“绝对权力”提供了一种操作空间。从灾难的概念进行溯源，我们可以发现灾难除自然属性外也具有强烈的政治属性，灾难的“物质性”与“互构性”辩证同在，在这个特殊的危机空间中，国家会利用灾难叙事来不断构建、验证与强化自身的秩序。

肖力认为，中国的灾难叙事是一种“被个别诠释的灾难”，即天灾人祸带来了损失与痛苦，通过政府的统一协调与部署，社会各界帮助灾区渡过了难关。和西方的叙事模式相比，中国的灾难叙事更强调政府的在场，国家或者说政党的介入意味着“失序”状态的结束，国家和政党构建“特殊秩序”的努力“让民众能一次次感受到政党的存在与力量”，由此强化了自身在社会中的统治与权威。[②]

这一过程中，情感成为国家灾难叙事中的重要工具，作为党和政府的喉舌，主流媒体常用的情感话语有“一方有难，八方支援”“大国崛起”和“人类命运共同体”等话语。如泸定地震中的“徒手刨出被埋伤者、在急流上徒手攀绳、冒着落石背村民飞奔……相信众志成城，我们全力以赴！”尼泊尔地震中的“废墟之中，中国飞机最先抵达；炮火之中，中国军舰不负人约”。马航飞机失踪事件中的“今天，多个国家携手搜救马航失联客机，能力高低不论，用心用力可见。灾难面前，守望相助，共渡难关”。

我们可以看到情感作为一种微小而又重要的机制如何在灾难叙事中强化社会控制，Reddy 称之为“情感体制”（emotional regime），即“一套规范的情感以及表达和灌输它们的正式仪式、实践和述情话语”，它是“任何稳定的政体必不可少的支撑”。[③] 对个人而言，身份被肯定或否定所带来的积极情感与消极情感会导致个体对自我行动的调节，这是一种复杂、高

① 肖力：《在比较视野下的国家、灾难与秩序》，《现代哲学》2010 年第 4 期，第 37-42 页。

② 同①。

③ Reddy W. M., *The navigation of feeling: A framework for the history of emotions*. Cambridge University Press, 2001.

效而且非正式的赏罚系统，使大多数人自主地遵守社会规范。[①] 消极情感如负疚感、羞耻感约束与惩罚了越轨行为，积极情感如自豪感、兴奋感鼓励和奖赏了符合道德规范的行为从而促进了社会团结，"情感体制"即利用这种微观的自我控制机制引导人们感受特定的积极和消极情绪，实现社会情绪的疏导。

在灾难报道中，符号化的情感叙事一方面促进了灾难所需的社会动员，如前文所述的"赞扬""慌"等情感对灾民、救援者和民众行为的长期教育与规范作用；另一方面也强化了中央政府权威和民众的政治认同。央媒对地方政府在灾难中失责、滥用权力等行为的"谴责"为民众带来中央政府介入后就会尽快结束混乱状态的信号，从而增强了民众对中央政府的信任和支持。国际灾难报道中鲜明的政治情感态度也促进了受众对中国意识形态的认同与拥护，强化了政党最高领导权的合法性，这正是"判断"和"评价"这两种情感表达手段何以成为《人民日报》微博灾难报道主要情感表达手段的更深层次原因。

（二）情感治理视角下传播体系的调适需求

媒介的发展使情感越来越成为当今社会的一个重要面向，人们的情感表达更为多样，情感联结更为丰富。同时，随着社会阶层的急剧分化和利益结构的深度调整，社会关系和各种观念在不断变迁，由此催化的集体情感不断在虚拟与现实空间的融合中弥漫放大，甚至可能成为一种扰动性力量，必须被治理主体所重视。

因此，情感治理在当代的价值与意义突显，中国的社会治理越来越需要从情感维度出发，让情感成为原先刚性制度与治理规范的柔化剂，情感作为一种无形且一直存在的治理资源可以助力中国治理体系与治理能力现代化总目标的实现。在这样的现实情况与社会土壤中，政党开始在其主导的传播体系中越发重视情感话语的建设。而新时代的新闻政策里，媒体已不再是专注传播的单一定位，而是向着参与社会治理的综合定位转变，主流媒体成为"执政党更直接的话语工具"。我们可以看见由媒介催化的政府情感治理思想对其传播范式的形塑作用，即主流媒体从采用单一的宣传主义范式到对"煽情主义"的借鉴，用情感化和夸大化的叙事语言表达民众的呼声，守护公平正义，这种调适用来应对原先传播体系不适应社会变

① 王鹏：《基于情感社会学视角的社会秩序与社会控制》，《天津社会科学》2014 年第 2 期，第 75-79 页。

化而发生的"传播失灵"现象。①

从吉林长春暴雨中的"吃货精神！火锅店被淹，他们盘腿坐边吃边聊很开心"可见对普通民众生活中细微情感的关注；从东航MU5735飞机失事事件中的"面对空难公众如何缓解悲痛情绪"可见对公众负面情感的正视与疏导；从汶川地震十周年中的"见证勇毅前行的中国力量，我们祝福这不屈的山河巍然挺立、生命向阳生长"可见对社会共同情感的培育……在《人民日报》微博的灾难报道中，生硬灌输式的宣传话语逐渐减少，我们看到对人的本质回归和主体性呼唤，看到国家宏大叙事与日常生活叙事之间的壁垒被缓缓穿透，看到灾难过后裂痕的抚平与整体社会信任的增强，这正是灾难叙事中温润细无声的情感治理带来的弹性化力量。

二、受众媒介化情感的影响因素与形塑作用

我们将讨论理论框架中的受众部分，包括受众经由媒介产生的情感受到何种个体或集体认知的影响，以及在媒介形塑作用之下，这种媒介化情感反过来又会如何影响受众的认知与行动。

（一）受众媒介化情感的影响因素

情感社会学理论中以霍克希尔德（Hochschild）为代表的建构主义者认为情感被个体认知和文化规范所束缚、管理和建构。② 受众经由媒介产生的情感也存在这种特征，在灾难报道中面对"远处的苦难"，文化认同对受众媒介化情感的形成发挥了重要作用，除此之外，"国家"的作用也至关重要。

首先，文化认同能引起受众的广泛共情。中国是佛教大国，在尼泊尔地震中，受众对尼泊尔的第一印象便是"佛国之都"，因为佛教的发源地就在现今的尼泊尔境内。面对如此天灾，许多了解或信奉佛教的网友祈求佛祖保佑，还从因果论的角度反思人类对地球生态的破坏，认为这是"大自然的惩罚"。当尼泊尔首都加德满都的许多佛教建筑在地震中受损严重时，网友感慨"世界一切都是无常，活在当下珍惜眼前[祈祷]"。中国网民基于宗教上的文化认同对尼泊尔表现出天然的亲近，"安逸""宁静""幸福""人间天堂"等关键词在评论区多次出现，构成了网民的集体认知。在这样的

---

① 龙强、李艳红：《从宣传到霸权：社交媒体时代"新党媒"的传播模式》，《国际新闻界》2017年第2期，第52-65页。

② 田林楠：《无法整饰的心灵：情感社会学的另一条理论进路》，《广东社会科学》2021年第6期，第203-215页。

正面认知影响下，灾难引发了对远处他国的怜悯、悲伤和祈祷等共同情感，网友评论中关于“世界主义”的话语大量出现。

而在国内灾难如泸定地震中，则是基于省份上的地域认同，譬如评论中可见对自古以来川渝人民英雄气的赞扬：“以前的川军依旧是我们的骄傲，我们一定会一往无前所向披靡！”对地震频发环境下川渝人民百折不挠精神的敬佩：“面对自然灾害，川渝人民给予了我作为中国人的骄傲，我相信英雄的川渝人民战无不胜！！加油！！”还有对折耳根饮食文化的调侃：“川渝的折耳根兄弟战无不胜！”这些共通的文化语境来源于各族人民超越时空和地理的文化交融和日常互动，在灾难中这种文化认同的唤起再度强化了作为中华民族多元一体的归属感，鼓舞了灾区人民战胜灾难的信心。

此外，对节日民俗活动的文化认同也会在灾难报道的互动中持续维系媒介化情感的存在。节日民俗活动依赖于特定的展示和参与空间，在移动互联技术不断下沉的当下，互联网平台逐渐成为展现节日记忆的主要载体和形塑节日认同的重要场域。在灾难报道进程中，受众往往需要面对不幸遇难的受灾者，而祈福团圆的中秋节与祭奠亲属的清明节等节日会烘托网民的情绪，使之达到一波小高峰，如在泸定地震过后的中秋节，网民纷纷留言期盼受灾者生还，“快回家吧[泪]家人还在等着你们赏月呢”“丹桂飘香送祝福，惟愿万家团圆”。马航飞机失踪一个月后在清明节当天发现黑匣子信号，网友再度对逝者集体默哀，“一定是遇难的同胞们太想回家了，才会在这特殊的日子排除万难显灵让我们自己国家的船只看到他们[泪]！回来吧”“清明节的祭奠，安息吧”。《人民日报》微博也会尊重中国传统的丧殡习俗，在逝者的头七之祭设定议程，再度共筑哀悼仪式，以让生者通过该种纪念仪式接受死亡事实，整理情感重归现实。

其次，在国际灾难中，袁光锋所言的“国家”会在网民的媒介化同情中扮演重要的角色，甚至构成了对他国苦难想象的基础，这一过程是动态协商与动态重构的。[①] 尼泊尔地震和马航飞机失踪事件中网民都存在着将苦难“政治化”的问题，网民对尼泊尔的支持还包含“请相信中国是尼国的绝对朋友，马航飞机失踪事件中对马来西亚的愤怒不仅缘于其在事件处理中的不当做法，也缘于历史的偏见，对美国敷衍搜救的失望也是源于“那些活在资本主义阴影之下的人永远不会理解中国的以人为本，在

---

① 袁光锋：《“国家”的位置：“远处的苦难”、“国家”与中国网民的“同情”话语》，《国际新闻界》2018年第7期，第16-36页。

资本家操控下的政府永远都是利益为主，于是互相算计推诿，以小人之心度君子之腹”的意识形态认知。网民依据存在于自我脑海中的“国家”认知来接受或拒绝同情，国家间的领土纷争、历史记忆、意识形态冲突等都在这一过程中起到重要调节作用，因此我们可以看见在国际灾难报道中网民不同的甚至是相互冲突的情感交织其中，在互联网媒介环境下这类情感样态更显极端与错综复杂，常常引起网民的内部分裂，舆论极易走向失控。

（二）媒介化情感的形塑作用

上文论及的是受众的媒介化情感如何产生的问题，实质上是在突发灾难事件中受众通过媒介产生的下意识情感从何而来的问题。但在数字信息生态下，受众的情感还存在一种更审慎和长效的情感逻辑，即一种“反思性情感”，受众会基于自己的日常生活经验，设身处地想象自己在经历新闻的过程中可能产生的情感的反应，并将这种想象体现在当下的、具体的新闻接受与反馈行为中。[①] 这是一种通过情感实践“寻求社会解决方案”的建设性意图，这种情感具有公共的理性的面向，具有在较长时间内持续推动社会行动的潜能。

在灾难报道中，这表现为受众超出灾难本身关照自身境遇，思考导致灾难发生的社会结构性问题。尼泊尔地震中，《人民日报》微博发布的灾难现场照片里居民建筑受损较为轻微，地震造成8000余人死亡，相比汶川地震较为惨烈的现场受损情况和近7万人遇难的严重后果，网友认为居民房屋抗震标准未严格执行，如：

> @每天快快乐乐呀：同样8.1级大地震，同样发展中国家，我国震后满目疮痍，而尼泊尔受损如此轻微（起码照片中的信息是这样），国家基础设施建设希望由此能引起进一步重视。（2014-04-25）

20世纪90年代末至21世纪初，中国的“豆腐渣工程”屡屡被曝光，这是中国公共工程质量监管上的“公地悲剧”，网友们在与尼泊尔的鲜明对比中再度表达愤懑，呼吁重视房屋工程质量，保障广大人民群众的生命安全。

---

① 田浩：《反思性情感：数字新闻用户的情感实践机制研究》，《新闻大学》2021年第7期，第33-45页。

在天津港爆炸事故中，瑞海公司违反国家和行业标准，超量存储易燃易爆、剧毒等危险化学品引发爆炸，且存在着不正当手段经营的问题。而在这之前，中国各地的生产安全事故也频发，这背后藏纳的也是普遍性的社会病灶，有网友反思道：

@Bluepackage：社会各行各业频发事故，这不是偶然，而是社会快速的虚发展、虚建设、虚管理所带来的必然后果！泡沫效应就此开始！（2015-08-14）

过去的二十年里，中国存在着片面追求经济增长速度而忽视上层建筑的问题，造成了诸多环境污染和各行各业的安全生产事故。天津港爆炸事故一出，更凸显解决此类问题的急迫性，“血的教训极其深刻”，发展过程中政府必须要把安全生产放在首要位置，坚决遏制此类事故再度发生。网民没有止步于灾难带来的悲伤，而是回溯自身的实践经验，进行社会规范层面上的思考，这种担忧与劝诫是理性且具有深度的。

同时，传播者和受众共建的媒介化情感也会反过来影响受众的认知，这是媒介通过情感在个体认知层面上的形塑作用。在马航飞机失踪事件中一个最为明显的案例即是网民对越南一国情感的转变，飞机刚失事时越南在网民眼里属于不“让人省心的”国家，但随着马来西亚方的各种不靠谱行为集聚了网民的怒火，相比之下即便越南方并没有搜寻到任何有用的线索，它的坚持和低调让网民对其的态度开始发生明显的变化：

@重庆健人：……机上没一个越南人，却以最敬业的精神，以最差的设备和几架破飞机，努力地找呀找……请为越南点个赞！（2014-03-15）

《人民日报》微博随后跟进报道两篇夸赞越南行动的博文，网民的情感发生集体逆转，网民对越南的主流认知变为了“觉得越南好好，这么个小国，动员这么多力量”，“我们对昔日的同志加战友加对手由衷地说声‘谢谢’，真的，我们只是邻居！！！好温暖！越南真的太棒了！！”当然，这并不能说明是媒介化情感主导了网民的认知变化，只能说明媒介化情感在网民认知转变的过程中发挥了较为重要的作用，无论是催化还是阻碍这种认知转变，媒介化情感是一条贯穿头尾且始终可以被观测到的重要线索，而这也正是媒介化情感的形塑力量。

三、情感与媒介形塑力的再思考

Hepp 和 Couldry 指出，媒介形塑力即媒介对人类传播方式施加的一定压力，在深度媒介化时代主要通过互型表现出来，它包括某种相关性框架，即每个互型所涉及的人都有一个共同的“目标”取向；一个独特的行动者群组，即一群相关的“人”；基于某些独特的传播实践及相关的媒介组合。[①] 互型是一种崭新的媒介分析进路，它体现了传播的非线性因果过程，重视过程的偶然性和多种结果的可能性，坚持新出现的关联的重要性，它进一步解释了媒介多样体中交往实践的复杂性是如何运作的。《人民日报》微博主页即是一个新的在线实践的微小互型，它是一组开放的用于互动和依存的空间，深度依赖于数字基础设施，传播者和受众通过手机、平板和电脑等特定媒介组合接入数字平台，其共同的“目标”是接收或传播涉及个体和集体利害关系的即时信息。

我们要探讨的是，在这种动态的互型中，媒介在多大程度上为人和机构/制度提供了某种能动作用，又在社会世界的建构中限制了哪些能动作用，这便是媒介形塑力的实际内涵，同时在具体的交往实践中，受媒介影响的行动者情感又呈现出何种与以往不同的样态。在 Hepp 看来，相较于直接传播和大众媒介传播等传统的传播类型，虚拟媒介在时间和空间的拓展都影响到了由人类实践及其副效应造就的社会世界的构建。

这具体表现为：一方面，在空间上我们由“周遭世界”向“共同世界”渐进，直接体验到的社会现实与和我们有些距离的社会现实之间的界限逐渐模糊，社会世界的主要“场所”正在转向总体趋势上扩展的在线的信息和人际接触。由此，我们产生的情感也更多是基于“那里”的现实，来自不同消息源的各种信息将我们暂时连接到新的情感互动之中。另一方面，任何一种微小、敏感、复杂和矛盾的情感都能在庞大的在线空间中找到支持，这促进了个体情感的积极表达，也为媒介机构在在线空间中维持更大的集体情感和进行跨空间的情感动员奠定了基础。

在时间上，媒介使人们可以在越来越大的空间中保持共同的时间感，人们处于一个密集的联系网络中，时间以复杂的方式被压缩着。这是一种“薄”时间主导的世界，它没有语境序列，与特定的时间序列之间也不存在明晰的关系。在这种情况下任何情感的产生都是“即时”和“同时”的，我们

---

① 尼克·库尔德利、安德烈亚斯·赫普：《现实的中介化建构》，刘泱育译，上海：复旦大学出版社，2023 年。

对其他个体保持着一种随时在线的经常性期待，自我的情感表达也希望得到更大范围内主体间的实时回馈，而这也导致了严重的情感疲劳问题。在时间压缩中个体感受到了前所未有的时间匮乏，每一刻时间上收到的以非同步的方式发来的任何信息几乎没有容量上的限制，这在情感叙述泛滥的社交媒体平台上便意味着无休无止的情感过载。

媒介造成的时间和空间上的拓展看似让个体实现了情感表达自由，但背后也隐藏着一些结构性的限制。首先，基于计算机的系统获取、处理、配置和再现的"数据"作为媒介化社会的另一个重要维度，潜入更深层次的社会安排之中。数据过程的主要驱动因素是相关社会互动之外的机构，以私营企业为主，其首要目的是商业盈利，这就导致了社交媒体平台中以增进群体互动和推广个性化服务为目的的数据架构安排的产生，最终这种自动化的、脱离人类心智的外在数据过程会重塑人们的社会行动，Hepp 和 Couldry 认为它直接颠覆了社会知识的生产。受这一观点的启发，我们可以认识到数字平台上情感转向的客观性原因，即主流媒体抑或是所有传播者的情感策略与社交媒体平台的经济需求不谋而合，热门内容和热门评论的推荐算法本身就导向了极化的情感表达，煽情主义的出现是一种由技术导致的必然。

其次，社交媒体平台上的情感表达与互动也是数字化时代独有的自我叙述延伸的一部分。迫于社会"连接文化"的影响，人们开始越来越多地投身于"数据替身"的生产，从新的自动化数据收集技术中衍生出来了"增强的"自我意识，人们的自我结构植入了对基础设施的依赖。在这种与以往日常的自我意识观念截然不同的新自我当中，自我的情感规训日益明显，由于传播风险的不可控性，人们在表达自己的情感时也会有所顾虑，"情感体制"的作用被进一步强化。情感在发展过程中逐渐成为一种裹挟性力量，真实的情感被自我无意识地掩盖、忽视，那么，此时的情感是否还是彼时的情感?

在更为微观的角度上，我们还可以从前文所述的"具体化"和"制度化"两个环节来进一步理解媒介形塑力。在灾难报道中，社交媒体平台这一媒介作为一种"物"凝结了传播者和受众的行动，改变了二者的存在状态。我们可以看到在媒介的参与下，传播者和受众的情感互动也以一种更大规模的形式出现，变得频繁、复杂，充斥了更多细节。传播者与受众共同构建出模式化的情感语言、符号和修辞，以个人故事为主要情感载体，这些新的情感表达方式体现了媒介平台的塑造力量；点赞、转发和评论等功能让受众能够直接进行情感认同或情感拒绝，受众的情感表达更为便利直白；博主精选评论和评论按点赞量排序的功能更是反映出传播者和受众之间的情感话语权斗争，传播者单向的情感教化可能被受众推举的“民意”所排斥，甚至引发无法预料的公众“情感风暴”。社交媒体平台建构了一种超越时空的、碎片化的、去中心化的情感互动模式，它既能在短时间内引发大规模的情感共鸣，实现万众一心的团结，也能迅速激化不同群体间的矛盾，制造情感分裂，它改变了原先大众媒介传播中的情感沟通方式。

另外，社交媒体平台也为传播者和受众赋权，它在某种程度上启发了传播者通过“民意”的共情、正义的批判等方式，以更为开放和民主的姿态重塑自身领导权；也启发了受众面对“远处的苦难”时以更为审慎和长效的态度思考社会问题根源，催生出集体的反思性情感，以潜移默化的方式推动社会改革与进步。可以说，在媒介的形塑之下，情感联结的通路被无限激活，媒介可以通过这种放大的情感能量最终影响到社会现实的构建。

第五节　结论与讨论：数字媒介环境下情感话语建构的反思

本章采用内容分析法、案例分析法和话语分析法对《人民日报》微博近十年灾难报道中的情感表达与互动进行分析，总结出社交媒体平台上主流媒体灾难报道的情感特征与情感策略，并围绕媒介化情感和媒介形塑力这两个关键概念，探讨了在灾难报道过程中，传播者和受众这两个网络行动者的媒介化情感如何产生且与政治、文化和社会等领域发生更广泛互动的问题。

首先，《人民日报》微博的灾难报道主要为国内的自然灾难报道，新闻事实性质负面居多，报道主题多为灾情、灾难本身和救援行为等，新闻主角以普通民众为主。在所有的灾难报道中，55.9%的报道含有情感性因素，情感性因素的表达手段又以“判断”和“评价”为主。含有正面情感与含有负面情感的微博占比十分接近，常见的情感色彩有赞扬、祝愿和贬责等。从报道类型来说，有新闻人物的微博、含有正面或负面新闻事实性质的微博更倾向于采用情感表达，使用“直接感受”表达手段的微博情感强度普遍更高。在传播效果上，包含情感表达的微博在点赞量、转发量和评论量上都有显著优势，包含正面情感的微博、情感强度更高的微博和采用“判断”情感表达手段的微博在传播效果上均表现更优。

其次，总结出《人民日报》微博在灾难报道中常用的情感策略，即诉诸集体共鸣的语言、符号和修辞，使用固定短句和表情符号形成了"新闻＋情感"的传播结构，与受众共享着关于哀悼的互动仪式，采用对话体的方式表达情感，通过第一和第二人称叙事强化受众的情感体验，促进受众的理解和共情；贬责、慌和悲伤等负面情感的大幅呈现，满足了受众的避险需求和情感抚慰需求，引发受众对灾难的重视并通过责任归因来降低未来灾难发生的可能性，抚平民众的灾难创伤，加强社会团结；以普通民众为新闻主角的平民化情感故事，激发了社会大众的情感共鸣，鼓励民众付诸实际行动从而实现了大规模的社会动员；以"判断"和"评价"为主的情感表达手段，在灾难中起着维护社会秩序、宣扬政府形象和强化中央政府权威的作用。

一方面，对于传播者而言，情感是国家灾难叙事中的重要工具，国家利用一套情感的赏罚系统实现特殊状态下的社会控制，对大众进行着潜移默化的教育。另一方面，媒体通过构建"一方有难，八方支援"和"人类命运共同体"等话语强调了中央政府的在场与努力，增强了民众对政府的信任与支持，国际灾难中鲜明的立场表达更是促进了受众对我国意识形态的认同与拥护，强化了政党最高领导权的合法性。从现实情况来看，媒介技术的发展催生了更丰富多样的情感形态，情感已成为当今社会中不可忽视的力量与行动逻辑。为更好地缓和现代社会矛盾，柔化刚性制度与治理规范，情感治理成为政府治理的新思路，而媒体作为参与社会治理的重要机构，在情感治理思路的影响下传播范式也发生相应调适，逐渐向着情感传播之路迈进，试图在竞争激烈的新媒体环境中重塑自身的话语权与影响力。

对受众而言，由灾难引发的媒介化情感受自身文化认同的影响和"国家"的调节。面对"远处的苦难"，对他国或者其他省份的文化认同会明显促进受众的共情，当灾难发生后的时间节点与现实节日或民俗活动相重合时，这种对节日民俗活动的认同还会持续维系媒介化情感的存在，并烘托受众的情感达到高潮。同时，受众的媒介化情感也具有一定的政治色彩，"国家"构成了对他国苦难想象的基础，网民会基于脑中的"国家"认知而对他国灾难产生不同的情感，或是基于偏见的愤怒，或是基于历史友好关系的祝福，"国家"在这其中扮演着重要的角色。受众产生的媒介化情感也具有一定的形塑作用，这种情感是反思性的，具有在较长时间内持续推动社会行动的潜能，反过来也会在受众的认知改变中发挥重要作用。在灾难报道中，受众常常会超出灾难本身关照自身境遇，思考灾难背后的社会性痼疾并积极促进社会制度改革。在媒介化情感的影响下，受众对事物的态度也会发生转变，如马航飞机失踪事件中网民对越南一国情感的反转。

最后，《人民日报》微博在与受众的情感互动中也存在着过度煽情和缺乏沟通的问题，当密集的“糖衣炮弹”掩盖了对灾难真相的追寻，便会引起受众的情感抵抗，原先构建的情感传播策略存在失效风险。受众对灾难报道细节与合理性提出的质疑若得不到及时解答，便容易走向非理性的愤怒，甚至进一步激化社会矛盾，加深社会裂痕，这些问题应当引起传播者的重视。因此，在灾难报道中，如何使新闻的情感表达与新闻媒体的多重逻辑相协调，以及如何以情感为切口完成从情感共振向受众认知和行为影响的转化，仍有待探究。

结论：公共生活媒介化的话语实践与中国经验

本书第一至九章已围绕公共生活媒介化和受众参与的理论议题、话语研究的方法论议题以及中国语境中的公共生活媒介化的若干案例进行讨论。本章作为结论部分，将对本书关于公共生活媒介化的理论和方法论思路进行小结和反思，并对中国语境中的公共生活媒介化现象的特征进行总结和讨论，在一定程度上，这也是对一些学者提出的“建构一套更为广阔的媒介化理论架构”，即涵盖西方“自由民主国家”和其他非西方国家的媒介化现象的目标作出回应。[①]

第一节　公共生活的媒介化及其话语实践

“媒介化”是本书研究的最核心概念和逻辑起点。从传播学的理论架构来看，媒介研究是传播学基础理论的重要组成部分，而“媒介化”是媒介研究领域的新路径。

在传统媒介时代，尽管以英尼斯、麦克卢汉、波兹曼等学者为代表的媒介环境学派，以及以德布雷为代表的法国媒介学，对媒介技术与社会文化的关系进行了独到的探索，但相比于媒介受众与效果等主流的研究领域，媒介研究的受关注程度依然比较有限。进入互联网时代以来，随着各种新兴媒体形态快速迭代更新，关于媒介技术的社会影响研究越来越受到关注，不但媒介环境学派和媒介学重新获得重视，而且涌现出媒介考古学、媒介地理学、媒介技术哲学等新兴的理论思路，而发端于欧洲传播学界的“媒介化研究”正是过去十多年间备受瞩目的一种研究路径。

笔者曾在另文中对媒介环境学、媒介学和媒介化研究三种理论路径的特征进行过比较，并对它们在“泛媒介时代”的解释力进行过探讨。[②] 总体而言，媒介环境学、媒介学和媒介化研究都以媒介技术及其社会影响为研

---

① 林东泰：《政治媒介化：堕落媒体 崩坏政治》，台北：师大书苑，2017 年。

② 徐桂权、雷丽竹：《理解“泛媒介”时代：媒介环境学、媒介学与媒介化研究的三重视角》，《现代传播》2019 年第 4 期，第 55-60 页。

究对象，但它们都没有化约为简单的“媒介技术决定论”，而是从不同的角度涉及技术背后的社会关系。媒介环境学对媒介的技术特质最为关注，特别是媒介的传播偏向是其始终关注的焦点，但也注意到人的主观性以及社会文化参与媒介变革影响文明发展的过程，并期望通过对媒介技术特质的把握而帮助文化或社会保持一种平衡的状态。媒介学着重从历史传承的维度探讨媒介技术与人类思想意识之间的互动关系，尤其聚焦象征形式、集体组织与传播技术之间的相互联系，在一定程度上体现了历史唯物主义的思路。媒介化研究是一个新兴的开放的学术领域，涵盖物质、制度、技术等多元路径，尤其侧重探讨媒介逻辑对于社会制度及社会互动方式的影响，以及社会文化如何适应媒介逻辑的渗透。这三种理论传统相继在20世纪后半叶兴起，在当今互联网时代都依然具有活泼的生命力。

本书之所以采用“媒介化研究”作为一个基本的研究框架，是因为该研究具有长时段、结构性和开放性的理论视野，能够比较充分地把握媒介化社会中媒介技术、制度与文化之间的复杂互动关系。本书第一章首先对“媒介化”与“中介化”的概念进行了辨析——“媒介化”和“中介化”二者互补而非对立；所有“媒介化”现象都建立在“中介化”现象之上，正是具体时空中的“中介化”现象在历史中的积累产生了“媒介化”现象。在这个意义上，“媒介化”应被理解为一个“批判性地分析媒介与传播的变迁和文化与社会的变迁之间相互关系的概念”。在复杂多元的媒介化研究领域内部，又可以区分出两个相对成熟的分析视角——制度视角和社会建构视角，前者侧重考察作为机构的媒介对于其他社会制度（政治、宗教、体育等）的影响，后者则侧重考察作为传播工具的媒介对具体传播过程的语境性影响，如身份认同、社会关系等。总体上，“媒介化”研究为传播研究回应现实变化指出了崭新思路，也有助于整合不同学科对于传播现象的考察。

在阐明媒介化研究的基本范畴和研究视角后，第一章继续对“媒介化政治”这个具体的研究领域进行探讨。媒介与政治的关系历来是传播学研究的重要组成部分，包括政治传播的效果研究、媒介与政治体系的制度研究、媒介政治的文化研究等多元路径。这三种传统路径有一个共同点，就是通过“中介化政治”的视角来看媒介的角色。而在“深度媒介化社会”里，我们有必要发展新的研究视角来把握传播技术、媒介机构和社会之间快速变化的关系，尤其是日趋复杂的媒介与政治的关系。沿着媒介化研究等两种视角，我们就可以发展出相应的媒介化政治研究的分析视角：（1）从制度视角出发，媒介化政治指的是媒介机构和政治机构，尤其是媒介逻辑和政治逻辑，在日益媒介化的社会中密切互动乃至彼此纠缠的关系；（2）从社会建构的视角出发，媒介化政治可以被理解为一种通过媒介的使用与指涉而实现的政治的意义建构，亦即“生活政治”或“话语政治”。

在梳理了这两种视角的媒介化政治研究的脉络后，笔者尝试提出一种“话语制度主义”的整合性分析框架，即通过整合制度主义对媒介逻辑与政治逻辑间关系的分析，以及拉克劳和墨菲的话语理论的文化分析，建构一个“媒介政治体系—媒介与政治逻辑—媒介与政治话语—领导权建构与运用”的分析框架。相应的“话语—制度分析”可以总结为四个环节的分析策略：(1)检视媒介与政治体系中的媒介机构与政治机构的现有结构；(2)确认媒介机构与政治机构中所包含的媒介逻辑与政治逻辑；(3)沿着媒介逻辑与政治逻辑发现相应的媒介话语和政治话语的接合；(4)阐释媒介化政治中存在的媒介领导权的话语建构与运用。

这样一个分析框架，一方面旨在从话语理论出发，对制度主义的分析逻辑进行完善；另一方面，试图以“领导权的建构”为指向，体现我们对媒介化政治所包含的“政治性”(the political)的理解。因为，现有的媒介化政治研究的基本思路是考察作为“非政治因素”的媒介逻辑(包括职业化、商业化和传播技术等)如何影响政治逻辑(政治制度、政策制定和政治活动)的运作，然而，这种“去政治化”的媒介分析思路与现实世界中始终存在的“政治化”的媒介运作之间存在着张力。我们从马克思主义或批判传播研究的视角来看，媒介逻辑的政治维度是始终存在而不可忽视的，尤其是媒介内在的意识形态偏向必须作为媒介逻辑的核心要素进行分析。

本书提出的“话语—制度分析”模型的四个环节之间具有一定的递进关系；同时，每一个环节都没有必然的因果关系，尤其是在媒介与政治话语及领导权的环节上，话语的接合具有一定的偶然性和多样性，其接合方式需要结合具体的制度语境进行具体分析。这种偶然性源于话语理论中包含的后结构主义的社会本体论逻辑，或者参考斯图亚特·霍尔关于“不作保证的马克思主义”的论述，我们也可以把这种立场称为“不作保证的话语制度主义”。

基于这样的立场，我们的媒介化政治研究虽然重视传播技术的影响，但并不陷入技术决定论的陷阱，而是将技术赋权逻辑作为影响媒介逻辑和政治逻辑的要素之一，进行多方面的关联性考察。在这个话语—制度分析框架下，各类数字媒介并不必然接合国家治理的话语，或自由民主的话语，或公民参与的话语，或民粹主义的话语，因为这些话语的接合都需依赖于各种话语与其所处的具体制度语境的关系。按照话语制度分析的框架，我们还以美国为案例，探讨在媒介化政治背景下，有着自由民主和专业主义传统的美国主流新闻媒体在民粹主义崛起后的变化，检视美国政治语境中自由主义与民粹主义话语的关系，及其对新闻专业主义实践的影响。

当代政治中，媒介化的公民参与在公共生活中发挥越来越重要的作用，并成为媒介与传播研究的重要主题。虽然数字传播技术不必然带来积极的公民参与，但是从一般趋势来看，伴随着公众对于数字媒体的广泛使用，公民参与对政治和公共生活的影响还将进一步扩大。因此，本书第二章转向传播研究中的受众理论的探讨，主张一种社会关系视野下的受众观念，将受众的身份理解为公众、社群和消费者等，而非将受众的行为和认知与媒介技术及内容简单地联系起来。这一章中还讨论了数字媒介环境下受众研究的新趋势，尤其重点检视欧洲传播学者正在构建的受众研究"参与范式"，其此来理解媒介化社会中受众参与的政治意涵。我们认为，尽管欧洲受众研究扎根于特定的社会脉络，其他社会脉络的研究者不可能照搬其研究思路；但由于数字媒介技术带来的媒介融合环境的再造在全球范围已是普遍现象，受众的互动及参与特征在各个国家和地区都有共通之处，因而欧洲学者在这个领域的研究思路具有重要的参考价值；特别是其着重受众与社会领域之关联的分析思路，丰富了"受众"的概念和多元研究进路，值得华人传播学者了解与借鉴。

在阐述了媒介化政治与受众参与的理论后，我们还对媒介化的经验研究方法论进行讨论。我们认为，媒介内容和话语的研究是媒介化理论应用于经验研究的重要途径。尤其是批判的话语研究，对于分析媒介化政治的象征建构和权力逻辑具有独到的解释力。本书第三章首先基于《媒介话语的进路》一书，简要介绍了批判话语分析在媒介研究中的发展趋势——从语言的文本分析走向深度的社会解释；从揭示文本结构走向批判社会权力结构；关注媒介生产—文本—受众这一动态建构过程的考察。进一步地，通过三家SSCI期刊2016—2020年刊载的媒介话语研究论文的扎根理论编码分析，来检视数字媒介话语研究的特征与趋势。研究发现：从"媒介"维度来看，媒介话语研究的对象越来越多地关注各种新兴数字媒体；"公共领域"与"平台"成为两个关键的理论概念。从"文本"的维度来看，多元的话语研究方法被用于分析不同层次的媒介文本，多模态话语分析尤其成为热点。从"语境"的维度来看，微观的日常生活和宏观的社会与政治运动都有"政治性"的呈现。最后，我们提出以"媒介化"概念为基础来重构数字时代媒介话语研究架构的"想象力"，包括三个层次：媒介化的社会与政治语境；媒介化的话语行动和互动；媒介的文本或表征。

至此，本书第一至三章分别完成了媒介化政治理论、受众参与理论和话语研究方法论的探讨。其中，政治的媒介化是公共生活媒介化的核心对象，而受众参与是公共生活媒介化中重要的一个环节，二者都通过其话语实践而完成意义的建构，乃至领导权的争夺，因而话语研究是一种比较合适的经验考察方法。在本书第四至八章中，我们也主要采取媒介话语分析的方法，结合媒介化政治和受众参与的理论思路，来展开具体的研究。

第二节　中国国家治理语境中的公共生活媒介化

本书第四至九章主要在一个趋势概览的基础上，围绕五个案例来探讨中国语境中的公共生活媒介化及其话语实践的特征。这五个案例研究背后都包含着一定的规范意涵，即传媒的公共性要求，因为媒介化的公共传播也需要一定的价值规范的指引。[①]

关于"传媒的公共性"（the publicness of media），不同的理论话语（如自由民主的话语、商议民主的话语、激进民主的话语，以及社会主义民主政治的话语）可能会有不同的理解。中华传播学界顶尖的学术期刊《传播与社会学刊》曾以"传媒与公共性"为主题出版了一次专辑，其序言中的论述可以作为我们的参考定义：**传媒的公共性问题关注的核心是"传媒如何可以成为社会开放、平等、理性的平台，以及如何可以让公共利益通过商议而得到体现"；"传媒的公共性，不是先天的，而是历史的，也是社会各方互动的过程和结果"**。该刊序言还特别指出互联网对于传媒公共性问题的影响："传媒公共性问题的提出，在互联网日渐普及的情势下显得特别有意义。互联网有别于传统大众传媒，它独立和互动的形式，以及其纵横交错的网络功能，让它表现出广泛的公共性，也让它在传媒公共性的发展进程中起到愈来愈重要的促进作用。这种促进作用，在大众传媒受制于权力中心的社会，表现得特别明显。互联网如何扩展言论空间，如何为市民社会开道，如何达致更大的公共性，这些都是关键而及时的问题。"[②]这些理念至今仍是媒介化时代的公共传播研究必须要考虑的价值支点。

本书所关注的五个案例，虽然研究对象、分析角度和研究方法不尽相

① 潘忠党：《导言：媒介化时代的公共传播和传播的公共性》，《新闻与传播研究》2017 年第 10 期，第 1-16 页。

② 陈韬文等：《传媒的公共性是传媒研究的核心议题》，《传播与社会学刊》2009 年第 8 期。

同，但都涉及互联网背景下传媒的话语呈现、公共表达，乃至参与国家治理等议题。具体来说，第五章和第六章基于2005—2008年间的案例，即传统新闻媒介仍然处于鼎盛时期，并在公共生活中扮演积极的内容生产角色的情境下，探讨公共议题在传统媒介上的呈现与公众的媒介化表达方式。第七至九章则主要是2012—2022年间的案例分析，这个阶段延续下来的媒介已经大多经过了数字化转型，包含数字化的新闻媒体、政务媒体、自媒体等多种形态。在这样的背景下，这三章分别基于影视传播、环境传播、公共事件传播的案例，探讨了数字媒介环境下传媒如何越来越成为国家治理和公众参与的中介，包括各类媒介平台上的主流意识形态领导权建构、公共政策话语建构和公共危机中的情感话语治理的问题，由此来观照数字媒介环境下公共生活的话语变迁。

从公共生活媒介化的角度来看，21世纪的前二十年，媒介形态发生了巨大的变化，而中国国家治理和社会参与的关系始终是引人注目的主线。在前九年，国家治理秩序下的新闻媒介的自主性内容生产处于相对活跃的阶段，并与"社会的生产"形成积极的互动。我们把这个阶段的媒介角色称为国家与社会关系背景下的事实信息的"**报道者**"。而在接下来的十年左右，对于数字化技术的采纳与"驯化"成为媒介变革的重心，特别是自2013年以来，国家推动下的媒介融合发展战略成为变革的推力，多种形态的媒介机构成为国家治理体系的一部分而积极参与到社会治理当中，为多元社会中的各利益群体提供意见表达和沟通的平台，从而"制造社会共识"[①]。我们把这个阶段的媒介角色称为社会多元主体之间的"**中介者**"。媒介角色从"报道者"到"中介者"的变迁，一方面意味着媒介进一步嵌入国家治理和公共生活的关系网络之中，另一方面也意味着媒介的影响不仅体现为信息内容的效果，而更多表现为媒介逻辑日趋渗透到公共生活的各个领域之中。

与此相对应，近二十年来的媒介话语，表现出从"**媒介呈现**"到"**媒介化参与**"的形态变化，成为数字媒介生态的重要特征。随着近年来数字新闻媒体和社交媒体日益成为政治传播的工具，"媒介化"已经成为中国国家治理与公共生活中必不可少的过程。[②] 一方面，各种新兴的政务媒介的出

---

① 李良荣、张华：《参与社会治理：传媒公共性的实践逻辑》，《现代传播》2014年第4期，第31-34页。

② Sun, W., "Mediatization with Chinese characteristics: political legitimacy, public diplomacy and the new art of propaganda", in Lundby, K. (Ed.), *The Mediatization of Communication*. Berlin: De Gruyter Mouton, 2014, pp. 87-108.

现，极大地提升了政府与公众之间的沟通效率。另一方面，媒介化的公众也热衷于使用新的传播技术进行各种公民参与，产生了丰富多样的创新路径。[①] 这些丰富的现象将成为媒介和公共生活研究的新议题，并有可能带来理论研究的提升。

概而言之，其理论意义可能就在于：欧美媒介化政治研究的主要观点在于批判市场化、专业化、技术化的媒介逻辑对民主政治的"殖民"，使政治机构不得不适应媒介逻辑；**而在中国，国家因人民群众的高度认同而成为政治生活的主导力量，公共生活媒介化的意义就在于，政府机构可积极运用意识形态的领导权，通过与媒介机构的良性互动，使媒介机构及其逻辑和话语更加协同地服务于国家治理现代化建设，实现国家与社会的"善治"**。[②] 正如学者潘忠党等所言："在中国，媒体是国家体制的一部分，是公权力的执行机制之一；或者说，政治场域和媒体场域高度重叠，因此在很多情况下，传播行为和政治行为之间并无清晰可辨的边界。在这样的现实条件下，媒介逻辑必然通过被吸纳并整合进体制而发挥作用，甚至媒介逻辑往往就是政治逻辑的有机组成部分。换言之，媒体不具有因果意义上的自主行动力，媒介逻辑在体制许可的空间内、以体制许可的方式展开，那个可视的、在'前台'被公开展演的媒介逻辑始终服从并服务于推动国家治理现代化改革的目标。这是基于中国语境的媒介化研究有可能对现有的媒介化理论进行边界拓展，甚至予以修正的地方。"[③]

当然，国家治理与公共生活媒介化之间也可能存在一定的张力。早在21世纪初，就有学者指出，近年来中国政府的治理出现变革的趋势，包括：政府机构逐渐转变为透明行政，公民的知情权逐渐得到了认可、重视和尊重；政府与公民的权利意识逐渐凸现，新闻媒体逐渐发挥独立报道的作用，而不再仅仅是宣传工具。[④] 但也有学者在研究我国的批评报道时提出了"媒介作为治理技术"的命题，认为在政府治理的变革中，媒介也被纳入了权力结构之中，成为治理技术的一部分；表面上看起来业已得到蓬勃发

---

① Zhang，W.，*The Internet and New Social Formation in China：Fandom Publics in the Making*. London：Routledge，2016.

② 俞可平：《中国的治理改革（1978—2018）》，《武汉大学学报（哲学社会科学版）》2008年第3期，第48-59页。

③ 闫文捷、潘忠党、吴红雨：《媒介化治理：电视问政个案的比较分析》，《新闻与传播研究》2020年第11期，第53-54页。

④ 毛寿龙：《中国政府体制改革的过去与未来》，《江苏行政学院学报》2004年第2期，第92-97页。

育的媒介的自主地位，实际上仍是深深地植根于权力系统的制度安排之中的。[①] 传媒作为"治理变革"的推动力与传媒作为"治理技术"之间的张力，也一直贯穿在我国媒介数字化转型的过程之中。一方面，媒介运作的逻辑从宣传、新闻与市场的三重逻辑向宣传、新闻、市场与技术的四重逻辑拓展，带来了政府治理变革和公众参与治理的可能性；另一方面，宣传逻辑依然是媒介机构的主导逻辑，乃至出现了进行计算宣传与平台型宣传的整合性"宣传 3.0"模式。[②]

这种存在张力却依然和谐共存的悖论关系，也可能是中国的媒介化研究值得深入探索的入口所在。有鉴于此，笔者赞同历史学家黄宗智提出的中国研究的方法论：走向从实践出发的社会科学和理论，即从实践的认识出发，进而提高到理论概念，再回到实践去检验。一个具体做法是从悖论现象出发，对其中的实践做深入的调查，了解其逻辑，同时通过与现存理论的对话和相互作用，来推进自己的理论概念建构。[③] 这样的认识方法对于中国的传媒研究，包括媒介化的研究也是相当有参考价值的。

公共生活的媒介化是个开放的研究领域，具有很大的探索空间。本书的理论框架和经验研究仅仅是一个初步的尝试。尤其是本书的案例研究并不具有时间上完全的连贯性，特别对于 2013 年之后的媒介融合的政策过程及其影响并没有专门的研究。[④] 好在国内学者在这方面的相关研究很多，可以弥补本研究的缺陷。与本研究相关的中国传媒与公众参与的优秀研究成果，如曾繁旭[⑤]、张玮玉[⑥]等学者的研究，也可以与本书的观察分析形成对照，供读者参考。

---

① 孙五三：《批评报道作为治理技术——市场转型期媒介的政治—社会运作机制》，《新闻与传播评论》2002 年卷，第 123-138 页。

② 刘海龙：《宣传：观念、话语及其正当化》(第二版)，北京：中国大百科全书出版社，2020 年。

③ 黄宗智：《认识中国——走向实践出发的社会科学》，《中国社会科学》2005 年第 1 期，第 83-93 页。

④ 参见徐桂权、张志安主编：《中国新闻业年度观察报告 2023》之"年度主题：媒体融合十年"，北京：人民日报出版社，2023 年。

⑤ 曾繁旭：《媒体作为调停人：公民行动与公共协商》，上海：上海三联书店，2015 年。

⑥ Zhang，W.，*The Internet and New Social Formation in China*：*Fandom Publics in the Making*. London：Routledge，2016.

后　记

本书主要收录了笔者十多年来围绕“媒介与公共生活”这一主题开展的相关研究的成果。虽然这些研究成果在数量上并不算丰硕,但总归是笔者这一段时间持续探索留下的足迹。在这里需要略作说明,并向同行的师友表示感谢。

书中最早撰写的章节来自笔者2005—2008年所做的新闻业研究,它们曾于2009—2010年在期刊上刊登。特别感谢这一时期我的硕士导师展江教授和博士导师陈卫星教授对我的启发和指导。

从2010年到2013年,我逐渐专注于博士论文“中国受众研究的话语变迁”这个主题的研究。为了开展这个研究,我也有意识地积累受众理论、话语理论、媒介化理论方面的知识。我在比利时布鲁塞尔自由大学接受联合培养时的导师Nico Carpentier教授在受众研究和话语研究领域颇有造诣,给了我很多的教导。同时,在欧洲传播学会的暑期学校里,我了解到了媒介化研究的前沿知识,并开始了对这个领域持续关注。

2013年回广州工作后,我从两方面继续努力:一方面梳理上述领域的理论和方法论研究,发表了一些综述性的论文;另一方面从现实中寻找研究问题,开展一些经验研究。如此努力的结果,在本书中就呈现为理论、方法加上案例研究这样的著述结构。

在此,我要感谢这些年来的合作者们,没有他们的协助和支持,本书就不可能呈现出如今这样的面貌。包括:中国传媒大学博士研究生任孟山、王琛元,中山大学博士研究生章震、汤敏,中山大学硕士研究生雷丽竹、谭芳、罗琴芝、王子睿、王璠、刘逍懿、徐贝贝、王丽晶、李冰心、杨瑾函、刘馨琳、冯致超、吴宝榕等。

此外,特别感谢中国传媒大学博士王琛元师弟贡献了媒介化理论的章节、中山大学博士汤敏贡献了意识形态的话语分析案例。他们慨然应允本书刊载和修订他们已发表的相关论文内容,使本书内容更为充实和完善。同时,感谢中国传媒大学教授黄典林师兄所撰的精彩序言,为本书增色良多。

本书书稿主要于2019—2020年笔者在美国访学期间完成整合。在此特别感谢我的合作导师、哥伦比亚大学新闻学院Michael Schudson教授给我的指导。在2021年获得国家社科基金后期项目资助后,我又按照评审专家的意见对书稿进行了完善。

同时也要感谢中山大学新闻传播学院的同事们多年来的扶持和鼓励。在这十年里，我陆续完成了“话语变迁三部曲”——《从群众到公众：中国受众研究的话语变迁》《从媒体到平台：中国国际传播话语权建构研究》以及这部《从呈现到参与：数字媒介环境下公共生活的话语变迁》。同事们的鼓励，是我持续开展学术探索的重要推力。